대답하는 **자**

한 수련자의 이야기

대답하는 **자** - 한 수련자의 이야기

발행일 | 초판 1쇄 2023년 12월 29일
지은이 | 김홍태
펴낸이 | 윤백규
펴낸곳 | 빈센트

출판등록 | 2023년 10월 25일
주소 | 서울시 서대문구 봉원사길 32 YK하우스 102호
전화 | 02-738-9005, 팩스: 02-6974-1258

ISBN 979-11-985671-0-9 03000
값 16,000원

대답하는 자

한 수련자의 이야기

김홍태 지음

세
빈트

차례

머리말 6
제자의 질문 13

세상에 없는 학문
　세상에 없는 학문 21
　나의 짧은 소년기 28
　놀 듯 공부하고, 공부하듯 수련하면 38
　저 별은 누구의 것 46
　제자의 질문 57

현실도 수련
　약자를 돕는 자가 강한 자 63
　폭력과 시험 71
　유혹과 시험 78
　낮은 곳으로 내려가라 86
　어려울수록 옳은 것을 향하여 97
　제자의 질문 113

부족한 왕검의 더 나은 길

부족한 왕검의 잘못된 선택　119

내공, 기의 세계　134

나의 죄는 무엇인가?　145

나는 죽었어야 했나?　154

제자의 질문　165

대답하는 자

죽음이 낳은 왕검　171

도를 이루지 않겠다　184

성배, 머리가 열린 날　195

인자요산 지자요수　199

대답하는 자, 신기도로 후천개벽을 열다　210

왕검의 비전　221

신기도에 대하여

외공과 내공　237

도　242

외공과 내공의 수련　244

도의 수련　248

도에 들기　251

에필로그　254

머리말

나는 후천개벽을 여는 왕검인가?

그렇다.

내가 사람들을 가르치러 왔는가?

그렇다.

내가 이 명을 완수하는가?

그렇다.

나는 동굴 안 공간과 대화하기 위해 어느 석굴암[1]에 자리를 잡고 정

---

1 여기서의 석굴암은 불국사의 석굴암이 아니라 석굴로 이루어진 암자를 뜻하는 보통명사이다. 내가 주로 이용하는 곳은 인왕산 석굴암이며, 서울 일원 명산에는 각각 여러 개의 석굴암이 있다.

좌한다. 습하고 차가운 동굴 내부는 산의 기운으로 가득하다. 그 기운 가운데에서 난 허리를 곧게 펴고 앉아 눈을 감는다. 숨을 한 번 들이마시고 천천히 내뱉는다. 내 몸 안의 기운이 돌기 시작한다. 그리고 나는 점점 커진다. 이전에도 그랬듯이 난 공간과의 문답을 하기 위해 그 공간을 나로 가득 채우기 시작한다. 나는 점점 커지다가 곧 지름 5m 정도의 구심체가 되어 석굴암 안의 공간과 일체화된다. 그때 옆에 사람이 들고 나며 자기들끼리 이야기를 나눈다. 그러나 나는 그 누구의 방해도 받지 않는다. 내가 있는 공기 덩어리 안은 시간과 공간을 초월하며, 주변의 사람이나 물체는 그 장소와 그 시간의 찰나에만 나와 존재하기 때문이다. 나의 시간은 과거, 현재, 미래가 통해 있고, 공간도 어느 시간엔 하늘, 어떤 시간엔 바다 속이 될 수 있다. 시간과 공간의 경계는 없어진다. 과거와 현재, 미래, 어떤 시간과 장소에 대해서도 묻고 답을 들을 수 있는 상태가 된다. 외부와 단절된 내가 둥그런 공기 덩어리 안에 공간과 하나가 되면 질문하는 내게 '큰 나'는 답변을 준다. '큰 나'는 다른 존재가 아닌 나 자신이지만 지금의 내 육체를 벗어난 '본연의 나'이다. 내가 도를 이루면 돌아갈 바로 그 '나'이다. 나는 준비해 온 질문을 '큰 나'에게 펼친다.[2]

---

[2] 도수련자는 이 현상계와 다른 차원의 세계에 동시에 존재한다. 그 두 차원의 교집합에 해당하는 부분에서 도수련을 한다. 그 때문에 도수련자는 이 현실에서 일어날 수 없는 일들을 경험한다. 도에 의해 벌어지는 일들은 일반인들이 이해하거나 납득하기 어렵다. 그러나 일반인도 도수련을 한다면 이와 유사한 일들을 직접 경험할 수 있다. 아직 모를 뿐이다.

"나는 5천 년, 1만 년 만에 이 땅에 온 왕검인가? 내가 후천개벽을 열고 이들에게 가르쳐야 하는 사람인가?"

공간이자 본래의 큰 나는 답을 주고 나는 그렇다는 의미임을 안다.

공간과의 이 대화는 불교에서 말하는 화두와 같은 것이다. 불교에서 스승이 제자에게 던지는 질문이 화두이다. 이 질문 하나로 평생을 수행한다. 그 수행의 결과로 깨닫는 것이 득도하는 길이다. 나의 수련에서 화두는 내가 이곳에 왜 있는지에 대한 질문이었다. 이를 시작으로 총 3가지의 질문을 던지며 50여 년을 수련해왔다. 다만 나는 스승이 없이 내가 나 자신에게 질문을 하고 답하였다.

1971년 만 8세, 도에 막 들었을 때 나는 어찌할 바를 몰랐다. 내가 왜 이곳에 존재하는지, 인간의 생로병사는 왜 있는 것인지……. 질문할 대상도 없었고 대답해주는 이도 없었다. 2년 후 나는 나의 화두를 구체화하였지만 여전히 어디의 누구에게 물어야 할지 막막했다. 4년 후 중학생이 된 나는 나 스스로 묻고 답하기로 하였다. 처음엔 내가 왜 이 땅에 존재하는지를 공간에 물었다. 물론 어린 내게 공간은 대답하지 않았고 공간이 그런 식으로 대답을 주리라는 것도 그땐 몰랐다. 시작은 낙산 청룡사의 대웅전이었다. 어린 내가 집중하기엔 오가는 사람이 많았다. 난 더 높은 곳에 위치해 조용한 산신각으로 갔다. 그러다 산의 기운이 모여 밀도가 높은 자리가 있다는 것을 알았다. 석굴암이나 바위처럼 기운이 모인 좋은 자리에서 나의 화두를 잡고 수련하였다. 새벽에 산에 올라 냉수욕을 할 때에나 집 마당과 옥상에서 운동과 수련을 하면서, 심지어 또 다른 나의 안내로 우주로 나가 소유에 대한 질문을 받을 때에도 그렇게 나의 화두는 늘 내 안에 있었다.

사람마다 기운의 종류도 세기도 다르듯이 땅도 지형에 따라 기운의 강약이 흐르고 모이는 곳이 있다. 이 지구상에 가장 자기장이 강한 곳은 미국과 호주에 있다고 한다. 그러나 인간에게 미치는 가장 강한 기운이 있는 곳은 예루살렘과 한국의 강화도이다. 강화도의 기운은 서울 도봉산에서부터 연유한 것이다. 한반도 전체가 강화도의 모체가 된다. 강화도는 한반도가 출산한 아기이다. 앞 문명을 이은 9천 년 전의 환인시대가 있었지만 선천개벽은 6천 년 전의 환웅시대에 시작된 것이며 다시금 6천 년의 후천개벽이 기다리고 있다. 선천개벽의 후반부에 예루살렘에서 정신사적인 큰 변화가 있었던 것처럼, 그보다 더 큰 후천개벽의 새로운 변화가 시대적으로 준비되고 있다. 그것이 바로 현재의 대한민국 도봉산을 기원으로 하는 신교[3]의 출현이라고 나는 믿는다. 우리는 지나온 6천 년을 선천개벽의 시대로 알고 있으나 후천개벽에 대한 확신은 없다. 이것은 예정된 것이 아니고 선택되는 것이기 때문이다. 왕검은 이를 세상에 알리고 후천개벽의 초석을 닦으려 하지만 선택은 각 인간의 몫이다.

후천개벽을 여는 왕검 김홍태(필자 본인)는 새로운 수준의 정신문화

---

3 선교, 신선도, 풍류도 등으로 일려진 일종의 종교. 이에 반해 신기도는 외공, 내공 수련을 거쳐 도로 들어가는 수련법 체계이다.

를 위하여 이 세상엔 없던 학문을 만들고 신기도라 이름 붙였다. 지금은 현 인류의 대부분이 외공밖에 모르지만, 과거엔 기를 사용하는 내공 수련으로 단련된 랑[4]과 그들을 가르치는 검[5]이 세상을 이끌고 있었다. 그중 소수는 도를 닦았으며, 도수련자 중 일부는 도를 이루었는데, 신기도는 흔히 무예라 불리우는 육체의 수련에 정신의 힘이 들어가는 내공이 가미되면서 도에 가깝게 갈 수 있도록 하는 수련법이다. 선천개벽 시대를 통틀어 극소수만 도에 접근할 수 있었으나, 많은 이가 신기도 학습을 통해 도에 이를 수 있는 교육체계를 완비하였으니 이를 수련하는 일은 각 인간의 선택이다. 왕검은 이를 만들고 알리는 일을 할 뿐이다.

외공과 내공, 도까지 하나로 묶어 안내하는 신기도를 수련하면 인간의 정신력은 더욱 극대화되고 두뇌는 비상해지며 육체적 힘은 한 단계 업그레이드 될 수 있다. 새로운 종의 출현인 것이다. 선천개벽과는 달리 더욱 강해진 체력과 우수한 두뇌를 가졌으며 강한 정신력으로 무장된 신기도 수련자로서의 인류 종이 생긴다면 더 높은 문명을 향유할 수 있는 정신적 바탕이 완비된다. 인간의 정신력을 극대화하는 신기도는 물질문명의 엄청나게 빠른 발전 속도에 불안을 느끼는 사람들에게 커

---

4 스스로 수련할 수 있게 된 수련자. 자신의 권역을 벗어나 미지의 세계에서 문명을 전수한다. 보통 2인 1조로 여행하며, 아주 먼 곳으로 갈 때는 2조 1팀으로 활동한다.
5 랑이 된 후 계속된 수련으로 일정 경지에 오른 수련자. P.208~209참조.

다란 위안이 될 것이다. 강해진 체력은 태생적 체력의 차이로 인해 생기는 인간사의 불미스러운 사건들을 막는 데 도움이 될 것이고, 강력해진 정신력은 선과 악을 판별하는 기준이 될 수 있다. 신기도 이전의 인류가 신선처럼 여기는 상태에 도달한 새로운 인간 종의 탄생이 임박하였다고 나는 믿는다.

  온 우주는 다양한 기운으로 가득 차 있다. 우주의 일부인 인간도 역시 나름의 기운이 있다. 기를 알고 수련하여 사용할 수 있게 되면 이전과는 전혀 다른 높은 수준의 인간이 되는데 이때 더 강해지고자 몸 안에 기를 쌓는 것은 어리석은 짓이다. 신기도는 우리 신교를 이은 학문으로 기본적으로 내가 자연의 일부가 되어 세상의 모든 기운과 통하며 그것을 사용할 수 있는 것을 수련의 목표로 한다. 수련의 가장 기본은 몸이 바로 서는 것이다. 하늘과 땅을 잇는 유일한 존재가 인간이지만 인간이 통로가 되려면 두 발을 땅에 붙이고 바르게 서야 가능하다. 도수련을 통해 도를 이룬다면 이번 생을 마지막으로 더 이상의 생은 없을 것이다. 이는 여러 생을 거듭하며 수련에 정진하여야 가능한 것으로, 만들어진 지 얼마 되지 않거나 아직 미천한 위치의 영이어도 이번 생부터 부단히 노력한다면 다음 생 언젠가는 도에 가까이 갈 수 있을 것이다.

  도에 임할 때 꼭 잊지 말아야 할 것, 수시로 기억해야 할 것이 있다. 두 가지 관점을 동시에 생각해야 하는데, 자신이 유일한 존재라는 것과 이 넓은 우주에서 티끌과 같은 존재라는 것이다. 이 두 가지는 서로 배치되는 것 같지만 사실 같은 뜻이다. 우리의 존재는 우주의 티끌처럼 매우 작으면서도 동시에 유일하다.

왕검 김홍태는 50년이 넘는 시간 동안 수련하였다. 수도 없이 생과 사를 오가며 하나씩 차근차근 알아낸 깨달음을 많은 이들을 위해 한 문장으로 압축하여 표현하자니 읽는 자는 당연하고 간단한 말처럼 보일지 모르나 독자가 이해한 것과 내가 말하고자 하는 바는 같지 않을 것이다. 내가 언급한 그 한 문장은 목숨을 걸고 겪은 수많은 수련의 결과이기 때문이다. 전체를 아는 내가 말하는 그 한 문장과 경험하지 않아 모르는 이가 이해하는 한 문장은 다를 수밖에 없다. 많은 이들을 위해 최대한 풀어서 쉽게 설명하였지만, 사람과 상황에 따라 내가 의도하는 바와 다르게 읽힐 수 있으니 일부만 가지고 일반화, 단순화하여 해석하지 말기 바란다.

또한 현 세상엔 기와 도에 대해 제대로 아는 자가 나 외엔 없다. 어느 분야이건 무언가를 이제 좀 안다고 말하기 시작하려면 적어도 20년은 그것만을 해왔어야 한다. 아는 것과 말하는 것, 말하는 것과 쓰는 것은 다른 수준의 것이다. 기와 도 역시 안다고 말하려면 적어도 20년의 쉼 없는 수련이 있어야 한다. 직접 수련하지 않고 듣고 배운 것, 또는 전체를 모르고 자신이 알게 된 일부만 가지고 어렵고 낯선 말로 포장하여 마치 다 아는 양 거짓으로 말하는 자들을 조심하길 바란다.

모든 시대가 그 시대의 끝에 다다르면 법이 피해자보다 가해자 중심으로 점차 변하기 마련이다. 삐뚤이들은 연대하여 사회를 혼란시키고 피해자를 핍박한다. 바른 자들이 바르게 서서 혼탁한 사회의 질서를 잡아 후천을 열어야 한다. 바르게 여는 세상의 초석을 신기도가 닦아 줄 것이다.

제자의 질문

▼

　사부님을 뵙고 오던 날, 난 생각이 많아졌다. 내가 경험한 것이 무어란 말인가. 태어나서 처음 겪는 것일 뿐만이 아니라, 이를 겪은 이가 나 말고 세상에 과연 또 있을까 싶은 생각이 들었다. 난 길을 걷다가 집으로 바로 가지 못하고 공원 놀이터 벤치에 앉았다. 사부님을 처음 뵙던 날이 떠올랐다. 무엇을 물으려고 자신을 찾아왔느냐고 묻는 그의 눈에서는 갓난아기의 빛이 깊게 그리고 찬란하게 뿜어져 나오고 있었다. 그 누구에게서도 본 적이 없는 눈빛이었다. 아니, 과연 사람의 눈에서 나올 수 있는 눈빛인가 싶도록 아름다웠다. 그는 자신을 '왕검'이라 하였다. 나는 왕검의 뜻을 물었다. 왕검이란 수련자 중에서도 가르칠 수 있는 위치에 오른 자를 뜻한다고 하였다. 순간 속으로 "선생님이란 건가?" 했다.

　그런데 놀라운 것은 그에게 분야에 상관없이 그 무엇을 물어도 그 자리에서 즉답을 해준다는 점이었다. 내 수준에서 1, 2, 3을 생각하고 1을 물으면 3을 지나 4, 5, … 10을 고려하여 6 그리고 10을 대답해주었다. 똑똑한 사람을 많이 보았지만 그는 단순히 똑똑하거나 많이 아는 자가 아니었다. 순간 내 인생이 송두리째 바뀔 것 같다는 느낌이 들었다. 가슴이 뛰었다. 그는 자신이 '대답하는 자'라고 하였다. 무엇을 물어도 대답을 해준다니, 나는 그를 매일 찾아가 묻고 싶었다. 나는 어떻게 살아야 할지, 내가 무엇을 하는 게 더 좋은 것인지, 내가 무엇을 잘

못한 건지, 세상은 왜 이렇게 혼란스러운 건지. 나는 그를 사부님으로 모시고 그가 만든 '신기도'를 배우며 수련하기 시작했다. 몸수련은 생각보다 어렵지 않았다. 그러나 때때로 듣는 좋은 말씀 중엔 내가 이해하기 어려운 것들이 있었다.

그러던 중 어느 날 오후, 나는 누구에게 설명하기조차 어려운 일을 체험하였다. 난 여느 날처럼 사부님께 질문을 하고 답을 들으려는 참이었다. 그런데 순간, 갑자기 온 세상이 암흑으로 변했다. 아무것도 없는 우주 속에 나 홀로 덩그러니 놓이면 이런 기분일까? 그것도 아닐 것이다. 나는 처음 느끼는 공간에 그리고 전혀 다른 시간 속에 있었다. 놀라운 정도를 넘어 두려웠다. 감히 사부님께 이것이 무어냐고 물을 수조차 없었다. 몇 달이 지나 조심스레 사부님께 그날의 일이 어찌 된 것이냐고 물으니 그는 이렇게 말하였다.

"나는 시공간을 지배하기 때문이다."

그제서야 조금 이해가 되었다. 그는 내가 처한 시간과 공간을 재창조할 수 있었다. 그래서 난 온 세상이 순간 암흑으로 변하며 내가 전혀 다른 시공간에 있는 경험을 한 것이다. 인왕산에서 사부님께 수련을 배우던 어느 날. 사부님의 얼굴과 상체가 따스하고 눈부시게 빛난 적이 있었다. 파란 하늘과 초록의 나무를 배경으로 빛나는 그의 모습은 정말이지 비현실적이었다. 영화나 만화에서나 볼 법한 아름답고 고운 빛이 사람에게서 뿜어져 나오는 것을 바로 내 눈앞에서 보는 순간 나는 숨이 멎는 것처럼 마냥 그를 바라만 보았다. 사부님은 성배를 안 후에 자신을 빛으로 채워 종종 그 빛이 후광으로 뿜어져 나온다고 말씀하셨는데 그 별 것 아닌 후광 때문에 내가 수련 중에 집중하지 못하였다고 혼이 났었다. 그날, 일전에 사부님께서 인간들의 나쁜 모습을 보며 지구를 없애는 것이 더 나은 것인가 하는 고민을 한 적이 있다고 하신 말씀이 상상 속에서 꾸민 말이 아니란 걸 알았다. 그에겐 진정 지구도 없앨 능력이 있단 말인가. 어떻게 수련하였길래 왕검은 영화 속에서나 봤을 법한 수준의 일을 할 수 있을까.

문득 고개를 드니 놀이터 바닥에 가방을 내려놓고 신나게 노는 초등학생들이 보였다. 그때 사부님이 자신의 어린 시절을 이야기한 것이 떠올랐다. 그는 초등학교 3학년 가을부터 몇 달간 매일 '수도 단련'을 했다고 하였다. TV에 나온 북한 공비가 자신들은 벽돌을 손날로 내리치는 수도 단련을 매일 1천 번씩 하기 때문에 남한 사람을 쉽게 이길 수 있다고 말하는 것을 보고 자신은 한 손에 2천 번씩 합 4천 번을 매일 연습하리라 결심하고는 정말 벽돌을 매일 내리쳤다는 것이다. 사실이 아닌 말은 거짓이라며 추측조차 하길 꺼려하시는 분이니 그 말씀이 진실이겠지만, 마치 꿈속의 말을 듣는 것 같았다.

난 신나게 놀고 있는 아이들 중 초등학교 3학년 쯤 되어 보이는 남자 아이에게 몇 학년인지 물었다. 그 아이는 5학년이라고 했다. 옆에 있는 작은 아이가 자신이 3학년이라 답하였다. 나는 당황했다. 아이의 키는 140cm정도에 30kg 중반쯤 될까 싶었다. 사부님이 어린 시절 발육 상태가 좋았다 하여도 같은 3학년이라면 키는 140cm후반에 40kg쯤 되었을 것이다. 나의 눈은 저절로 아이의 작은 손으로 갔다. 저 고사리 같은 손으로 어찌 시뻘건 벽돌을 쉬지 않고, 4번도 아니고 4천 번을 내리친단 말인가. 손에 피가 흐르는 것을 참고 매일을 몇 시간 동안, 시키는 사람이 있는 것도 아닌데, 자신을 도와주거나 지켜봐 주는 사람도 없이 혼자 말이다.

그러자 그가 지나가는 듯이 해주었던 수많은 말들이 주마등처럼 내 머리를 스쳐갔다. 그의 젊은 시절은 참으로 특이해서 백과사전을 읊는 듯이 조용히 말씀하시는데도 마치 SF나 액션 영화를 귀로 듣는 것 같이 재밌었다. 그런데 놀이터에서 뛰노는 어린아이의 고사리 같은 손을 보며 사부님께 들었던 말을 상상하니 더 이상 그의 말이 재미있지 않았다. 왠지 모르게 가슴 한 편이 저리면서 그가 상상 속의 영화 주인공이 아니라, 나처럼 힘들 때 고통을 느끼며 숨을 쉬는 한 인간으로 느껴졌다. 그저 조금 더 똑똑하고 우직하여 남들이 하지 않는 일을 어린 시절부터 쉼 없이 해온 한 사람일 뿐이었다.

나는 내 스승이 걸어온 수련의 날들이 궁금해졌다. 그가 언제 어떤 계기로 어떤 일을 했고, 얼마나 힘든 과정을 참고 견디었기에 지금 위치의 왕검이 되었는지 그에게 묻고 싶었다. 내가 배우고 있는 무예가 과연 무엇이고, 어디서 시작되어 계승된 것인지, 사부님께서 만들었다는 신기도가 무엇인지, 그것을 배우면 사람의 능력은 어떻게 얼마만큼 향상될 수 있는지, 과연 수련하는 자들이 사부님이 걸어오신 길을 쉼 없이 따르면 그처럼 될 수 있는 것인지, 당신과 같은 능력을 가진 자가 이 세상에 왕검 외에 또 있는지. 그리고 나는 깨달았다. 내가 대답하는 자인 왕검에게 그가 걸어온 길을 묻고 이를 세상에 전해야 한다는 것을. 이제 난 그에게 세상을 대신하여 물을 것이다.

제자

세상에
없는
학문

세상에 없는 학문

"이건 죽은 사람 사주에요."

40대 후반, 명리학으로 사주를 보는 사람을 만나면 그들이 내게 공통적으로 한 말이었다. 내가 이렇게 살아서 앞에 앉아 묻고 있는데 나를 보고 죽은 사람이라니. 그들은 도저히 이해가 안 된다는 표정으로 고개를 갸우뚱거렸고 듣고 있는 나는 황당할 뿐이었다. 그러곤 마치 짜여진 대본처럼 그들이 공통되게 하는 말이 하나 더 있었다. 내가 2016년에 무언가를 완성한다는 것이었다. 방금 전까지는 죽은 사람이라더니, 죽은 사람이 무엇을 만들고 완성한다는 말인가. 난 말을 들을수록 더 이해가 되질 않았다. 그래서 내가 과연 무엇을 완성하는지 물었다. 그런데 그들은 똑같이 답했다.

"이 세상에 없는 학문이요."

그때 집으로 가면서 돌아가신 아버지를 생각했다. 내가 30대 중반일 때 임종 전에 모시고 간 고향 장흥의 증조할머니 묘소 앞에서 아버지는 할아버지 때부터 들어온 이야기가 지금 이뤄지고 있다고 말하였다. 이야기는 내 할아버지 젊은 시절의 것인데, 그 내용은 이렇다. 할아버지는 할머니가 싸주신 참과 막걸리를 가지고 밭에서 일을 하고 있었디.

그때 길을 가던 스님이 목이 마르다고 해 할아버지는 자신의 막걸리를 스님에게 주었다. 그런데 막걸리를 얻어 마신 스님은 자신이 사흘을 굶었으니 밥도 먹을 수 있느냐고 물었다. 고된 육체노동을 하던 할아버지는 막걸리나 밥 중 하나는 먹었어야 했지만 선뜻 자신의 밥까지 전부 주었다. 스님이 사흘을 굶었다는 것은 그간 지나온 그 어떤 마을에서도 음식을 구할 수 없었고 그는 아마도 수련자이기 때문에 누군가 주지 않으면 먹지 않으면서 며칠을 꼬박 걸었을 것이다. 스님은 덕분에 자신이 굶다 살아나게 되었다며 그 보답으로 묘자리를 봐준다고 하였다. 그는 할아버지 집안 내력을 들은 후, 이렇게 말하였다.

"내가 말한 이곳에 당신 어머니를 모시면 아들 대에서 금테가 나고, 3대 차남은 큰 인물이 될 것입니다."

그 묘자리 주인공인 증조할머니의 첫 번째 차남이 내 할아버지이고 두 번째 차남이 내 아버지이니 세 번째는 내가 되는 것이다. 아버지는 형제들과 내게 그 이야기를 하며 증거로 증조할머니 묘 건너편, 풍수에서 안산[6] 역할을 하는 바위가 박피[7]를 한다고 하셨다. 아버지가 설명한 곳의 검은 바위는 정말 하얗게 껍질을 벗고 있었다. 아픈 아버지는 나

---

6 풍수에서 혈자리 앞에 있는 산. 혈자리 바로 앞이 이른바 명당(明堂)이며 그 다음에 있는 산이 안산(案山), 그 다음에 있는 산이 조산(朝山)이다.
7 풍수에서 일반적으로 쓰이는 용어로서, 껍질을 벗는다는 뜻이다.

를 보고 웃으며 참 기뻐하셨다. 그러나 나의 마음은 복잡하였다. 그리고 몇 년 후 아버지 임종을 계기로 나는 현실 세계에서 많은 어려움을 겪으며 여러 번의 죽을 고비를 넘기게 되었다.

40대 중반에 숙부와 그곳을 다시 찾았다. 증조할머니 묘소가 풍수에서 '혈자리'라면 좌청룡[8]에 해당하는 산 중턱에 올라 박피하는 바위를 바라보았다. 놀라웠다. 그 바위는 단순히 바다로부터 혈자리를 보호해주는 방파제 역할을 하는 안산이 아니었다. 마치 산처럼 보이는 그 큰 바위 뒤로 그러한 바위가 바닷길을 따라 20여 개가 넘게 연결되어 있었다. 일직선상에 놓인 혈자리와 그 뒤의 조산, 앞의 안산의 기운이 바다를 타고 끝 없이 산맥처럼 펼쳐지고 있는 것이다. 보통의 큰 인물이 나는 묘자리가 아니었다. 그건 정신적 지도자가 탄생하는 자리였다. 난 그때 알았다. 마을 사람들은 큰 인물이라 하여 판검사나 장관, 대기업 회장을 떠올렸는데 내 경우는 그러한 속세의 인물이 아니라는 것을 말이다.

난 아주 어릴 때부터 친구들이 놀 시간에 책을 읽었고 어른들이 자는 새벽에 산에 올라 냉수욕과 운동을 했다. 만 8세 때 도의 길로 나아가기로 마음을 먹고부터는 단 하루도, 한 시도 허투루 보내지 않았고 나의 하루를 돌아보며 다시 태어나도 이보다 더 열심히 살 수는 없다고 생각했다. 하지만 어릴 적부터 그토록 열심히 달리며 꿈 꿔 왔던

---

[8] 안산을 기점으로 해서 혈자리를 둘러싸고 있는 산줄기를 말한다. 혈자리에서 봤을 때 좌측 산줄기가 좌청룡이고 우측 산줄기가 우백호이다.

나의 미래와 중년의 내 현실은 전혀 달랐다. 내가 넓은 바다를 향해 끊임없이 뻗어나가는 기운의 정신적 지도자라니! 그런데 당시 나는 현실 세계에서의 사회생활과 수련을 모두 있는 힘을 다해 열심히 하였지만 이렇다 할 무언가가 되지도, 무언가를 이룬 것도 없었다. 내가 큰 인물이 될 것이라며 기대하고 응원해준 사람들을 떠올릴 때마다 난 내가 여태 이룬 것이 하나도 없다는 생각에 나 자신이 참 부끄러웠다. 그래서인지 외공에 내공, 도까지 수련하면서 그 누구도 가지 않았던 길을 쉬지 않고 가고 있으나, 내가 하는 일을 2016년에 완성할 것이란 말을 듣고도 그것이 내 가슴에 와 닿지 않았다.

2015년 머리에 꽃이 피며 기운을 모두 끌어올려 세상과 내가 통하기 직전, 머리가 열리기[9] 직전 매미의 날개처럼 얇은 막만 남겨놓은 상태였다. 그러나 그때에 오히려 나는 하고자 하는 바를 내려놓았다. 도를 이루고자 정진하는 것 자체가 나의 욕심이라 생각했기 때문이다. 만약 내가 그 얇은 막을 지나 머리를 열었다면 그 단계에서만 머물렀으리라. 그러나 2016년 1월 1일 아침 9시, 한강에서 좌선을 하던 내가 저절로 나와 세상이 하나로 통하며 머리가 열리는 도의 마지막 단계에 들게 되었고 더 나아가 성배[10]를 알게 되었다.

그리고 얼마 후 외공에서 내공으로 그리고 도로 연결되는 신기도를

---

[9] 머리에 꽃이 피고 머리가 열린다는 것은 도수련의 마지막 단계를 말한다. 이에 대한 자세한 설명은 다음 기회에 할 생각이다.
[10] p.195~204 참조..

만들었다. 사람들이 말하던 세상에 없는 학문을 완성한 것이다. 나는 외공과 내공을 모두 제대로 한 사람을 나 외에는 알지를 못한다. 게다가 한 사람이 외공, 내공 수련과 동시에 도수련까지 한다는 것은 불가능한 일이다. 그런 수련을 하면 사람은 죽게 되어 있다. 당시 내 몸과 마음은 만신창이였다. 만 8세부터 시작하여 50여 년간 수련하면서 인간이 견딜 수 없는 수준을 넘어 나의 몸은 철저하게 혹사당했다. 때문에 한강에서 머리가 열리던 순간 나는 그 빛으로 제일 먼저 내 몸을 축복하였다. 이로써 내 육체는 고통에서 벗어났다.

도의 마지막 단계에 들은 왕검인 내가 많은 이들에게 아는 바를 알리고 사람들의 질문에 대답해야 함을 알지만, 태권도, 유도 같은 외공이나, 내공이라곤 요가처럼 내부의 기순환 밖에 모르는 현시대에서 기 수련을 일컫는 내공이나 도 수행을 설명하기란 쉬운 일이 아니다. 게다가 수십 년의 고된 수련에서 더 나아가 내 현실 삶이 그보다 더한 수련 그 자체였기 때문에 나의 마음은 많이 지쳐 있었다. 물론 수련을 함에 있어 나는 지금까지도 추호의 흔들림 없이 나의 의지는 굳건하며 흐트러짐 없이 늘 깨어 있다. 그러나 굳센 의지로 나아가는 내 모습과는 달리 정작 이 세상에서 살고픈 마음은 점점 사라지고 있었다. 한 사람이 겪은 것이라고는 믿기 어렵도록 고달팠던 나의 삶이 세상에 대한 작은 미련 하나 남길 수 없도록 철저히 벼랑 끝으로 몰린 결과였다. 심지어 나는 제자들을 만나 다시 세상에 신기도를 알리기로 마음을 먹기 전까지는 타고난 나의 수명을 반으로 줄여서 그때까지만 살다가 가기로 마음을 정하기까지 했다. 그래서 얼마 전까지만 해도 난 내가 원성한 신기도를 간단하게 세상에 남기는 것으로만 그치고 조용히 살다가 이곳을 떠나려 했다.

나는 도의 마지막 단계에 들은 사람이다. 기, 도의 수련이라 하면 일반인들은 음악을 틀어놓고 조용히 앉아 명상을 하는 모습이나 바위에 좌선하고 앉은 하얀 수염의 도사를 떠올린다. 무슨 수련이 그리 쉬울 수 있겠는가. 모든 수련은 두 발로 땅을 딛고 서서 배우고, 움직이며 익혀야 한다. 앉아서 하는 수련이 가능하려면 수련의 수준이 상당히 깊어져야 비로소 가능하다. 흔히 도사라 일컫는 많은 이들이 하루 종일 산에 앉아 도를 닦는다 하여도 실제 자연의 기를 그들 몸에 흡수, 축적했다고 볼 수 없다. 그들은 도에 입문하기 위해 노력하는 예비 수련생 단계라 보면 된다. 인간이 이 세상에 가지고 태어난 단 하나는 생명이고, 도는 그 생명 하나를 걸고 삶과 죽음의 경계를 걷는 과정이다. 도를 수련하려면 우선 도에 입문을 해야 하는데, 만 8세부터 도를 체험한 나조차도 20년 가까이 쉼 없이 수련하고도 20대 중반이 되어서야 도에 입문했을 정도로 입문 자체가 쉬운 일이 아니다. 즉 도사라고 부를 수 있는 사람은 실제 쉽게 보거나 만나기가 어려우며 도를 체험한 이가 적은 만큼 이에 대해 정확히 알려진 바도 현재로서는 거의 없다고 할 수 있다.

근래 나는 제자들을 가르치면서 신기도를 세상에 알리고 사람들의 질문에 대답해주기 위해 내가 먼저 세상에 다가가기로 마음을 바꾸었다. 문제는 내가 50년 수련의 결과로 만든 신기도가 무엇인지 사람들에게 온전히 이해시키기가 쉽지 않다는 것이다. 사람들에게 도를 아무리 설명해주어도 사람들은 직접 체험해본 것이 아니라 알 수가 없다. 도라는 것은 스스로 깨우쳐야 하는 것이고, 내가 스승으로서 해줄 수 있는 것은 도의 입구까지 안내해주는 것이 전부이다. 일반인에게 도를 바로 설명할 수는 없고 일단 기를 먼저 설명해주어야 하는데, 내공으로 익히는 기조차도 그 내용을 전부 아는 자는 아직 나 외에는 알지 못하며, 따라서 기를 설명하는 것도 쉽지 않다. 일반인이 신기도를 몇 마디 말로 단번에 이해하기는 어렵겠지만, 신기도가 기를 가르치는 방법이기 때문에 이에 대해 먼저 간단히 이야기하겠다.

 신기도는 이전에도 없었고 이후로도 없을 몸수련 체계이다. 신기도를 통하여 사람이 내공을 익히고 기를 체험하게 되면 늙어도 몸이 아프지 않을 수 있다. 즉 신기도를 익힌 인간은 그 전과는 전혀 다른 레벨로 업그레이드 된다. 신기도는 외공에서 내공으로 다시 내공에서 도로 들어가는 몸수련법이다. 궁극적으로 몸의 완성이라기보다는 몸이 자연의 일부가 되는 것을 목표로 한다. 육체가 정신의 영향을 받듯이 정신도 육체의 영향을 받는다. 누구든 스스로 육체를 수련하면 자신의 몸의 소리를 듣고 거듭날 수 있다. 그리고 많은 이가 몸으로 외공을 익히고 일정 수준이 되면 내공을 익히면서 호흡으로 기를 체험할 수 있다. 내공 수련 또한 일정 수준이 된 이들 중 일부는 도라는 세상의 문 앞까지 쉽게 갈 수 있다. 그 어느 누구도 외공에서 내공으로 이어지는 수련법과 내공을 초월하여 도에 드는 수련법을 알지 못하였다. 나는 지금껏 아무도 하지 못한 기수련의 축기와 도에 드는 것을 학습으로 할 수 있게 하는 교육의 체계를 만들었다. 이 세상에 흩어신 이민 수련과 관련된 작은 정보의 조각들을 모아 그 흔적을 보고 신기도를 완성하였다. 이는 선천개벽 이래 동서양을 막론하고 어느 누구도 하였다는 기록이나 전언을 들어본 바가 없이 유일무이한 것이다.

하지만, 독자에게 신기도를 알리기 전에 내가 걸어온 수련의 삶을 먼저 이야기하려고 한다. 어릴 적 나를 키워주신 외할머니께서 내게 하루 딱 1~2마디라도 말을 하라고 당부하실 정도로 누군가에게 말하는 것을 극도로 싫어하는 나이지만, 기나 도가 생소하고 이해하기 어려운 많은 이들을 위해 내 수련의 결과가 아닌 그 과정을 먼저 설명해야 할 것 같다. 삶 그 자체가 수련이었던 나의 인생과 그리고 그 누구도 해보지 않았던 나의 수련 과정을 소개하면 내가 완성한 신기도가 무엇인지, 이를 통해 사람의 능력이 어떻게 향상될 수 있는지 좀 더 쉽게 이해할 수 있을 것 같다.

나의 짧은 소년기

지금까지 내가 살아온 삶을 되돌아보면 나의 인간적인 행복과 편안함은 만 5세를 전후로 나뉘었던 것 같다. 만 5세가 되었을 때부터 시골 조부모님 댁에서 올라와 내 부모와 함께 살기 시작하였는데, 낯선 내 부모는 폭력적인 사람들이었다. 어느 날 내 어머니는 자신보다 키가 조금 작은 아주머니와 함께 나를 시장에 데리고 갔다. 사람이 굉장히 많은 시장 한복판에 이르렀을 때 나는 내 어머니가 나를 버리려고 그곳에 왔음을 알았다. 난 어머니의 투피스 치맛자락을 꼭 쥐었다. 어머니는 "아니, 얘 좀 봐."라고 하면서 내가 꼭 쥔 손가락을 하나씩 풀었다. 나는 내가 치마를 붙잡는다고 해서 달라질 것이 하나도 없다는 것을 알았다. 어머니는 나를 놓고 나를 한 번 보지도 않고 그냥 가버렸으며 같이 따라온 아줌마만 두 번 뒤를 돌아보았다. 만 5세가 채 안 된 나의 눈에 보이는 건 지나다니는 사람들의 허리와 다리뿐이었다. 나는 매우 놀라 어찌할 바를 몰랐다. 그런데 그 순간 갑자기 가슴에 따뜻한 기운이 들어왔다. 나는 순간 편안함을 느끼며 그 따뜻한 기운을 한 번 더 느끼고 싶었다. 두 번째 따뜻한 기운은 오지 않았고 나는 무작정 앞으로 걸었다.

길을 가다가 만난 어떤 아저씨가 나를 파출소로 안내해 주었다. 남산 밑 언덕의 파출소는 특이하게 2층 구조로 보였다. 시장에 있었을 때는 낮이었는데 도대체 몇 시간을 헤매었는지 파출소에 도착했을 때는 거의 저녁 7시가 되어 있었다. 순경 아저씨는 내게 이름을 물어보고 자리에 앉아 있으라고 했다. 의자에는 나와 같은 어린 아이들이 7~8명 있었고 그중 2~3명은 계속 울고 한 명은 노래하면서 장기자랑을 하는 것 같았다. 경찰 아저씨들은 우는 아이에게 울지 말라고 소리쳤으며 까부는 아이에게는 재미있다고 박수를 쳐주었다. 나는 가만히 그 모든 것을 지켜보았다. 자정이 지나자 파출소 앞에 웬 트럭이 왔다. 길 잃은 아이를 다 데려간다고 했다. 경찰 아저씨 한 분이 나를 빼고 모든 아이를 트럭에 다 태우라고 했다. 다른 경찰관 한 명이 상기사랑을 하던 아이를 가리키며 저 아이도 울지 않았으니 남겨두자고 하였으나 그 아이마 저 트럭에 실려 나갔다. 아마 그 아이들은 정부에서 돈을 받고 아이들을 거두는 형제 보육원 같은 곳으로 가지 않았을까 싶다.

다행히 위험을 모면하였지만 함께 있던 아이들이 실려 가는 것을 보고 마음이 불안했다. 새벽 2시 반쯤 되자 까만색 지프차를 타고 내 아버지와 아버지 친구 분이 나타났다. 집에 돌아온 나를 보고 어머니는 가게 앞에 서 있으라 했는데 아들이 저 혼자 사라졌다며 거짓말을 하였다. 나는 아버지 캐비닛 앞 옷걸이에 걸려있는 어머니의 옷을 가리키며 저 투피스 스커트 끝자락에 내가 꼭 잡은 손자국이 지금까지 남아서 구겨져 있지를 않느냐고 따졌지만 아버지는 아무 말도 하지 않았. 그 이후로 나의 삶은 이 책을 쓰는 순간까지도 순탄하지 못했다. 아마 더 나은 왕검이 되기 위해서는 도의 세계뿐만이 아니라 현실 세계에서도 그에 못지않게 수련을 해야 했나 보다.

나는 1963년 서울 청계천변 언덕의 2층 집에서 태어났다. 세상에 나오는 나를 받은 사람은 부모님 댁 근처에 살고 계신 외할머니였다. 외할머니는 당신의 큰딸이 아들인 나를 낳은 것을 굉장히 기뻐했다. 내 어머니에게는 이미 아들이 하나 있었고 둘째를 임신한 상태에서 아버지와 결혼했기 때문에 외할머니는 셋째인 내가 태어남으로 해서 비로소 딸이 김씨 집안의 며느리가 되었다고 생각하신 것 같다. 나는 태어나면서부터 외할머니 집에서 이모와 함께 살았는데 태어나던 순간까지는 기억하지 못하지만 출생 며칠 이후부터는 모두 기억한다. 당시 난 앞이 잘 보이지 않아 귀로만 듣고 있었는데 내 외할머니와 이모인 두 여자의 목소리를 듣고 그 말을 통째로 외웠다. 후에 내가 언어를 알게 된 후 암기한 말들을 이해해서 내 외할머니나 이모에게 그 내용을 묻곤 했다. 그러면 그들은 네가 그것을 어찌 알았냐며 소스라치게 놀라곤 했다. 그리고 내 옆에는 아주 시끄럽게 우는 아이가 누워 있었는데 상당 기간 동안 옆에서 같이 누워 우유를 먹었다. 그 아이는 나보다 1년 2개월 먼저 태어난 내 손윗누이였다.

내겐 1년 5개월 늦게 태어난 손아래 누이도 있었는데 그 아이에게 우유를 먹이는 게 내 일이었다. 나는 돌이 좀 지난 어린 아이였기 때문에 여동생의 젖병을 손으로 들고 먹이는 것이 참으로 힘들었다. 어느 날 외할머니에게 나의 누나는 같이 누워서 우유를 먹었는데, 왜 나는 여동생의 우유를 먹여야 하느냐고 항의하고 팔이 너무 아프다고 하소연했다. 그리고 누나와 여동생은 왜 이렇게 시끄럽게 우냐고 물으니 외할머니는 웃으시면서 너처럼 울지 않는 아기는 거의 없다, 보통 아기들은 이렇게 운다고 말씀하셨다. 내가 라면을 먹고 싶어 하면 몸에 좋지 않다며 수제비를 만들어주시던 외할머니가 나는 참 좋았다. 나는 나를 따뜻하게 키워주신 외할머니를 참 사랑했다.

만 3년 3개월 때에 집안에서 추후 호주가 될 나는 장흥 시골의 조부모님 댁에서 자랐다. 할아버지는 나의 간식거리를 위해 방 한 켠 선반 위에 꿀을 준비해주셨다. 선반이 높았기 때문에 할아버지의 목침을 세로로 놓고 조용히 올라가 매일 꿀을 먹었다. 어느 날 보니 꿀이 1/3밖에 남지 않아 할아버지에게 꿀이 좀 더 있어야겠다고 이야기했다. 할아버지는 꿀을 따려면 손에 벌침을 맞아야 된다고 하면서 벌침 맞은 당신의 손을 보여주었다. 고생한 할아버지의 손을 보니 어리지만 꿀을 먹고 싶은 마음이 없어졌다. 나는 단호하게 말했다. "할아버지 손이 이렇게 되도록 꿀을 땄다면 나는 꿀을 먹지 않겠다. 손 관리를 잘 하시라." 그리고 꿀이 먹고 싶을 때마다 할아버지 손을 가만히 보면서 만지작거리다 돌아가고 또 다시 할아버지 손을 가만히 보고 한숨 쉬며 돌아가기를 반복했다. 지금 생각해보면 할아버지 눈에 어린 손주가 얼마나 귀여웠을까 싶다.

매일 저녁, 할아버지께서 호롱불을 켜고 책을 보실 때 조그만 나는 그 옆에 앉아 할아버지의 담뱃불을 붙여드리곤 했다. 할아버지는 화로의 숯에 데이거나 불똥이 튀지 않게 조절하느라 심각하게 담뱃불을 붙이는 나를 보며 흐뭇해하셨다. 누가 시킨 일도 아니었지만 그건 만 4살의 어린 내게 중요하고도 어려운 임무였다. 그러곤 소중한 나의 할아버지께서 잠드실 때까지 옆을 지켜드렸다. 내가 잠자리로 돌아갈 때가 되면 고모가 나를 업고 할아버지 방에서 나갔는데 그때마다 막내 삼촌과 고모는 서로 자신이 나를 데리고 자겠다며 투닥거렸다. 동네 아이들과 수박 서리를 하다가 할아버지께 꾸중을 듣던 때나 토마토 밭에 거름으로 준 똥을 피하며 놀던 이때가 내 인생의 가장 행복했던 시간들이었다. 훗날 이 세상을 뜨고 싶을 정도로 힘든 일을 겪을 때마다 내 조부모들께 받은 사랑을 추억하며 이겨내곤 했었다.

만 5세가 채 안 된 어느 비 오는 날, 시골 마루에 앉아 있는데, 도회지 풍의 남녀 어른이 우산을 쓰고 걸어오는 게 보였다. 나는 순간적으로 나의 부모임을 알았다. 신경질적으로 보이는 그들의 첫인상은 안 좋았다. 그들이 집 문 안으로 들어섰을 때 내 어머니가 한 번 웃는 모습을 보인 것은 그나마 괜찮았다. 당시만 해도 나는 나를 낳은 내 어머니가 어린 나를 시장에 버릴 것이라곤 꿈도 꾸지 못했다. 내 부모를 따라 장흥의 조부모 댁을 떠난 후부터 내 삶은 참 녹록치 않았다.

서울에 온 첫날 저녁에 아버지는 인사도 나누기 전에 나를 상대로 형, 누이에게 덤벼 레슬링을 하라고 시켰다. 내 형제들은 망설였지만 강압적인 분위기에 눌려 우린 소싸움장의 소처럼 2:1로 힘을 겨뤘다. 아버지는 나더러 촌놈이 힘만 세고 촌스럽게 밥만 많이 먹는다고 구박을 하였다. 어느 날 어머니는 형을 시켜 나를 죽도록 패라고 지시하였다. 자신의 말 한 마디면 자식들이 나이 순서대로 질서 있게 움직여야 한다는 게 이유였다. 형은 나를 때리기 시작했다. 나의 아버지 역시 어린 아이에겐 폭력적인 사람이었다. 가끔씩 빗자루로 온몸을 구타하였다. 빗자루의 몽둥이 부분이 몸에 닿을 때마다 피부는 불타는 것 같았다. 어머니는 내게 잘못했다며 아버지께 빌라고 했지만 나는 잘못한 것이 없었다. 게다가 나의 비명 소리가 폭력 행사자에게 쾌락을 줄 것을 알았기에 나는 온몸이 불에 타는 것 같은 고통에도 말없이 맞았다.

나는 서울 집에서의 생활을 장흥을 떠날 때 할머니가 선물로 주신 하얀 고무신을 신으며 시골을 추억함으로써 견뎌내야 했다. 그러나 여전히 내 몸은 서울에 있었다. 장흥 바닷가에서 게를 잡거나 산에 올라 꿩을 잡으러 해맑게 뛰어다니던 아이 같던 모습은 점점 내게서 밀이져

갔다. 그리고 부모님과 함께 하는 서울 생활은 내가 이 세상에 왜 태어 났는지에 대해 생각하게 만들었다.

  1960년대 후반. 종로5가 공터에서는 약장수들이 회충약 등을 팔면서 묘기를 보이는 차력 쇼가 있었다. 만 6세 때 처음으로 차력 쇼를 보았다. 쇼 중에서 충격적인 장면이 있었는데, 내 또래의 어린 아이들의 머리를 장도리로 쳐서 순간적으로 기절시킨 후 약을 먹여 엉덩이로부터 회충을 빼내는 과정이었다. 사람들은 환호하였다. 그러나 나는 장도리에 맞은 아이가 크게 다치지 않을까 걱정이 되었고 뽑아내었다는 회충이 정말 회충인지 의심했다. 만 7세가 된 어느 날, 또 차력 쇼를 보게 되었다. 윗옷을 벗은 형이 깨진 맥주병 조각 위로 몸을 마구 문질렀다. 저러면 유리 조각이 살에 박히지 않을까 걱정을 하고 있는데 누군가가 뒤에서 나를 확 밀쳤다. 갑자기 무대 안으로 들어가게 된 나를 한 아저씨가 나가지 못하게 잡더니 장도리로 쳐서 나를 기절시킨 후 회충을 뽑아 보이겠다고 말했다. 난 도망가려 했으나 아저씨의 힘센 손에 붙들려 꼼짝할 수가 없었고 두려움이 엄습했다. 그는 약에 대한 설명을 하면서 나를 장도리로 내려치고자 했다. 그때 나는 그의 눈을 똑바로 쳐다보았다. 그러자 차력사 남자는 나를 몇 번 치려다 말고, 약 파는 행위를 마무리했다. 장도리로 맞지 않아 다행이었지만, 힘없는 어린 아이를 상대로 이렇게 위험하고 무책임한 짓을 벌인다는 것에 대해 화가 났다. 약장수 일행이 장사를 접고 이동하는 뒤를 따라갔다. 그리고 경마장 앞 만화가게로 들어가는 차력사 아저씨를 붙잡아 물었다.

"아저씨가 그 장도리로 저를 쳤으면 저는 죽을 수도 있었는데, 정말 저를 칠 생각이었습니까? 그동안 이렇게 맞았던 아이들은 지금 괜찮나요?"

차력사 아저씨는 귀찮다는 말투로 장도리에 맞는다고 바로 죽는 것은 아니지만 며칠 지나 죽거나 바보가 될 수 있다고 했다. 그러자 옆에 있던 만화가게 주인 아저씨는 어떻게 그런 묘기를 하느냐며 감탄사를 연발했다. 어른들이지만 매우 잘못된 생각과 행동이라고 생각되었다. 나는 계속하여 차력사 아저씨에게 잘못을 물었고 아저씨는 귀찮아하며 답했다.

"네가 똑똑해 보여서 차마 장도리로 칠 수 없었다. 난 사람을 딱 보면 알거든. 너는 나중에 훌륭한 사람이 될 거다."

잘못된 말이었다. "똑똑하지 않은 아이는 죽거나 바보가 되어도 된다는 소리인가?" 나는 다시 따지듯이 물었다. 그러자 옆에 있는 아저씨들이 이 조그만 놈을 그냥 죽여 버리자며 일어서는데, 갑자기 분위기가 사뭇 무서워졌다. 그때 가게 문을 열고 배에 맥주병 조각을 문지르던 형이 들어왔다. 그러고는 나에게 다가오던 아저씨들을 가로막으며 이 아이에게 손을 대지 말라고 소리치더니 내 손을 잡고 만화가게에서 나왔다. 그 형을 보고 아저씨들이 저런 놈이 아닌데 오늘 처음 대든다고 떠드는 말이 들렸다. 나는 그 형이 나를 도와서 앞으로 겪을 일이 걱정되었다. 내가 그를 걱정해주니 그는 내게 이렇게 말했다.

"밖에서 네가 말하는 것을 들었어. 어린 너도 그렇게 분명히 말을 하는데 내가 저 아저씨들을 따라 다닌 게 잘못인 것 같아. 이제 내 길을 가겠어."

어린 나는 차력사 아저씨에게 잘못을 묻는 것 외엔 할 수 있는 게 없었다. 나는 그 형을 뒤로 하고 집으로 서둘러 돌아갔다. 경마장 앞은 슬럼가였고 범죄자들이 많은 곳이라 들었는데 지금 생각해보면 위험했던 순간이었다. 내 기준으로는 이해되지 않는 나쁜 사람들이 세상을 이끈다는 생각에 마음이 복잡했다. 집에서도 밖에서도 마음이 편치 않았다. 나는 내 존재 이유와 삶에 대해 점차 깊이 생각하게 되었다.

만 8세에 "내가 왜 있는가?"로 시작된 나의 물음은 두 가지 도 체험을 내게 보여주는 것으로 이어졌다. 20대 후반에 도에 입문하여 내가 겪은 수련이 정규교육의 본격적인 시작이라 비유한다면, 어린 시절에 꿈이 아니지만 현실도 아닌 체험을 하기 시작한 것을 일종의 유치원 교육에 비유하면 될 것 같다. 이를 도에서는 '도의 뜨잡이'라 부른다. 나의 첫 도 뜨잡이 중 하나는 또 다른 나와 마주한 것이었다. 나와 매우 비슷하나 거칠고 키와 몸통이 약간 크며 눈은 삼각진 내 안의 다른 나였다. 상대는 나에게 삼각형과 사각형으로 공격을 해왔다. 갑자기 공격을 받은 나는 방어하기 위하여 원을 이용하였다. 원 공격이 여의치 않자 타원도 이용하였지만 상대의 공격에 밀리기 시작했다. 그대로 가다가는 내 몸이 벌집이 될 것 같았다. 고심하던 나는 롤을 생각했다. 롤도 원이 아닌가. 롤을 이용하니 상대가 보내는 삼각형과 사각형이 나의 롤 안으로 빨려 들어오면서 롤이 더 뻗어나가니 내가 우세해졌다.[11] 나는 간신히 상대를 물리쳤다. 어느덧 새벽이 되었다. 난 30여 분 싸운 것 같았지만 밤 11시경 시작한 나의 뜨잡이 속 사투는 새벽 5시까지 이어졌다. 어린 나의 온몸은 땀에 젖었지만 상대를 물리쳐서 다행이라 생각했다.

 도 체험을 하면서 동시에 난 생로병사에 대한 깊은 생각에 빠졌다. 이땐 내게 매우 중요한 시기였는데 초등학교 2학년 어느 날, 내 외할머니를 보면서 밤새도록 삶과 늙음, 아픔, 그리고 죽음에 대한 고민을 했다. 나는 그때 내 존재의 이유에 대한 생각에 더하여 생로병사에 대해 생각한 것이었고 다음 날 아침, 나는 나의 소년기가 끝났음을 알았다. 나의 어린 시절은 만 8세 초반부에 끝났다. 왜 나는 나의 친구들처럼 평범할 수 없는가. 나는 나의 짧은 소년기가 참 슬펐다.

---

[11] 상대를 공격하는 에너지 파장의 형태가 삼각형, 사각형, 원형을 이룰 수 있다. 롤, 즉 원기둥 형태의 에너지 파장은 원형 에너지 파장을 연속적으로 발사할 수 있다. 이런 에너지 형태의 의미는 천원지방(天圓地方) 사상에 근거를 두고 있다. 다시 말해서 "하늘은 둥글고 땅은 모나다"라는 의미인데, 나의 경우는 하늘의 무기로 땅의 무기를 제압한 모습이다.

놀 듯 공부하고, 공부하듯 수련하면

 만 6세 때 소아마비에 걸린 누이와 함께 효제 초등학교를 다니다가 이사를 하면서 만 7세 때 서울사대부속 초등학교 1학년으로 재입학하였다. 1학년을 두 번 다니게 되니 수업 시간이 매우 지루하였다. 2학기부터는 쉬는 시간마다 학교 도서관에 다녀왔다. 10분간 열심히 책을 읽고 수업 시간에 교실로 돌아오면 읽었던 책의 내용을 다시 생각하곤 했다. 학교가 이사를 할 때 독서실 담당 사서 선생님이 힘들 것 같아 도서관 이사를 도왔다. 사서 선생님은 곱추였고, 키가 작았기 때문에 3단 이상의 책꽂이에는 손이 닿지 않았다. 내가 도우러 갔을 때 선생님은 이미 많은 책을 정리해 놓았는데, 내가 오자 굉장히 고마워했다. 내가 마지막 정리를 해드리고 큰 박스를 차에 싣는 것을 조금 도와줬을 뿐인데 너무 고마워하니 조금 민망했다. 4학년 때까지 쉬는 시간, 점심 시간을 이용하여 책을 읽다보니 소장한 책이 꽤 많은 학교임에도 불구하고 더 이상 읽을 책이 없었다. 두 번, 세 번 읽은 책도 있었지만 거듭 읽으면 속도가 배 이상 빨라지는데다가 한 번 읽은 것은 전부 기억했기 때문에 재미가 없었다. 사서 선생님은 새 책이 많이 들어오지 않는 것에 대해 내게 미안해하셨다.

 중학교 1학년 반장이 된 기념으로 아버지가 책 선물을 하겠다고 하셔서 아버지의 지인이 운영하는 희망서림에 갔다. 책방 아저씨는 내게 아동 코너를 보여주었는데, 내가 읽은 책을 다 합쳐도 서점 귀퉁이 한 쪽 면의 2/3 정도밖에 되지 않았다. 내가 다 읽은 책들을 지적하자, 아저씨가 자신은 10만 권이 넘는 책의 출판사와 저자를 알고 있다며 내게 나에 대한 소문을 들었고, 앞으로 내가 읽을 일반서적이 많다고 했다. 내가 읽은 책의 양이 얼마나 하찮은지 알 수 있었다. 이때부터 나는 잠자는 시간을 더 줄여가며 책을 읽기 시작했다. 어느 날, 청록파 시인 중 한 명인 박목월 선생이 신문에 남자라면 모름지기 1만 권의 책을 읽어야 하며 작가라면 2만 권은 읽어야 한다는 글을 보고 나는 3만 권을 읽어야 한다고 생각했다. 새벽 4시까지 책을 읽고 아침 7시에 일어났다. 때론 며칠 밤을 꼬박 새워 책을 읽어도 이상하리만큼 컨디션은 좋았다. 이때부터 누이들이 나를 밤도깨비라고 불렀다.

초등학교 2학년부터는 매 학기마다 장학사가 학교로 나를 찾아왔다. 그들은 교육청에서 나를 지켜보고 있다는 말을 전하며 주로 기억력에 대한 질문을 했다. 난 태어난 이후의 모든 순간을 기억하고 있었기 때문에 그날부터 하루씩 앞으로 가며 짚어가면 전부 기억해낼 수 있다고 했다. 장학사는 그들이 자료로 증명할 수 있는 과거의 날씨를 내가 전부 말하길 바랐고 나는 하루씩 이야기하기 시작했다. 주로 사대부국 본관 건물 뒤편에 있는 과학실에서 장학사와 단 둘이 이야기하곤 했다. 7살을 지나 6살을 이야기하려는데 장학사가 나의 말을 멈추게 하더니 자신이 어디를 다녀와야 한다고 했다. 시간을 보니 이야기한 지가 2시간이 조금 지났을 뿐이었다. 나는 태어난 날까지 기억할 수 있지만 그들은 1~2시간 내 이야기를 듣다가 지쳐서 자리를 뜨곤 했다. 이후로 나는 장학사들의 기억력 테스트를 거부했다.

중학교에서 선생님들을 대신하여 학급 친구들을 가르치기 시작했다. 덕분에 불필요한 말을 하는 것을 좋아하지 않던 과묵한 나의 말수가 더 줄었다. 중1부터 우리 반의 국어, 영어를 수업 시간 45분 내내 교탁에서 가르쳤는데 중2부터는 영·수·국을 내가 다 가르쳤다. 중학교 3학년이 되면서 난 신분만 학생일 뿐, 학교가 직장 같았다. 국·영·수뿐만 아니라 다른 과목도 수업을 하게 되어 하루에 거의 반을 교탁에서 보냈다. 학생들의 생활기록부 기입과 정리, 시험지 채점도 내가 했기 때문에 일이 정말 많았는데, 중2에서 중3으로 학년이 바뀔 때에는 선생님이 전교생의 학급 편성까지 나에게 시켰다. 나는 각 반의 반장 몇 명을 데리고 거의 1주일간 우리 학년 약 800명의 생활기록부 정리와 학급편성을 했다. 업무량이 매우 많았다. 800여 명의 성적을 정리하고 등수에 맞추어 반을 배분하는 것도 쉽지 않은데 자기들 입맛대로 반편성을 해달라는 아이들이 끝없이 찾아와 골치가 아팠다. 심지어 선생님들까지 시도 때도 없이 나를 찾아와 학급 편성에 대한 자신의 의견을 말해서 과중한 업무량에 일은 점점 더 복잡해졌다. 아무리 내가 시키는 대로 묵묵히 선생님들의 일을 대신한다지만, 너무한다 싶었다. 어느 날 나는 선생님들에게 저녁으로 짜장면 하나 안 시켜주고 어떻게 학생에게 일만 시키냐고 따졌다. 그래도 달라지는 건 없었다.

다른 이들의 유년기와 내가 가장 다른 점은 나는 수련을 했다는 점이 아닐까 싶다. 돌이 안 된 1살 때에도 어른들이 나를 아기 취급하는 것이 못마땅했을 정도로 나 스스로 어리지 않다고 생각했기 때문에 내 육체가 작고 힘없는 것이 마음에 들지 않았다. 우선 초등학교 2학년인 만 8세부터 방학 때에는 새벽 5시 경에 일어나 을지로 집부터 남산 약수터까지 걷거나 뛰어가 냉수욕을 했다. 약수터 입구 계단까지 오르다 보면 땀이 났다. 약수터에 올라가자마자 바로 냉수욕을 시작하지 않으면 땀이 식어서 추웠다. 특히 겨울에는 냉수욕을 하는 동안 머리카락과 몸에 있는 물이 얼어버리기 때문에 최대한 빨리 냉수욕을 마쳐야 했다. 게다가 수건이 몸을 닦는 중간에 그 모양 그대로 얼어버렸다. 때문에 몸의 물을 손으로 최대한 털어내 없앤 후 수건으로 몸을 재빨리 닦고, 또 바로 그 수건을 손목에 돌돌 말아서 묶었다. 약수터에는 40~50대 아저씨들과 권투나 레슬링을 하는 형들이 왔다. 6학년 때부터는 남산에서 냉수욕을 마치고 체조와 발차기를 한 후, 집으로 돌아와 책가방을 가지고 혜화동의 초등학교로 걸어갔다. 학교에 가면 아침 8시 반 자습시간이었는데 10시까지도 머리카락에 붙어있던 얼음이 녹지 않는 일이 꽤 많았다. 내 주변에 앉은 친구들이 내 머리카락에 붙은 얼음을 신기해하며 춥지 않느냐고 묻곤 했다. 나는 정말 춥지 않았고 딱히 난로 곁으로 가지도 않았다.

우연히 초등학교 3학년부터 친구를 따라 태권도를 하게 되었다. 이때부터 나의 외공 수련이 본격적으로 시작되었다. 외공에서는 발차기를 잘하기 위해 몸의 중심을 정확히 잡아야 한다. 이를 위해 겨울에는 얼음 위에서 맨발로 발차기 연습을 했다. 처음에는 미끄러웠고 발도 매우 차가워서 40분~1시간이 지나면 발에 동상이 걸리곤 했다. 하지만 계속 반복하니 곧 중심을 잡는 법을 알 수 있었다. 뛰어 앞차기나 뛰어 돌려차기를 하고 나서 얼음에 착지할 때, 그 충격과 미끄러움을 다스릴 수 있게 되자 공중에서 내려 올 때 자신의 무게를 감소시키는 법도 터득하게 되었다. 재미있는 건 중심을 잡고 발차기를 할 수 있게 되면 동상이 걸린 발이 더 이상 추위를 느끼지 않는다는 점이었다. 그렇게 자신감이 생긴 나는 3~4m 정도 되는 벽돌담을 5~6걸음 만에 쉽게 타며 지붕 위까지 올랐다. 난 이런 묘기를 사범님과 함께 누가 더 잘하는지 시합하곤 했다. 얼음이 없는 여름에는 방 안에 미끄러운 담요를 깔고 그 위에서 발차기 연습을 했다. 앞차기보다는 특히 옆차기를 할 때에 미끄러져 넘어지기 쉬웠으나 정확히 중심을 잡으면 담요 위에서도 앞차기, 옆차기, 돌려차기, 뒤차기를 마음껏 할 수 있었다. 얼음 위, 담요 위에서의 발차기로 중심이 잡히고 나면 한 평 안에서 태권도에서의 모든 수련을 스스로 할 수 있게 된다.

  중학교 1학년 때는 정말 열심히 태권도를 하였다. 중1때까지는 내 몸이 머리를 따라가지 못해 내가 몸수련에 열중했기 때문이다. 나는 매일 밤 10~12시까지 약 2시간 동안 같은 자세로 샌드백을 쉬지 않고 발로 찼다. 앞차기, 돌려차기, 옆차기 등, 내가 아는 발차기를 오른발, 왼발 각 200번씩 순차적으로 했다. 그렇게 발차기만 2시간을 하고 나서야 태권도 수련을 끝마쳤다. 늦가을 쯤 국가대표 태권도 코치가 내 소문을 들었다며 나를 찾아왔다. 자신이 2달간 나를 지켜봤다며 국가대표도 기본 4시간 수련에, 하루 6시간 수련도 잘 안 하는데 너는 스스로 6시간 수련을 하니 국가대표 선수촌에 같이 갈 의향이 없느냐고 내게 물었다. 그 코치는 우리 관장님과 안면이 있는지 그 후 몇 차례 우리 도장 심사에 참여하고 내게 발차기 코치를 하는 등, 한동안 내 주위에 머물렀다. 당시 나는 내 손과 발이 쇠막대기 같다고 생각했다. 나는 누구와 대련하여도 자신이 있었고 상대의 발차기를 맞아도 큰 충격을 받지 않았다. 냉수욕과 태권도로 단련된 나의 몸은 주변 권투 도장과 여러 운동을 하는 형들의 부러움을 샀고 나는 마치 구름 위를 걷는 듯 걸어 다녔다. 축지법을 하면 좋겠다는 생각을 해서 도복에 모래주머니를 꿰매어 바지 속에 입고 여름부터 겨울까지 입고 다녔다. 주변에서는 삼복더위에 바지를 두 겹 입고서 모래주머니까지 차고 다닌다고 특이하다고들 했다.

가을부터 난 저녁 수련을 마친 후 밤 9시부터 별도로 일반부를 가르쳤다. 늘 그렇듯 내 어머니는 태권도장 수강료를 주지 않아 나는 유도복을 입고 태권도를 했으며 돈을 내지 못해 관장님에게 미안해서 도장 청소와 가르치는 일을 맡았다. 당시 중학교 1학년인 나는 국기원 검은 띠를 따기 전이었지만 관장님의 검은 띠를 메고 일반부에서 청와대 경호원이나 동네 깡패 16명을 가르쳤다. 사람들이 내 나이를 물으면 난 1학년이라고 말했다. 내 교복 단추나 모자에 '중'자가 써 있었기 때문에 난 당연히 중학교 1학년이라고 말한 것인데 모두들 나를 고등학교 1학년으로 생각했다고 하였다. 나중에 알았지만 내가 가르친 깡패 16명은 그 동네 깡패 두목이 나를 감시하고자 보낸 것이었다. 내가 수련 후 시장을 한 바퀴 돌고 집으로 가면서부터 그들이 2달간 세금을 걷지 못해 보낸 것이었다.

어느 날. 운동을 끝내고 다른 때와 마찬가지로 버스 정류장 앞 가게에서 콜라를 병째 들이키는데, 20대 초반의 건장한 남자가 내 앞에 나타났다. 그의 몸은 날렵해 보이고 눈초리가 날카로웠다. 가슴이 불룩한 것을 보고 그가 오른손에 칼을 쥐고 있음을 알았다. 두 번째 콜라병을 원샷 하고 있던 나는 곁눈으로 그를 보고 있었다. 짧은 시간이지만 그와 나는 눈빛을 여러 번 교환했다. 결국 그는 손을 빼지 못한 채로 내게 말을 걸어왔다. 자신은 22살이며 이 동네의 두목인데 내가 태권도복을 메고 시장을 둘러보니 자신들이 수금을 하지 못해 식구들이 굶어 죽게 생겼다고 했다. 생각해보니 2달 전부터 주변의 가게 아저씨들이 내게 시장을 한 번씩 돌면서 집에 가달라고 했던 말이 기억이 났다. 나는 그저 태권도를 마치고 집에 가는 길에 시장을 한 바퀴 돌았던 것 뿐인데 그것이 이들에게는 위협적이었나 보다. 그래서 그 다음부터는 집으로 바로 귀가하였다.

만 9세 때 했던 외공 수련 중엔 수도 단련도 있었다. TV에서 무장공비가 자신들이 벽돌을 1천 번씩 손날로 치며 단련했기 때문에 남한의 병사쯤은 쉽게 제압할 수 있다고 말하는 것을 보고 나는 그 이후로 양손으로 벽돌을 각 2천 번, 합이 4천 번을 쉬지 않고 쳤다. 첫날엔 4천 번을 채우는 데 오랜 시간이 걸렸다. 100번까지도 맨손으로 벽돌을 치는 게 참 쉽지 않았기 때문이다. 마치 붉은 벽돌로 손의 뼈를 힘껏 내리치는 것처럼 아팠다. 그리고 벽돌을 치는 동안 정신을 똑바로 차리고 동작을 하지 않으면 새끼 손가락이나 손목 쪽이 벽돌에 부딪히면서 살이 까지고 피가 났다. 하지만 그 고통을 참고 계속 200~400번을 치게 되면 손날인 수도가 두 배로 통통 부풀어 오르며 점차 근육이 붙는다. 그렇게 400번을 넘기면 1천 번을 비교적 쉽게 칠 수 있게 된다. 참고로 수도도 안쪽과 바깥쪽이 있어서 벽돌을 칠 때에 손의 한쪽 면만 사용할 수가 없다. 1천 번을 치게 될 때 쯤, 수도의 근육이 부풀어 오르면서 단단해지므로 드디어 2천 번을 쳐도 별로 아프지 않게 된다. 그렇게 약 2달을 수련하게 되면 수도의 근육이 불룩하게 튀어나와 그 단단함이 뼈와 같아진다. 이때엔 수도가 두껍고 뼈처럼 단단해지기 때문에 연필을 쥐고 필기를 하는 것도 매우 불편해진다.

철사장이라고 하는 손끝 수련도 했었다. 솥에 모래를 채우고 손가락을 단련하는 것인데, 처음에는 손가락 끝의 껍질이 벗겨지고 손가락 피부가 갈라지면서 매우 고통스럽다. 2~4주까지의 고통을 견디면서 쉬지 않고 계속 단련하면 2달째부터 조금 괜찮아지는데, 4~6개월을 수련하면 손가락 끝이 단단해진다. 그런데 우스운 것은 이 수련을 단 하루만 하지 않아도 스스로 내가 약해짐을 알며, 3일을 하지 않으면 그 효력이 씻은 듯이 없어져 버린다. 그에 비하면 수도 단련은 철사장보다는 수련을 멈추어도 그 효과가 꽤 오래 가지만, 신체의 일부가 단단해진다고 해서 전반적인 전투력이 상승하는 것은 아니다. 그래서 자기만족은 되나, 외공에서 그리 장려할 만한 수련법은 아닌 것 같다. 나 또한 소비하는 시간 대비 상승되는 전투력을 보았을 때 미련한 수련법인 것 같아서 몇 달 후엔 수도 단련을 다른 수련으로 대체하였다.

어린 나이부터 꾸준히 수련한 과정은 전통무예 '한풀'[12]의 혹독한 수

---

12 나의 스승 임검 김정윤 선생이 예전부터 전해 내려오는 어느 전통무예에 이와 같은 명칭을 부여했다. 나는 이 무술을 세검정 수련소에서 33세부터 배우고, 사범 수련 과정에서 김정윤 선생을 도제식으로 2년간 모시면서 이 무예를 수련했다.

련을 견딜 수 있는 바탕이 되었다. 어딘가에 의지하지 않고 스스로 계획을 짜서 공부하고 수련했던 것이 체화되어서 후에도 수련으로 자연스레 연결될 수 있었다. 도수련은 내 목숨을 걸고 생사의 갈림길을 혼자 꾸준히 걷는 것이다. 외공은 여럿이 같이 하고 단련만 혼자 하지만, 내공은 여럿이 같이 하는 부분과 혼자 하는 부분이 나뉘어져 있고, 도는 혼자서 하는 수련이다. 그러나 이를 통틀어 어떤 수련이라도 처음에 10명이 시작을 하면, 2~3년이 지나면 3~4명만 남고 5~6년이 지나면 1명만 남거나 아예 없게 된다. 내가 수련할 때에는 처음엔 함께 수련을 시작하였으나 일정 시간이 지나면 결국 나 혼자였다. 그만큼 일정한 시간에 일정한 수련을 빠짐없이 꾸준히 혼자 반복하기란 쉬운 일이 아니다. 편히 쉬고 노는 것을 마다할 사람이 있겠는가. 그러나 노는 것처럼 공부하긴 쉽지가 않다. 세계적으로 유명한 석학들이 존경받는 이유는 그만큼 공부에 몰두하기가 어려워서이다. 그러나 앉아서 공부하는 것보다 몸으로 수련하는 것은 더욱 고된 일이다. 도를 이루고자 하는 수련자라면 10세 이전의 어린 나이부터 놀 듯이 공부하여야 하고, 공부하듯 수련해야 할 것이다.

저 별은 누구의 것

만 4세 봄에 장흥 조부모님 댁에서 서울 종로의 부모님 댁으로 상경

한 후 나는 마음이 불안하여 과거와 미래를 두서없이 구경하였다. 내가 어려서부터 과거와 미래를 보았다고 하면 듣는 이들은 대개 그것이 어떤 형태인지 궁금해 한다. 꿈을 꾼 것이 아니냐고들 하지만, 꿈을 꾸는 것과는 전혀 다르다. 꿈은 생리적인 의식상실의 수면 상태에서 내 의지가 전적으로 작용하지 않는 것을 경험하는 것이고, 내가 미래나 과거를 본다는 것은 내가 온전히 깨어 있는 상태에서 의식을 가지고 펼쳐지는 현상을 보는 것이다. 때문에 아침에 학교 가는 길에 걷다가도 보고, 친구와 대화를 나누다가도 보고, 심지어 하나의 장면을 여러 번 반복하여 본다. 이는 넓은 의미로 도라고도 볼 수도 있으나, 내 경우에는 정확히 맞지는 않다. 내가 다른 시간을 경험하는 것은 사실 본래 내가 우주 에너지에서 온 영이고 우주의 시간은 한 방향으로만 흐르지 않기 때문에 나타나는 현상에 더 가깝다.

1969년 3월 효제국민학교에 입학한 후부터는 과거와 미래를 보는 일이 더 심화되었는데, 어린 내게 이것은 지금의 현실과 섞여 무엇이 내 육체가 속한 시간인지 혼란스러웠다. 1969년 말부터는 화장실을 갈 때마다 현재와 과거, 미래를 헷갈려 실수하지 않기 위해 내 살을 꼬집어 보거나 손바닥을 치는 행위로 내가 지금 있는 곳이 현재의 공간인지를 연거푸 확인했다. 기저귀를 뗀 이후로 한 번도 실수를 한 적이 없는 내가 오픈된 공간에서 화장실인 줄 알고 실수를 할까봐 매우 불안했다. 그리고 내가 본 미래의 장면이 잠시 후에 실제로 벌어지는 것을 보며 내 삶이 나의 자유의지대로 진행되는 것이 아니라 이미 다 정해져 있는 것인가 하는 문제로 고민이 많았다. 때문에 2층으로 된 집의 계단에서 통증이 느껴지는지 확인하고자 몇 번 구르거나 냉수욕을 가던 길에 평소와 다른 옆길로 달리고 나무나 꽃을 괜히 만지거나 했다. 그러나 내가 내 의지를 확인하기 위해 꽃을 만지자마자 바로 나는 내가 그 행위를 하는 장면을 전에 보았던 것이 곧 떠올랐다. 나는 화가 났다. 당시엔 내가 과거, 현재, 미래라는 시간이 한 방향으로 정해져 순서대로 흐르는 것이 아님을 이해하지 못했기 때문에 더욱 혼란스러웠다.

초등학교 시절에는 내 생활이 과거, 미래로 혼합되어 문득문득 보였다. 예를 들어 이런 일화가 있다. 초등학교 2학년 때 내가 교실 위에서 시험을 치르고 있는 나를 보았다. 선생님이 내 뒤를 걸어가는 장면이 보였고 이어서 시험지를 풀고 있는 내 뒷모습이 보였다. 처음 보는 나의 뒤통수가 참 낯설었다. 가까이 다가가 나의 어깨 너머로 내가 풀고 있는 시험문제를 빼꼼히 보았더니 문제 4번까지 보였다. 그런데 처음 보는 시험지였다. 즉 그때는 과거가 아닌 미래를 본 것이었다. 며칠 후에 나는 그 시험지를 받아서 풀기 시작했다. 4번까지 내가 봤던 그 문제와 정확히 일치했고 선생님은 내 뒤를 걸어갔다. 내가 미리 봤던 그 장면은 현재 내 현실에서 그대로 연출되었다. 짜증이 나고 혼란스러웠다. 덕분에 난 그날의 시험을 망쳤다. 앞으로 다시는 그런 일이 일어나지 않기를 바랐다.

중학교 때부터는 미래 장면이 좀 더 구체화되었고 여러 번 반복해서 보였다. 가끔은 동영상처럼 보기도 했다. 달라진 것은 중학교 1학년 때 짝꿍이었던 남자 아이에게 내가 본 미래의 장면들을 이야기하기 시작했다는 것이다. 중학교 때부터 보았던 구체화된 미래의 장면은 이러했다. 밖에서 군인인 내가 보이는데 복장에서 계급장이 안 보인다. 훗날 나는 계급장이 없는 의경을 하였다. 또는 내가 미래의 내 몸으로 활동을 하며 상황을 보기도 한다. 예를 들어 내가 훈련소에서 구보를 하다가 옆길을 쳐다보는데 코스모스가 예쁘다든가, 내가 군대에서 샤워를 하고 거울 앞에 섰는데 몸은 크고 시커먼데 눈만 반짝이는 장면이다. 또는 내가 어딘가에 갔다가 승용차에서 내려 건물 안으로 들어가고 있는데 왼손은 서류가방을 들고 있고, 오른 손엔 커다란 종이를 둘둘 말아 쥐고 있으며 건물 안에 어떤 이 둘이 나를 기다리고 있다. 건물로 들어가며 발을 내려다보니 바닥이 직사각형 대리석이다. 60년대엔 서울에서 건물 앞에 직사각형의 멋드러진 대리석이 깔린 곳은 거의 없었다. 얼른 나의 몸을 둘러보며 복장을 확인하니 나는 나이가 많고 싱글 스트레이트의 회색 양복을 입고 있다. 또 하나는 어떤 법정에 여자 판사가 앉아 있고 50살 쯤 되어 보이는 한 남자가 포승줄에 묶인 채 수갑을 차고 서 있는 장면을 보았다. 고무신을 신은 그의 뒷모습을 보면서 그가 무슨 죄를 지었을까 생각했다. 놀랍게도 그 장면은 25여 년 후의 나 자신이었다.

 훗날 예기치 못하게 지인들에게 기망을 당하고 긴급체포되어 재판장에 서 있으면서 10대 후반에 내가 본 그 장면이 그대로 연출되는 것을 떠올리고는 그때 본 것이 나라는 사실에 쓴웃음을 지었다. 이런 것 외에도 자질구레한 많은 장면이 길을 걷거나 밥을 먹거나 학교에서 수업을 하다가 수시로 떠오른다. 이런 이야기를 들은 내 친구는 그의 동네 친구와 함께 자신들의 미래도 봐줄 수 있느냐고 묻곤 했다. 당시 나는 내가 특정 시점을 골라서 내 의지로 보는 것이 아니었기에 그냥 내게 어떤 장면들이 나타나 보이는 것이라고 친구에게 말해주었다. 장면을 보는 순간엔, 그것들이 나의 전생의 일부인지 내 미래인지 나조차도 확실히 몰랐다. 나를 본 것인지 다른 이들의 장면을 본 것인지도 알 수 없었다.

모든 인간은 육체에 깃든 영이 있는데 이번 생에서 죽음을 맞이하여도 영은 사라지지 않으며 다음 생에 다른 육체로 태어날 때에 다시 그 영이 깃든다. 사람의 영이 한 번 만들어지기 위해서는 굉장히 오랜 시간이 필요하며, 만들어지는 경위도 다양하다. 때문에 오래된 영과 만들어진 지 얼마 안 된 영, 동물과 인간 사이를 오가는 영까지 다양한 영이 있다. 문제는 인류사가 오래될수록 사회를 이끌어야 할 오래된 영들이 도를 이뤄 본래 자신의 자리로 돌아가기 때문에 현재엔 이 세상을 이끌 영들이 점차 줄어 그 수가 적다는 사실이다. 내가 아주 오래 전 동굴 생활을 하던 전생을 볼 때, 나는 1만 년 이내의 굉장히 오래된 영이고 수많은 생을 거듭하였다. 그러나 이번의 생은 나에게 마지막 탄생이다.

인간이 윤회를 끝내고 본래의 자리로 돌아간다는 것은 굉장히 어려운 일이다. 특히 아무리 뛰어난 능력자여도 자기 스스로 마지막 탄생을 이룰 수 있는 것은 지구 전체 역사 속에서도 몇 명이 없다. 석가모니의 예를 들면, 그의 10대 제자는 석가모니를 만나기 위해 몇 번의 생을 거듭하였다고 말한다. 10대 제자는 거의 도의 끝에 와 있던 수련자들이었으며, 당시 많은 이들에게 존경을 받는 유명한 인물들이었다.

젊고 낯선 싯다르타라는 자를 유명한 수련자들이 "저 분을 만나기 위해 수십 번의 생을 거듭했다." 하고 말하며 환희에 차 있는 것을 보고 당시 일반인들은 의아했으리라. 그러나 그 제자들은 석가모니의 설법을 들을 필요도 없었다. 그를 보는 것만으로도 윤회를 끝내는 것이 이루어졌기 때문이다. 그들은 이렇게 말하였다. "내가 이제 그를 보았기 때문에 그와의 인연은 이제 끊어졌다." 이처럼 석가모니와 같은 사람이 없으면 아무리 뛰어난 수련자인 10대 제자조차도 어느 일정 단계를 뛰어넘을 수 없는 것이다. 그만큼 마지막 탄생을 이루는 건 어려운 일이다.

나의 전생 이야기를 잠깐 언급하면 다음과 같다. 중학교 1학년 때 이대부속 병원 옆을 걸어가는데, 문득 내 전생들이 떠올랐다. 나는 전생의 인물들에게 모두 나오라고 말하였다. 그러자 내 몸속에서 20명 이상의 내 전생 인물들이 튀어나와 제각각 떠들었다. 불쾌한 느낌이 들었다. 나는 내 전생들에게 말했다. 현재 몸은 나의 것이니 조용히 하고 들어가라고. 이것이 꿈인가, 현실인가. 당시 내게 더 마음에 들지 않았던 점은 내 전생의 대부분은 전투였다는 것이다. 예를 들어 전투 중 부상으로 나의 왼팔은 잘려있고 몸엔 여러 자상을 입었다. 오른 손에 칼을 쥔 나는 바위틈에 몸을 숨긴다. 나를 찾는 무리가 5~6명 있다. 나는 그들을 다 죽일 수 있지만 내가 온전치 못할 것임을 고민하는 모습을 보았다. 또 다른 장면은 내가 어딘가에 갇혀 있는데 그곳을 나가면 나는 결투를 해야만 하고 많은 사람들은 그것을 구경한다. 피 끓는 젊은 나는 몸에 부상을 입어도 아프지 않고 죽음이 두렵지 않다. 이렇게 수십 번의 전생이 모두 전쟁과 관련이 있고 나는 계속 싸우다가 거의 언제나 젊은 나이로 죽는다. 뒤에 언급하겠지만, 내가 본 전생 중에서 유일하게 나이가 든 모습은 나의 도반과 몽골에 가서 본 것이 유일하다. 아주 잠깐이라도 여성의 모습이 보이는 것은, 내 의지와 무관하게 나의 부인과 헤어지는 장면 하나뿐이다. 그 정도로 수많은 나의 전생들은 대부분이 남자들, 전쟁, 그리고 짧은 생이었다. 그러나 이때 전투로 얼룩진 나의 전생을 미리 봄으로 해서 이번 생에는 폭력을 조금이나마 피하고 싶었던 모양이다. 그래서 후에 내가 폭력 쪽으로 내 삶의 방향이 기울 때에 더 이상 가지 않고 멈출 수 있었던 것 같다.

초등학교 3학년, 장학사와 상담을 한 지 두 달 정도 되었을 때였다. 학교를 마치고 귀가하는 중에 을지로전화국 건너편에서 따사로운 여름 햇빛 아래, 갑자기 내 머리에 두통이 일어나고 내 머리 속이 둘로 나뉘어지는 경험을 했다. 새로 생긴 머리는 텅 비어 있었다. 나는 당황했다. 그 텅 빈 머리가 나의 뇌를 대신할까 봐 두려웠다. 때문에 그 이후로 십수 년 간 나는 나쁜 머리가 활동할 수 없게 경계하며 쉼 없이 책을 읽고 공부하였다. 수련자이기 때문에 어릴 적부터 하루 2~4시간밖에 잠을 자지 않았고, 자는 중에도 육체만 수면을 취하고 정신은 깨어 있었기 때문에 가능하였다. 그러나 군에 입대해서 책을 읽지 못하는 환경이 되자, 그 즈음부터 아마 텅 빈 머리가 활동을 했던 것 같다. 그 이후로 나의 말도 안 되는 비논리적인 선택은 초등학교 3학년 때 만들어진 나쁜 머리가 그 역할을 했던 게 아닌가 생각한다.

중학교 2학년 초겨울은 중요한 때였다. 미래나 과거를 수시로 보거나 좌선하며 도수련을 하면서 도의 세계를 체험하는 것과는 다른 형태를 경험했다. 나는 우주에 10여 차례 나갔다 왔었다. 누군가가 나를 부른다. 나는 그의 부름에 이끌려 우주로 나간다. 많은 사람들이 믿기 힘들겠지만 실제로 이런 일이 벌어졌다. 이런 일은 십여 차례 지속되었다. 이런 현상은 100% 내 의지가 아니며, 누군가가 나에게 목적을 가지고 행하는 것 같았다. 또한 이런 일은 주로 내가 책상에 편안히 앉아 있거나 잠 자려고 누웠을 때처럼 안정적인 상태에서 시작된다. 어느 날에는 모습을 바꾼 그 존재가 나를 우주로 데려갔다. 그리고 우주에서 원하는 별을 가지라고 하였다. 나는 매번 상대에게 소유를 원하지 않는다며 거절하였다. 그러다 그날 나는 북두칠성을 골라 잡았는데, 내가 상대에게 그 상황을 증명하기 위해 내 몸에 표식을 남기라고 했더니 나의 오른쪽 등에 없던 점들이 북두칠성 모양으로 동시에 생겼다. 그때 모습을 바꿔 나타나는 상대가 나 자신임을 눈치채고 "네가 나 자신이냐?"고 물으니 그는 사라졌다. 며칠 후 목욕탕에서 내 등을 밀던 동생이 놀라며 형의 등에 갑자기 몇 개의 점들이 생겼으며 그 모양이 꼭 북두칠성 같다는 이야기를 하였다. 나는 나이든 내가 어린 나에게 언젠가는 지금 가는 길을 이루리라는 것을 알려주는 신호라고 생각했다. 중2 겨울은 이 생각으로 가득했다. 이후로 나는 대웅전이나 교회당, 동굴이나 산신각의 공간에서 공간의 큰 나에게 질문할 때마다, 3가지 중, 2번째의 질문으로 항시 '내 등에 생긴 북두칠성의 의미'를 묻곤 했다.

도수련은 기수련과 달라서 몸은 비록 이 공간에 있지만, 나는 분리

된 공간에 존재하게 된다. 그것이 우주나 지구 건너편과 같은 다른 곳일 수도 있고 아닐 때도 있다. 우주와 같은 곳에 나간다는 것은 굉장히 높은 수준에 도달해야 가능한 능력이다. 예를 들어, 싯다르타가 깨달음을 얻고 설파를 하던 시기에 그는 수련자가 있는 그룹에 가서 그 무리의 가장 존경받고 나이 많은 자와 밤새 이야기하였다. 그렇게 상대를 굴복시키면 그 무리 모두가 석가모니를 따랐다. 한번은 석가모니가 어떤 무리의 가장 존경받는 높은 수준의 수련자인 104살 먹은 노인을 만났다. 다음 날 노인은 낯선 석가모니를 공경하며 따랐다. 노인을 따르던 무리가 그에게 무슨 일인지를 물었다. 노인은 대답하였다. "나는 그로 인해 우주를 보았다." 석가모니로 인해 그 노인은 진짜 우주에 나갔다 온 것이다. 이러한 도수련은 상당한 위치가 되어야 할 수 있다.

 이 말을 우리 땅으로 옮기면 이 땅에는 왕검이 있었다. 많은 랑들이 그들을 따라 수련했으며 왕검은 그때그때의 사정에 따라 약 20명에서 3,000명의 랑을 가르쳤다. 신라의 화랑이라는 단어에 쓰인 랑이 바로 그것이다. 고구려 을지문덕의 살수대첩 기록을 보면, 수나라의 별동대인 정예군인 30만 5천 명 중에서 30만 2천 30명을 고구려군이 몰살시켰고, 100만 대군 중 압록강에 도착한 수나라 군은 2,700명밖에 안 된다고 한다. 이렇게 전무후무한 기록은 역사상 없음에도 진정 놀라운 것은 이게 아니다. 우리 아군의 사상자가 몇 명이 되지 않았다는 게 중요하다. 을지문덕 장군이 아무리 훌륭하다 할지라도 100만 대군과 싸워 사상자가 수천밖에 안 된다는 것은 말이 안 된다. 이것은 일반의 군인이 아니란 말이다. 그러나 내공을 쓰는 랑이라면 가능하다. 외공 수준이 높은 자는 적을 1명에서 많게는 4명까지 상대할 수 있다. 그러나 내공 수련자는 20명까지도 가능하며 내공을 하는 자에게 칼이 있다면 그 숫자는 셀 수가 없게 된다. 난 어릴 때는 몰랐지만 고구려에 삼한으로부터 이어받은 무예가 있었음을 추후에 알게 되었다. 내가 그 일부를 익혔고 나머지를 완성했다.

어느 제자가 이 시대에 정녕 사부님 외에는 그러한 수준에 이른 자가 없느냐는 질문을 한 적이 있다. 나는 외공에 내공을 제대로 함께 익힌 자를 인류 문명에서 몇 알지 못하며, 외공에 내공, 도까지 한 자는 나 외에는 알지 못한다. 나와 같은 왕검은 앞으로도 다시는 없을 것이다. 그러나 고등학생 때에 이런 경험을 한 적이 있다. 가끔 매봉산으로 개와 함께 산책을 다녀온 후 호흡 수련을 하였는데 어느 날 밤하늘에 유난히 밝게 빛나는 별을 보고 전갈자리임을 알았다. 본래 어떤 밝은 별의 빛도 북두칠성이 나타나면 빛이 흐려지지만 그날의 전갈자리는 북두칠성과 함께 빛났다. 그래서 나는 동시대에 나에 버금가는 뛰어난 인물이 있음을 알았다.

사람의 명을 아는 방법이 여러 가지가 있다. 역이라 하는 것인데, 현재는 주역이라 알려져 있다. 역은 자연 현상을 예측하는 것과 사람의 인생을 점치는 것 두 가지가 있었다. 사람의 인생을 점치는 것은 송나라 이후로 없어졌고 현재 그 중의 일부가 명리학으로 전해지고 있다. 관상이라 건 사람의 얼굴, 몸통, 걸음걸이로 상을 보는 게 있고 손금을 보는 것이 있다. 손금은 타고난 것과 살아가는 것이 두 손에 나타나는

데 내 손금을 보면 내가 달로 태어났는데, 실제 삶은 별로 산다는 것을 알 수 있다. 달은 우주에서 봤을 땐 작고 보잘 것 없을지 모르나 지구에겐 아주 중요한 천체이다. 지구의 모든 생물체는 달의 영향을 받는다. 어쩌면 달은 지구에서만큼은 태양보다 더 중요할지 모른다. 하지만 별은 달보다 지구에 미치는 영향력이 적으나 달보다 월등히 크고 그 수도 많고 우주 전체에 넓게 퍼져 우주를 가득 채우고 있다. 태양도 하나의 별이다.

제자의 질문

▼

스승님의 기, 도는 일반인이 아는 기,
도와 실제는 어떻게 다른가요? 정신적 수양인가요?

일반적으로 기를 말할 때 소주천(小周天), 대주천(大周天)[13]을 말하기도 하는데 사람들은 대주천이 몸의 기를 수승화강(水昇火降)[14]으로 돌리는 것을 말하고, 소주천을 횡으로 돌린다고 생각한다. 어림없는 말이다. 기를 돌릴 때에 횡의 형태인 좌에서 우, 또는 우에서 좌로 돌리는 것은 없다. 기는 상하로만 움직인다. 소주천은 몸통 안에서의 움직임이며 대주천은 머리에서 발끝까지의 움직임이다. 기치료를 하는 곳도 있는데 외공 수련에 더하여 십년 이상의 내공 수련을 한 자가 아니고서는 자신의 기운을 치료를 위해 쓸 정도의 실력이 있을 수 없다. 몸에 기를 쌓고 몸 밖으로 기운을 내뿜기까지는 기나긴 수련의 시간이 필요하다. 타고나길 기운을 잘 느끼는 사람이 있으며 그들은 기운을 직접 이용하여 치료하였다기보다는 기감을 통해 느낌 정도를 주고받는다고 할 수 있다.

13 기를 운행할 때 쓰이는 용어. 소주천은 몸통 안에서 기를 돌리는 것이며, 대주천은 몸 전체로 기를 크게 돌리는 것이다.
14 물은 올라가고 불은 내려온다는 뜻으로, 기수련자들이 소중히 여기는 비급이다. 이에 관해서는 〈용호비결〉이란 책을 참조하라.

길거리에서 도를 아느냐고 묻는 사람들이 있다. 그들에게 도는 정의되지 않은 말이다. 그들은 도를 아무 말에나 막 갖다 붙인다. 그들에게 도를 물으면 도가 무엇이라 답하지 않고 구원, 행복, 재물, 사랑, 평화라는 말을 하는데, 이 모두가 거짓이다. 도는 본래의 나를 아는 것이다. 도에 입문하여 수련을 해보지 않으면 알 수도 설명할 수도 없다. 일반적으로 설명하는 도는 일부는 맞는 말이지만 전체를 알고 정확히 말하는 자는 없다. 도를 이룬 자가 아니기 때문이다.

정신적 수양, 명상을 가르치는 학자들 중에서 그 방법을 가르칠 때에 마음을 고요히 하고, 종소리의 진동에 따라 명상에 들라고 하는 경우가 많은데 이는 참 어처구니가 없는 경우이다. 아무 것도 배운 바가 없는 일반인이 무슨 수로 마음을 정하게 한다는 말인가. 마음을 잡지 못하였는데 어찌 종소리 진동에 따라 명상에 들 수 있단 말인가. 그렇게 가르치는 사람들이 과연 얼마나 명상의 삼매에 드는지 궁금하다. 모든 것엔 순서가 있다. 바르고 건강한 육체가 있어야 정신적 수양도 가능하다. 육수련을 먼저 거쳐야 그 다음에 기를 쓰는 내공 수련을 할 수 있다. 도는 외공, 내공과는 별도의 것이지만 이 역시 외·내공으로 몸이 다져진 후에 시도해야 그나마 입문이 가능하다. 도는 입문이 어려우며 아무리 높은 산의 기운 좋은 바위에 앉아 있어도 사람의 능력과 수준이 되지 못하면 자연의 기운은 받을 수 없다.

도수련 중에 체험하는 것, 일상생활 중에 문득 환상처럼 체험하는 것, 미래나 과거를 보는 것, 우주에 나간 것 모두 다른 건가요?

다르다면 어떻게 다른가요?

도의 수련: 먼저 입문이 되어야 하고, 입문이 된 상태에서 수련이 시작되는 것이다. 이 수련 또한 지난한 것인데, 같은 시각은 아니어도 같은 집중을 하여야 하니 항시 시간이 필요하다. 꼭 정좌해서 할 필요는 없고 일정한 속도로 걷든가 상념을 하면서 할 수도 있다. 매 순간마다 새로운 일들이 일어나고 새로운 시련이 닥친다. 찰라의 순간에 반응하여야 한다. 그것은 순전히 평소 자신의 수련의 결과이다. 시련을 당할 때에 수련이 되어 있지 않은 부족한 수련자라면 그에 반응하지 못하거나 놀라서 부작용을 일으키게 된다. 이를 일반인들은 내, 외공 수련 시에는 '주화입마(走火入魔)'[15]라고도 하고 도수련 시에는 생명을 잃기도 한다.

미래, 과거를 보는 것: 나의 의지가 약간 섞이기도 하지만, 도에 들기 전의 초기 단계로 공간을 구별하지 못한다. 그래서 이쪽, 저쪽을 구경하고 다닌다. 마치 도에 잘못 든 자가 공중부양을 하는 것과 같다. 도를 닦는 자가 모두 과거나 미래를 볼 수 있는 것은 아니다. 나의 경우는 내 본체가 본래 우주의 에너지였기에 그곳에선 시간이 일방향으로, 순서대로 흐르지 않기 때문에 나도 모르게 어릴 때부터 과거나 미래를 보게 되었다.

우주로 나가는 것: 안정된 상태에서 즉 책을 읽거나 잠자리에 들려

---

15 운기조식 시 외부 충격이나 심마 같은 마음의 큰 동요가 일어 나타나는 증상.

고 누웠다거나 앉아서 상념에 잠겼을 때. 순수한 내 의지가 아니기 때문에 나를 불러낸 자에 의해서 다른 공간에 가 그 설명을 듣게 된다. 어찌 보면 도에 들 때와 비슷하다. 도에 들 때에는 그 욕망을 시험하지만 이때에는 모든 욕심을 시험하는 것 같다.

현실도
수련

약자를 돕는 자가 강한 자

　7살 가을에 을지로로 이사 온 후 어머니는 자신의 큰 아들에게 나를 때리게 시켰다. 동생은 형에게 복종해야 하고 형이 때리면 맞아야 한다고 했다. 어머니는 나에게 항상 형의 시중을 들고 형을 보조하며 살아야 한다고 했다. 어머니는 초등학교 1학년 내내 학교 준비물 살 돈을 나에게만 주지 않았다. 많은 현금을 거실이나 부엌에 아무렇게나 놓아서 일하는 사람들이 슬쩍해도 모를 정도였지만, 내겐 버스 통학권 살 돈조차 주지 않았다. 1학년에서 2학년으로 올라가던 어느 날, 평소에 대화하지 않던 어머니지만 어머니에게 내가 물었다. "준비물을 사야 한다. 저녁에 말하면 아침에 말하라고 화를 내고 아침에 말하면 왜 저녁에 말하지 않았냐면서 1년 동안 준비물 살 돈을 주지 않으니, 2학년 때부터는 어떻게 하시겠냐" 하고 말이다. 그런데 어머니는 다시는 자기에게 돈 이야기를 하지 말라고 했다. 내게만 그랬다. 주변에서 내가 같이 사는 가족들과 한 가족이란 것을 믿지 않을 정도였다. 같은 형제이지만 누구는 당좌수표책을 주어 재벌 집 아들처럼 돈을 쓰고 다녔고 나는 버스비도 없는 날이 많아서 주변 친구들이 내게 자기네 집 입주 과외를 하라고 권유할 정도였다. 지금 생각해보면 어머니는 가족 구성원 모두가 자기 마음대로 되는데, 모든 것을 다 기억하고 틀린 것은 꼭 지적하는 내가 불편했던 것 같다.

　아버지는 형제들 중에서도 나에게만 모든 궂은일을 시켰다. 초능학교 3~4학년 때 쯤, 집의 TV가 고장 나서 세운상가로 TV 수리를 위해 걸어갈 때, 아버지는 그 무거운 브라운관 TV를 어린 내가 들고 자신을 따라오도록 시켰다. 나는 을지로 6가의 집부터 종로 4가까지 TV를 양손과 가슴에 얹고 빈손의 아버지 뒤를 따라갔다. 나는 걷는 내내 도저히 힘들어서 들지도 걷지도 못하겠다고 계속 말했지만 아버지는 신경 쓰지 않았다. 그렇게 도착하자 내 모습을 본 세운상가의 주인은 뛰쳐나와 달달 떨리는 내 팔 위의 TV를 넘겨받으며 아버지에게 거칠게 욕을 했다. 나의 아버지가 좋은 사람인지 나쁜 사람인지는 모르겠지만 아버지는 어린 사람이나 어린 동물에게는 신경을 거의 쓰지 않았다. 아버지가 나를 때릴 때엔 말없이 맞았지만, 그가 남동생과 여동생을 폭행할 때면 내가 그것을 하지 못하게 막았다. 나는 어린 동생들을 때리는 아버지에게 아버지가 때리는 것은 물건이 아니라 생명이라고 말해주었다.

나는 서울의 부모님 댁에서 보내는 날이 많아질수록 내가 이 세상에 왜 태어났으며 어찌 살아야 하는가에 대한 생각을 많이 하게 되었다. 아버지의 폭력으로부터 벗어나는 방법으로 하교 후엔 저녁 늦은 시간까지 집 밖에서 시간을 보냈다. 작은 폭력에 대해 생각하면서 나를 좀 더 강하게 만들어야 겠다고 생각했다. 내 육체의 나약함과 가정 폭력이 나의 사고에 큰 영향을 주지는 않았지만 어린 아이의 몸을 갖고 있다는 것은 매우 불편하였다. 집에 있지 못하고 밖에서 시간을 보내면서 난 점차 인간의 생로병사에 대한 생각을 깊이 하게 되었다. 이때 자연스레 나의 소년기가 끝났다.

중학교 1학년, 아버지가 폭력을 쓰던 어느 날. 나는 아버지에게 그만하시라고 했지만 그는 나의 초등학교 때처럼 또 한쪽 팔을 들고 나무 빗자루로 나를 구타했다. 그땐 내 몸이 컸기 때문에 전과 같이 온 몸이 불타는 느낌은 없었고 맞은 부위가 아팠을 뿐이었다. 당시 아버지는 173cm, 80kg였고 나는 170cm, 45kg이었다. 아버지가 손의 완력으로 내 머리에 상처를 낸 것을 본 학교의 영어 선생님은 아버지를 학교로 오시라고 했다. 내 아버지에게 학교 선생님이 학교로 오란다는 말을 3차례 하고 나니 아버지가 몸을 사리는 것을 느꼈다. 중1 봄을 지내면서 나는 가정 폭력에서 해방되었다. 이후로 나는 형이 내 손윗누이를 비롯한 나머지 형제들을 구타하지 못하게 했다. 아버지도 내가 중2일 때 여동생에게 폭력을 행사하는 것을 내가 옆에서 주시하자, 그 다음부터 함부로 형제들에게 폭력을 행사하지 못하였다.

초등학교 3학년 때 처음으로 오래달리기에서 2등을 한 적이 있었다. 겨울방학 내내 아침 식사 전에 동네를 한 바퀴씩 뛰었다. 5학년 때는 건국대학교에서 체육대회를 했는데 전교생 오래 달리기에서 출발하자마자 넘어져서 선두와 나는 한 바퀴나 차이가 났다. 포기를 모르는 나는 끝까지 뛰어서 2등을 했다. 늘 그래왔듯이 나는 내가 받은 노트나 필기구 같은 상품을 상을 받지 못한 학급 친구들에게 나누어 주었다. 운동을 못하는 친구들은 늘 상품이 없지만 나는 운동이나 공부나 늘 전교 1등을 해서 상품을 수시로 받았기 때문이다. 아이들은 '상'자가 찍힌 상품을 받는 것을 굉장히 좋아했다. 그들에게 상품을 나눠주는 것은 기쁜 일이었다. 6학년 초에 이사 간 혜화동에서는 학교 근처에서 학생을 대상으로 하는 폭력 사건이 간혹 발생하곤 했다. 그래서 난 6학년 친구들 몇 명씩 무리를 만들어 나와 그들이 학교 주변을 순찰하도록 했다. 누가 시키진 않았지만 자체적으로 방범 활동을 했다.

중학교에 입학했더니 1학년 13개 학급 중에서 우리 반만 선생님이 모자라 담임이 배정되지 않았다. 2달 후 즈음 고등학교에서 오신 선생님이 임시 담임을 맡았다. 담임도 없는 우리 반은 전교 꼴등 반이라고 불렸다. 수업 시간마다 반 아이들은 선생님들이 낸 문제를 풀 때 떨려서 잘 못하거나 질문에 답을 못할 때마다 많이 맞았다. 나는 아무리 좋은 목적이 있다 하더라도 학생들을 때리는 것은 옳지 않다고 생각했다. 그래서 난 우리 반 아이들의 성적을 올리기로 마음을 먹었다. 학기 초, 나는 반 전체에게 다음 날 아침부터 매일 일찍 등교하라고 하였다. 그리고 부반장, 미화부장 같은 학급 간부들에게 칠판을 6~8등분으로 나눠서 교과목 문제들을 칠판에 쓰게 시킨 후 모든 학생들이 한 명씩 나와 칠판에 나란히 서서 문제를 풀도록 시켰다. 학생들은 문제가 어렵다는 둥, 모르겠다는 둥, 칠판에 서서 이상한 장난을 치질 않나, 처음엔 이걸 매일 어찌 끌고 가나 싶었다. 그러나 하루, 이틀 시간이 흐르자 학급 아이들의 문제 푸는 속도는 점차 빨라졌다. 그리고 나는 매일 방과 후 교실에 남아 친구들의 청소를 점검하고 통솔했다. 결국 혼나기만 했던 우리 반은 1학기 안에 청소 1등 교실 명패를 받아 문에 달았고, 2학기 시작 때에 전교 1등을 하였다. 선생님들은 어찌 꼴등 반이 이리 훌륭해졌냐고 칭찬하셨고, 우리 반 아이들이 맞는 횟수는 확연히 줄었다. 특히 하위권 성적의 학생들은 자신이 받은 시험 성적을 부모님조차 믿지 않았다며 외식을 하거나 선물을 받았다고 기뻐하였다.

　중2가 되자, 선생님들은 각 반의 반장에게 학급 몽둥이를 마련해 놓으라 하였다. 나는 2달 가까이 몽둥이를 만들지 않고 버텼다. 선생님들마다 화를 내었고 버티던 나는 결국 최대한 아프지 않을 것 같은 몽둥이를 마련했다. 다른 반은 나무 빗자루대로 몽둥이를 만들었지만, 난 나무 옷걸이 아래 부분을 잘라 혹시 가시가 애들 손에 박힐까봐 테이프로 여러 번 칭칭 감아서 교탁 위에 놓았다. 선생님들마다 내가 마련한 몽둥이를 보고 이것으로 어찌 때리냐며 역정을 내었다. 나는 꼼짝하지 않았고 결국 우리 반 아이들만 옷걸이 회초리로 콧등을 맞는 것으로 벌을 대신하였다. 선생님들은 내가 친구들을 때리는 것을 싫어한다는 걸 잘 알았기 때문에 아이들을 때려야 할 때엔 반장인 나를 먼 곳으로 심부름을 시키곤 했다.

　중학생부터 학교는 내게 배우는 곳이 아니라 일을 하러 가는 곳이었다. 난 선생님 대신 국·영·수를 수업시간 내내 가르치거나 생활기록부 정리나 반 편성 같은 교사의 업무를 대신 맡아 하게 되었다. 시간이 지날수록 학생인 내게 맡겨지는 업무량은 점차 늘었고 나는 학교가 직장처럼 느껴지면서 버거웠었다. 하지만 나쁜 것만은 아니었다. 졸업식 때 같은 반 학생 몇 명이 나를 찾아와서 함께 사진을 찍자고 했는데, 그때 그들은 나를 자기 가족들에게 자신의 국·영·수 선생님이라고 소개하였다. 어떤 친구는 자신의 집안 형편이 어려워서 학원을 다니지 못하였는데 반장인 내 덕분에 3년간 잘 배웠다고 고맙다는 인사를 하였다. 나는 졸업식에서 초등학교 때 받은 다독상과 마찬가지로 내가 처음이

자 마지막으로 상을 받았다. 왜냐하면 내 이후로 공로상을 받은 사람이 없었기 때문이었다. 한번은 중학교 규율부로 활동할 때에 고등학교 학생인 줄 모르고 규율을 어긴 채 교실로 들어가는 지각생의 뒷덜미를 잡아 집어 던진 적이 있었는데, 알고 보니 그는 고등학교 짱의 2인자였다. 나보다 훨씬 큰 몸집의 고등학생 뒷덜미 옷을 잡고 집어 올려서 던졌더니, 상대가 꽤 놀랐나보다. 다행히 별 일은 없었지만 고등학교 짱이 나에게 덤벼서 큰 싸움이 될 뻔하였다. 그 즈음부터 나는 한 번도 누구를 때리거나 어떤 폭력적 상황을 원하거나 연루된 적이 없음에도 주변에서 나를 자연스레 학교의 짱이라고 인식하기 시작했던 것 같다. 내 고등학교 생활이 순탄치 않은 내 인생의 시작점이 될 것이란 걸 중학교 졸업식 때만 하여도 알지 못했다. 내가 중1의 나이에 경복 체육관에서 어른들에게 태권도를 가르치던 것이나, 청와대 경호원과 대련하여도 발차기를 허락하지 않았던 때와 같은 중학교 때의 일을 어쩌다 이야기하게 되면 신기해하는 사람이 있지만, 그래도 나의 중학교 생활은 그나마 평탄한 것이었다.

  중학교를 졸업하고 고등학교에 입학할 때 대부분이 그렇듯, 나도 내가 살고 있는 지역의 학군을 지원하였다. 부모님에게 부탁을 드리고 담임 선생님에게는 혹시 나의 부모님이 와서 나의 지원서를 바꾸려고 할 수 있으니 그러면 나에게 꼭 이야기 해달라고 말도 미리 해놨었다. 그러나 항시 그렇듯 불길한 예감은 적중하기 마련이다. 고등학교 지원 마감일에 내가 하교를 한 후에 생전 내 일에 관심 없던 어머니가 학교를 찾아가서 내가 지원한 지역을 바꾸었다. 그녀는 거주 지역의 학군이 아닌 공동 학군으로 지원을 바꾸었는데, 당시 공동 학군은 내가 집 주소를 옮기지 않는 한 지정될 수가 없었고 결국 나는 서울 외곽에 있는 변두리 학교로 떨어지게 되는 모양새였다. 그렇게 어머니는 담임에게 답례를 하며 내 고등학교 지원서를 공동학군으로 바꾸었다. 난 나의 담임을 위해 그가 해야 할 교사 업무를 시켜도 최선을 다해서 해주었고, 책모양으로 생긴 라이터도 선물했는데, 내 어머니의 돈봉투에 넘어가 나를 먼 거리의 학교로 배정하는 데에 가담하였다. 고1 담임도 내게 그 자신이 나와 의형제 맺자며 웃을 때는 언제고, 교사업무를 시킨 대가로 전학을 시켜주기로 하였으나 결과는 같았다. 나는 고등학교 입학 후 공부하기에도 모자란 시간 중 하루 3~4시간을 등하교에만 써야 할 정도로 먼 곳으로 통학해야 했다. 학교에 항의해도 소용이 없었다. 교육청에 문의해도 난 미성년자라서 결정을 번복하려면 부모님을 모시고 오라는 답변만 받았다. 어머니에게 이 문제를 시정해달라고 사정하자 그녀는 내게 학교 따위 관두고 집에서 밥하고 청소나 하라며 화를 내었다. 생각해보면, 내가 더 나은 왕검이 되기 위한 첫 시련을 만드는 역할을 맡은 이가 나를 낳아준 어머니였던 것 같다.

 덕분에 난 고등학생이 되면서부터 잠은 2시간 15분만 자는 것으로 줄여야만 했다. 그리고 등교 길 버스 안에서 학교 수학 숙제를, 하교 버스에서는 영어 숙제를 했다. 수학 숙제를 할 때에는 아침이라 밝았지만 영어 숙제를 할 때에는 어두운 밤이라 버스의 전등에 의지했는데 당시 버스 등은 밝지 않았기 때문에 글씨를 보는 것이 쉽지 않았다. 내 형제들은 집 앞 학교로 등교했고, 그것도 때로는 택시까지 타면서 편히 다녔지만, 난 만원 버스 의자에 앉아 무릎 위에 책가방을 올리고 노트를 편 후 영어 책을 앞 의자에 기대고 왼손으로 사전을 찾아가며 오른손으로 숙제를 하였다. 그렇게 나는 등하교 시 수학, 영어 숙제를 했고 글씨는 좀 망가졌지만 무난하게 과제를 마칠 수 있었다. 그런데 2학년 어느날 저녁 문득 이상한 생각이 들었다. "이렇게 사람이 꽉 찬 만원 버스에서 힘들게 숙제를 하는데 어떻게 이렇게 편할까?" 하는 생각이 들었다. 그때 처음으로 숙제를 멈추고 고개를 들어 주변을 둘러보니 내 아버지 또래의 아저씨가 내 의자와 앞 의자를 양손으로 잡고 사람들로부터 자기 몸으로 나를 지키는 것이 아닌가. 옆 손님들도 그를 돕고 있는 것 같았다. 심지어 어떤 형이 달리는 버스 안에서 무언가 불편하여 큰 소리를 내자 주변 사람들이 동시에 그에게 눈총을 주었다. 나는 나도 모르는 사이, 이름도 모르는 그 많은 사람들에게 도움을 받고 있었다. 그때 나는 이들에게 내가 도움을 받았으니 훗날 세상에 이를 갚아야겠다고 생각했다.

어머니 덕분에 다니게 된 고등학교는 서울 전역 또는 타 지역에서 연합고사나 고등학교 진학에서 떨어진 학생들이 모이는 곳으로 그 환경이 좋지 않았다. 정원 900명 중에서 600명이 전학을 신청하였지만 서울에 자리가 있는 곳이 우리 학교밖에 없어서 전학 신청자의 절반 이상이 결국 다시 돌아올 정도였다. 수학 시간에 새로 전학을 온 놈이 교실의 자기 자리에서 담배를 피웠다. 그는 전학을 오고 얼마 안 되어서 자신이 어떤 여학생에게 몹쓸 짓을 했다며 자랑스럽게 떠들 정도로 질이 나쁜 놈이었다. 수업 중에 담배 냄새가 온 교실에 퍼졌다. 난 쉬는 시간을 이용하여 수업 중에 담배는 피우지 않는 게 좋겠다고 말을 했고, 상대가 갑자기 내게 달려들었다. 난 순간적으로 발차기를 하여 반응했다. 다음 수업 시간이 끝난 후 전학생이 가입한 우리 학교의 폭력 서클 50여 명이 교실에 들이닥쳐 나를 용서하지 않겠다며 떠들었다. 방과 후, 나는 그 서클 애들이 모이는 방으로 끌려갔다. 20여 명쯤 나를 둘러싸더니 그 중 3명 정도가 나를 때리기 시작했다. 이미 3년 전, 중학교 1학년 때 국가대표 코치가 나를 영입하고 싶다고 할 정도였던 나는 그 학생들을 혼자서도 상대할 수 있었지만, 내가 반응하면 싸움이 커질 것 같아서 그냥 맞아줬다. 집에 와 교복을 벗어보니 몸 이곳, 저곳에 상처가 나 있었는데 형과 동생이 그런 나의 몸을 보고는 어디서 채찍으로 맞았냐고 했다. 친구들도 왜 그냥 맞았냐고 물었지만 전투와 전쟁으로 얼룩진 나의 전생들과 달리 이번 생에서 나는 최대한 폭력을 배제하고 조용히 공부하고 수련하며 살고 싶었다. 무엇보다 난 어린 시절부터 내게 강한 힘이 있을수록 그 힘을 약자를 위해 써야 한다고 생각했다. 그러나 내 삶은 뜻하지 않은 방향으로 전개되었다.

폭력과 시험

내가 폭력 서클 애들에게 맞았다는 소문이 나자 주위에서 그놈들을 혼내야 한다는 이야기로 시끄러웠다. 몇 달 후, 학교에서 집으로 돌아가는 길 버스 정류장에서 웬 파마머리의 아줌마가 내 길을 막아섰다. 피하려는데 나에게 말을 계속 걸었다. 처음에는 당황하여 무슨 말을 하는지 알아들을 수도 없었다. 조금 지나 정신을 차리고 말을 들어보니 그 파마머리 아줌마는 우리 동네에 사는 또래 여학생이었다. 내가 무슨 일이냐고 물으니, 그 학생은 버스 정류장에서 교복만 보고 나인 줄 알고 어떤 남학생을 쫓아갔다가 폭행과 나쁜 짓을 당했다고 하였다. 그 일로 학교도 못 다니고 있다며 자신은 어찌하면 좋겠냐는 말을 했다. 그제서야 얼마 전에 전학 온 놈이 여학생에게 몹쓸 짓을 했다며 자랑스럽게 떠들던 게 생각났다. 내가 살던 한남동엔 당시 내 또래 남학생이 나 하나밖에 없었고 그 먼 고등학교 교복을 입은 사람도 나밖에 없었으므로 그 여학생이 전학생을 보고 오해하였다는 것을 알 수 있었다. 그런 일로 평범한 여학생이 고통을 당했다니 놀라기도 했고 마음이 안 좋았다. 나는 그 여학생에게 "지금의 큰 일이 나중에는 작은 일이 될 수 있다. 옷차림새와 머리는 왜 그리 변했느냐, 어울리지 않는다. 힘들더라도 학교는 꼭 다니는 게 좋겠다."라고 말해주었다. 집으로 가는 내 마음은 복잡했다. 이름도 알지 못하는 여학생이지만 나인줄 알고 누군가를 따라갔다가 봉변을 당했다니, 그리고 그런 나쁜 짓을 한 놈이 같은 반의 전학생이라니 화가 났다. 나는 잠시 공부를 쉬고 몸을 만들기 시작했다. 자정에 옥상에 올라가 새벽까지 몸을 단련하고 호흡 수련을 했다. 그리고 2주간 친구들을 모았다. 소문이 나자, 폭력 서클 학생들은 내게 다시 접근했다.

 다른 때와 같이 하교 때 친구 7~8명과 함께 버스를 타러 학교 밑을 걸어가고 있었다. 그런데 우리 학교 폭력 서클 50~60명이 앞길을 막았다. 당시 그 학생들의 대장은 살인 혐의로 도망을 다니고 있었기 때문에 그 서클을 이끄는 5~6명이 아이들을 모아서 온 것이었다. 그런데 골목에 있는 아이들까지 다 합치니 그 숫자가 50여 명이 아니라 200명이 넘는 것 같았다. 순간적으로 '쟤들이 동시에 신발만 던져도' 하는 생각이 들었다. 느낌상 싸움이 커지고 사상자가 날 것을 우려하여 나는 나 혼자 있겠다고 말하고 내 옆의 친구들을 먼저 보냈다. 앞에 서 있는 5~6명이 내게 먼저 덤비려고도 하였고 그 중엔 나의 행동을 보고 "자식 멋있는데"라며 자기들끼리 떠들기도 하였다. 그때 내 초등학교 동창이 나타났다. 그가 나를 보더니 "야, 빨리 가. 내가 막을 동안!"이라고 소리쳤다. 내 동창은 그 서클 조직 안에서 꽤 높은 위치인 것 같았다. 그 아이는 앞에 있던 5~6명과 말다툼을 하더니 그 중 2명과 싸움이 벌어졌다. 그러곤 나에게 또 "내 걱정하지 말고 빨리 가"라고 했다. 지체하면 동창에게도 좋지 않을 것 같아 그의 말대로 하였다. 그런데 문제는 이 일로 인해서 그동안 내가 그리 피해 왔던 학교의 짱이 되고 말았다는 것이다. 한동안 나는 그것을 몰랐는데 그리 소문이 나버렸다. 나는 때리면 맞았고 싸움이 될 만한 상황에선 늘 피했는데 왜 폭력 행위 한 번 없이 내가 학교의 짱이 되었단 말인가. 당황스러웠지만 나는 관심을 끊고 내 공부에 집중했다.

그런데 어느 날, 친구들이 나에게 신당동에 떡볶이를 먹으러 가자고 하였다. 난 떡볶이를 정말 좋아하지 않기 때문에 계속 거절하였다. 그런데 친구들은 떡볶이만 조금 먹고 독서실로 가면 된다며 싫다는 나를 데리고 결국 신당동에 갔다. 그런데 신당동에 가는 길에 옆의 친구들이 하나둘씩 늘더니 5~6명이 아니라 20여 명이 넘었다. 이때도 약간 이상하긴 했지만 별 생각이 없었다. 그리고 당시 신당동 4대 천왕이라고 불리던 떡볶이 집 중 한 곳으로 나를 안내했다. 마치 미리 말이 되어 있었던 것처럼 우리가 도착하자 가방을 한 쪽으로 치워주고 떡볶이를 가지고 나왔다. 나는 떡볶이를 좋아하지 않아서 한 쪽에 앉아 있으려 했는데 친구들 여럿이 갑자기 나에게 살갑게 대하기 시작했다. 무슨 일인가 싶었다. 그런데 한 녀석이 오늘이 그날이라고 말했다. 무슨 말이냐고 물으니 오늘 서울 시내의 각 고등학교가 이곳에 모이는 날이며 어느 고등학교가 신당동 일대를 접수하는가를 겨루는 것이라고 했다. 난 떡볶이 좀 먹고 독서실을 가려고 한 건데 어이가 없었다.

그런데 우리에게 서빙을 하던 한 친구가 내게 말을 걸었다. 자신은 시골에서 올라와 이곳 식당에서 떡볶이 파는 아르바이트를 하고 숙식 제공을 받는다는 것이다. 다른 학교에서 신당동을 접수하여 자신이 아르바이트 자리를 잃게 되면 서울에 연고가 없는 자기네 같은 아이들은 학교를 못 다니고 시골로 내려가야 한다고 했다. 그러면서 내게 부탁한다는 듯이 간절하게 말했다. 신당동에서 우리 학교 학생들이 가장 많이 아르바이트를 하는 것 같았다. 이를 어찌해야 하는지 갑작스럽고 좀 성가셨다. 그때 밖에서 누군가가 "왔다!" 하고 외치는 소리가 들렸다. 밖으로 나오니 이곳, 저곳에 20~30명씩 모여 있는 다른 학교의 고등학생들이 보였다. 군데군데 여학생들도 있었다. 애들 말로는 바깥에 경찰차와 방범대원들이 잔뜩 와있다고 했다.

나는 순간 이 상황을 빨리 끝내고 가야 일이 커지지 않겠다고 생각했다. 제일 센 놈이 누구냐고 옆에 물으니 주로 공업고등학교 쪽이라고 했다. 떡볶이 골목의 가장 넓은 곳으로 나오니 앞쪽에 두 무리가 있었다. 좌우로도 몇몇 무리가 보였는데 친구들의 말이 공고 애들은 가방 속에 톱이나 손도끼와 같은 연장이 있다고 했다. 나는 그 말을 들으며 도로 가운데로 나가 섰다. 그러자 친구들이 내 좌우로 나란히 섰다. 나는 수십 개 학교가 모인 곳에서 천천히 도로를 걸어 나갔다. 그리고 친구들은 그런 나를 따라 걸었다. 싸움에서 그 지역의 주인은 본래 앞으로 나오는 것이며 그 대장에게 덤비는 상대가 도전자가 된다. 그러나 아무도 움직이지 않았다. 주변에서 "우리도 나가자. 같이 치자."라는 소리가 들리는 가운데 나는 계속 걸어 나갔다. 도로 중간쯤에서 타 학교 학생 20~30명이 내 앞을 가로 막으며 가방에서 손도끼나 칼을 꺼냈다. 분위기는 매우 험악했다. 그러나 나는 조금의 미동도 없이 막아서는 놈들 사이를 그대로 걸어 나갔다. 상대 무리에서 두세 놈이 내 친구들을 먼저 공격하는 것 같았다. 그들은 그러면서 서로의 대장을 살폈다. 하지만 그들의 대장은 그런 나를 전혀 공격하지 못했다. 그 다음에도 연장을 든 타 학교 학생들이 우리를 막아섰지만 주춤거리더니 길을 비켰다. 그렇게 나는 신당동 떡볶이 골목의 한쪽 끝에서 다른 끝까지 소란 없이 쭉 걸어 나갔다. 길 마지막에서 나는 친구들에게 서둘러 집으로 돌아가라고 하였다. 다행히 위험한 일 없이 친구들을 집으로 보내고 나도 집으로 갈 수 있었다.

그런데 어떤 여학생이 자꾸 나를 따라왔다. 별 신경 안 쓰고 내 길

길을 가는데 같이 버스를 타는 것 아닌가. 면허시험장 앞에서 내가 내리니 같이 내려서 할 말이 있다고 했다. 무슨 말이냐고 물으니 자신과 사귀면 좋겠다고 말했다. 감각이 고도로 예민한 나는 모든 접촉을 싫어해서 하루 종일 읽는 책의 책장도 한 손가락의 끝만 이용하여 한 장씩 넘기며, 여름에도 남과 살이 닿을까봐 긴팔의 잠바를 입을 정도였다. 그렇게 성격이 유별나기도 했지만 난 독서와 공부, 운동과 수련까지 잠을 2시간밖에 못 자면서 생활했기 때문에 어느 누구와 대화할 시간조차 없었다. 나는 그냥 집으로 가버렸다. 문제는 이 일 이후로 내가 신당동을 접수한 사람이 되었다는 것이다. 나는 싸움을 한 적이 없는데 말이다. 고등학교 졸업 후, 십수 년이 지날 때까지 신당동을 지날 때면 가게에서 어떤 이들이 뛰쳐나와 내게 90도로 인사를 하곤 했다.

당구장에는 고등학교 친구들이 항시 있었다. 내 친구들은 모두 나에게 자기들은 놀아도 나는 공부를 해야 한다며 내가 당구를 치지 못하게 했고 난 주로 구경만 했다. 어느 날, 당구장에 친구들이 아무도 없었다. 한쪽 편에 친구의 형이 그의 친구들과 당구를 치고 있었다. 친구의 형과 이야기를 하고 당구장을 나오려는데 문득 주위를 살피니 분위기가 이상했다. 당구를 치던 사람들이 순식간에 쭉 빠져나가는 것이 아닌가. 동시에 웬 한 무리가 들어왔는데 나는 순간적으로 그 놈들이 동네에서 유명한 깡패 무리임을 알았다. 당구장에는 주인과 깡패 놈들, 나와 친구의 형 무리만 남았다. 실실 웃으면서 깡패 몇 놈이 내 앞으로 다가왔다. 또 의도치 않게 성가신 일이 내게 벌어졌다. 언제나 그랬듯이 나는 먼저 폭력을 행사하지도 싸움에 끼지도 않지만 나에게 덤비는 놈을 피하지 않는다. 깡패 무리 중 일부가 내 뒤쪽에 있는 친구의 형 무리에게 덤벼들어 싸우는 소리가 들렸다. 팽팽한 긴장감 속에서 싸움은 시작되었다. 나는 깡패 무리의 두목 앞으로 천천히 걸어 들어갔다. 깡패 무리 놈들은 나의 빈틈을 노리며 그들의 대장이 어찌하는지를 살폈다. 그러나 나는 한 치의 흔들림도 없이 깡패들 사이로 혼자 걸어 들어갔고 그런 나에겐 빈틈이란 없었다. 결국 내 뒷모습이 보일 때까지 상대 무리의 대장은 나를 공격하지 못했다. 그렇게 나는 천천히 걸어서 당구장 밖으로 나왔다. 그러자 깡패 무리들은 당구장에서 철수하였다. 역시 또 문제는, 그날 이후로 그 동네에 있는 많은 양아치나 깡패들이 나를 보면 90도로 절을 했다는 것이다. 나보다 10살 넘게 나이가 많은 이들이 내게 절을 하는 것은 참 부담스러운 일이었다. 그래서 나는 그 근처로 다시는 가지 않았다.

그리고 신당동과 당구장 일 덕분에 난 나도 모르는 사이 유명해졌다. 당시 약수 시장 부근엔 재개발 바람이 있었고 그 시장을 잡고 있는 아저씨가 그 지역의 대장이었다. 그 아저씨는 첩을 다섯인가 두고 그녀들의 집을 옮겨 다니며 자신의 신상을 보호하고 있다고 했다. 내가 유명해지고 나서 얼마 후 그는 우리 학교의 다른 애들을 통해 소식을 전해왔다. 그 내용은, 나의 이름을 사용하고 자기한테 사람을 한 명 붙여주는 대가로 내게 재개발 아파트를 한 채 주겠다는 것이었다. 잘 모르지만 재개발 이권 싸움이 꽤 심한 것 같았다. 그 아저씨에게 그런 이야기를 약 2주간 듣는 중이었는데 어느 날 그가 칼침을 맞았다는 소식을 들었다. 기존 약수 시장 아저씨 쪽과 새로 들어온 세력이 싸우는 섯 같았다. 나의 친구들 중 몇 명은 우리가 직접 개입하여 그 세력을 잡자고 했다. 우리 쪽 인원은 150명이지만 아저씨 쪽은 30명이고 새로 들어 온 세력도 50명이 채 안 되는 것 같다고 하였다. 그들 말처럼 정말 개입을 해서 가장 높은 곳까지 가볼까 하는 생각도 아주 잠깐 들었다. 그러나 내가 여기서 그 일에 더 엮이면 내 인생이 폭력으로 얼룩질 것 같았다. 나는 다시 공부를 하기로 했다. 지금 생각해보면 전투로 얼룩진 짧은 나의 전생들과 달리 이번 생에선 다른 결정을 하였다. 그렇지 않았다면 이번 생에서도 나는 도를 이루지 못하고 윤회를 거듭했을 것이다. 내가 원치 않았지만 자연스레 폭력적인 상황에 내 삶이 연루되게끔 난 시험 당했던 것 같다. 그렇게 나는 도의 세계가 아닌 현실에서도 시험과 시련을 겪었는데, 이는 폭력뿐만이 아니었다.

유혹과 시험

고등학생 때부터 대학생 때까지 부모님과 함께 살던 한남동은 이상하게도 내 또래의 남학생이 한 명도 없었다. 내 아래 남동생 동기들은 오히려 여학생 수가 적었는데 말이다. 하지만 그때엔 그런가 보다 하고 신경을 쓰지 않았다. 아버지가 내게 좋아하는 여자 연예인도 없냐며 걱정을 하실 정도로 내가 워낙 여자에 관심이 없었지만, 지금 생각해보면 어찌 한 동네의 수많은 학생 중에 남학생이 나 1명만 있고 나머지는 전부 여학생이란 말인가. 그것 또한 내가 유혹으로 시험 당하도록 현실이 세팅 된 것인가 싶다. 학생 때 버스 정류장에 서 있다 보면 여자애들만 한 가득이었다. 집 앞엔 몇 명의 여자애들이 나를 기다리고 있거나, 버스에서 내릴 때 내 뒤를 키득거리며 따라오던 여자애들이 있었다. 접촉을 극도로 싫어했던 나는 그들이 가까이 오는 게 참 싫었다. 물론 내 의사와 관계없이 나의 어린 육체가 종종 반응했는데, 예를 들어 여학생만 가득한 만원 버스 안에서 그들과 몸을 바짝 붙이고 있을 때처럼 말이다. 그런 식으로 나의 육체가 반응하였을 땐 나는 그것을 잠재우고자 주로 책을 읽었다. 공자, 노자의 책을 읽다가 그 중에서 가장 빠른 시간에 육체가 진정되는 책이 주역이란 것을 알았다.

　대학교 2학년을 마칠 때 즈음 내 누이들은 삼수나 재수를 하여 모두 대학생이었다. 아버지가 그땐 일을 쉬고 있을 때라, 가정형편상 내가 군대를 가는 것이 맞는 게 아닌가 하고 생각했다. 이것도 지금 생각해보면 내가 지나치게 행동한 것 같긴 하다. 다른 가족들은 경제적 어려움 없이 살았는데 말이다. 휴학을 하고 육군을 갈지 카투사를 갈지 고민하였는데, 어느 날 고등학교 동창 친구가 자신은 의무전투경찰에 지원한다고 하였다. 당시 전경에는 훈련소에서 들어가는 육경과 지원해서 들어가는 의경이 있었는데, 의경은 당시 복무기간이 36개월로 매우 길었지만 곧 육경과 같이 30개월이나 32개월로 줄어든다고 했다. 그 친구는 내게 의무경찰은 지원하는 곳에서 근무할 수 있고 시간도 많고 편하기 때문에 책을 보고 공부할 수 있는 시간이 넉넉하니 같이 지원하자고 했다. 이때는 사실 휴학을 결정하기도 전이었고 군내를 길지 말지에 대해서도 결정한 바가 없었다. 나는 사실 산업체 5년 근무를 하든가 석사장교 6개월을 하려고 하였다. 대학을 졸업하고 산업체 근무 5년을 하면 군복무도 대체하고 일반인처럼 월급도 받고 승진도 하기 때문에 매우 좋은 조건이었다. 게다가 명문대생은 서울에서 근무한다고 하여 근무 조건도 좋았다. 대학원에 진학하면 6개월짜리 석사 장교도 있었는데 나는 늘 석, 박사를 하면서 공부를 오래 하고 싶었다. 그런데 어린 시절의 내가 보았던 미래에서 군인인 나에겐 계급장이 없었다. 그래서 당시 나는 내가 카투사나 의무경찰이 되는 건가 생각하긴 했었다. 난 군대 문제를 결정하기 위해 주변에서 여러 의견을 구하기도 했다. 그러나 나는 본래 계획과는 달리 얼떨결에 친구에게 들은 의무경찰에 지원하게 되었고, 그때 내가 잘못된 길로 간다는 것을 알지 못했다.

대학 때 나는 수련 공부의 일종으로 정동제일교회와 봉은사를 다니며 주말 학교 선생님을 맡고 있었다. 봉은사 큰스님께서는 내가 현세에 인연이 많아 그것을 풀어야 한다며 나의 출가를 반대하셨고 나는 스님이 되는 대신에 군대를 가게 되었다. 그런데 나의 입대를 앞두고 큰스님은 내가 군대에서 죽을까봐 걱정을 많이 하셨는데, 나중에 알고 보니 나를 미국으로 유학 보내시려고 준비를 하셨다고 한다. 동부 명문대를 다니려면 어느 정도 돈이 있어야 편히 유학 생활을 할 수 있는지 주변에 물어보시고 그 액수의 두 배인 ○억 원을 줘서 나를 미국으로 보내라고 지시하셨다. 그리고 큰스님은 내게 "큰 나라에서 마음껏 공부를 하고 나중에 불당을 하나 지어라. 우리 전통식이 아니어도 좋으니 네 마음대로 지어라. 그곳에서 미국 여자랑 살아도 좋고, 술도 담배도 해도 된다. 다 해도 좋으나 다만, 마약만 하지 않으면 된다."고 하셨다. 그리고 얼마 후, 절의 관계자가 나에게 미국으로 공부를 하러 갈 때에 내게 ○억이 아니라 그 다섯 배를 보내줄 테니 자신과 긴밀히 지내자는 제안을 하였다. 내가 답을 하지 않자 그것을 다른 형태로 여러 번 제안하였다. 내겐 고민할 필요도 없는 제안이었다. 애초에 큰스님의 도움을 받고 싶지 않았기 때문이다. 난 지금까지도 어떤 좋은 일이든, 어려운 일이든 누구의 도움을 받지 않고 홀로 나아가는 것이 좋았다. 그 일 이전에도 이후에도 내게 박사 과정까지 지원을 해주겠다는 여러 제안이 있었으나 그 또한 나는 받아들이지 않았다. 그렇게 나는 돈과 관련된 어떤 제안도 응하지 않았다. 그리고 얼마 후에 봉은사 사태가 벌어지며 큰스님의 제안은 자연스레 묻히게 되었다.

비슷한 시기에 통일교에서 어느 지역의 대표를 맡아 달라는 제안을 받은 적도 있었다. 고려대 강당에서 열린 박보희 씨 강연을 들은 후 리틀엔젤스 공연 티켓을 받기 위해 부근의 통일교 사무실로 갔었다. 당시 여러 학생들과 함께 갔는데 통일교 관계자가 나만 따로 옆방으로 불렀다. 그는 내게 유학과 박사 과정까지 장학금을 지급하겠다고 했다. 내가 대답을 하지 않으니 그 기간을 40세까지 연장하여 제시하더니 일요일마다 1시간씩 교회만 나와달라고 말하였다. 결국 북미나 유럽과 같은 어떤 지역의 책임자가 되는 조건으로 내게 장학금 지원을 하겠다는 이야기였다. 공연 티켓을 받기 위해 친구를 따라온 것인데 장학금 지원과 내게 자기네 종교 일을 해달라는 제안이 당황스러웠다. 나는 통일교의 교리에 대해 납득할 수 없는 부분이 있어 답을 미루었다. 하시만 공연을 보지 못하였고 그 제안을 거절하게 되었다.

  어느 날에는 친구와 헤어지고 버스 정류장에 서 있는데 옆에 있던 또래 여자가 내게 말을 걸었다. 버스를 기다리며 그 여자가 내게 하는 말에 대답을 해주고 있었는데 상대방이 말하기가 불편하다며 실내로 들어가자고 하였다. 나는 그녀를 따라 어떤 레스토랑에 들어갔다. 가게 주인은 우릴 레스토랑 가운데 큰 테이블로 안내했다. 상대방 여자는 자신이 TV에 나오는 유명한 사람인데 자신을 모르냐고 물었다. TV도 보지 않고 여자에 관심이 없던 나는 그녀가 누구인지 전혀 몰랐다. 예전에 봉은사에서 내게 말을 걸었던 어떤 드라마 여주인공과 같은 배우인가보다 했다. 그 드라마 여주인공은 절에서 나를 몇 번 보았을 때 함께 영화를 보거나 여행을 가자고 제안하곤 했다. 갑자기 여행이라니 당시 나는 그녀가 서울 지리를 잘 몰라서 내게 길을 안내해달라고 부탁하나보다 하고 생각했다. 그런데 이번에 버스 정류장에서 말을 건 여자는 나중에 알고 보니 당대에 꽤 유명한 연예인이었다. 레스토랑에서 이야기하고 나와서 집에 가려는데 그녀가 내게 주변 사람들이 자신을 쳐다보는 게 부담스럽다며 근처의 모텔이나 여관에 들어가서 이야기를 하자고 했다. 나는 그 말을 거절하고 집으로 돌아갔다. 자신의 전화번호를 주며 연락을 해달라고 하였다. 그래서 한 번 연락하겠다고 답했고 나중에 약속을 지키기 위해 정말 딱 한 번 전화를 했다. 당시엔 여자들이 왜 내게 자꾸 어딘가를 가자고 하는 건지 이해를 못해 그 이유를 다른 데서 찾았지만 지금 돌아보면 그 모두가 유혹이었고 현실에서의 시험이었다.

1984년 삼복을 앞두고 논산 훈련소에 갔다. 유격 후에 사격 훈련이 있었는데 귀대할 때에는 항상 군가를 불렀다. 아스팔트에 신고 있는 통일화가 쩍쩍 붙었다. 조교들은 시간마다 소금을 먹게 했다. 군가를 부를 때에는 입만 뻥긋거리는 놈이 있어서 조교들이 돌아다니며 목소리를 점검했는데 내가 가만히 내 목소리를 들으니 참 이상했다. 훈련소 들어온 지 겨우 2주가 지났을 뿐인데 내 목소리가 아니었다. 샤워할 때에 거울에 비치는 나를 보니 시커먼 놈이 눈만 반짝이는데 나 같지가 않았다. 그리고 그 장면은 어릴 때 내가 본 것이었다. 훈련을 마치고 경찰학교로 갔다. 경찰학교는 훈련소에 비해서 시설이 매우 좋았다. 그곳을 들어갈 때엔 더블백을 입에 물고 토끼걸음을 한다고 들었는데 실제로는 더블백을 어깨에 메었고 토끼걸음도 얼마 하지 않았다. 나는 무거운 더블백을 입으로 어떻게 물고 기어가는지 궁금했었는데 약간 실망스러웠다. 그곳은 점호 시간과 취침 시간이 잘 지켜졌기 때문에 이전에 하루 서너 시간만 자던 내가 여덟 시간의 취침 시간이 주어지니 어찌할 바를 몰랐다. 내 생에서 이렇게 잘 수 있는 건 이번 밖에 없을 거란 생각에 되는 대로 살아보기로 했다. 잠은 오지 않지만 자보려고 노력했다. 식사를 하러 가서는 매끼 배식을 세 번씩 타먹었다. 일주일 쯤 지난 다음에 식당 아주머니는 내게 자신이 그곳에서 오래 일을 했지만 한 끼가 아니라 매일 세 끼마다 세 판씩 먹는 사람은 처음 봤다고 했다. 약 12주 교육 기간이 끝나고 퇴소할 무렵이 되자 입대 시 184cm 66kg의 몸무게가 90kg 후반으로 몸이 엄청나게 불어있었다. 외공을 하기에 딱 좋은 몸이 된 것이다. 나는 늘 외공, 내공, 도를 함께 수련하였으나 돌이켜 보면, 셋 중에서 무엇에 더 집중하는가에 대한 나름의 체계가 있었다. 온전히 내가 계획하고 의도한 것은 아니지만 내 삶이 자연스레 그렇게 흘러갔다. 군대에서 불린 나의 육중한 체격은 외공에 적합한 상태였다. 그렇게 어릴 땐 외공에, 좀 더 나이 먹어서는 내공을, 그리고 죽음에서 살아나온 이후부턴 도에 집중하였다. 이는 내가 만든 신기도의 학습 과정으로 외공의 신, 내공의 기, 도의 도를 내가 50여 년에 걸쳐 순서대로 수련한 것이다.

경찰학교를 마친 후 자대 배치는 용인 경찰서로 배정되었다. 그곳에서 다시 부서 배치를 받아 운전병이 되었다. 운전병을 하며 새로 내정된 지서장이 나를 좋게 보아 의무경찰인 나를 용인의 한 지서로 데리고 갔다. 새로 근무하게 된 지서엔 소속된 방범대원 10여 명이 있었다. 그리고 특이한 건 경찰서 소속이면 술집, 다방의 아가씨, 여관이 공짜로 제공된다는 것이었다. 관내엔 10여 개의 다방이 있었는데 각 다방마다 평균 2명의 아가씨가 있었으며 6개월마다 아가씨를 교체하였다. 새로운 아가씨가 오면 다방의 업주나 방범대원들, 소속 경찰들이 서로 아가씨와 누가 먼저 관계를 하는가로 열을 올렸다. 공짜인데다 아가씨와 관계하는 것을 당연하게 여기는 분위기는 나를 뺀 모두가 성병 약을 먹을 정도로 지서를 문란하게 만들었다. 가까운 여관 주인은 나를 찾아와 언제든지 특실을 사용하라며 나를 위해 항상 비워두겠다고 하였고 몇몇 술집의 마담들도 바쁘지 않은 시간에 다방에 와서 차를 마시라고 했다. 지서에 있는 내내 여러 사람이 여러 방법으로 내게 아가씨를 애인으로 삼으라고 권하거나 요구하였으나 내가 끝내 응하지 않자 여관 주인이나 마담들은 내가 다른 가게를 이용하고 자기네를 찾지 않는 것으로 오해하여 서운해 하기도 했다. 내가 끝까지 아무 일도 만들지 않자 나중엔 사람들이 내게 고자냐고 묻거나 자기들끼리 내 옆에서 고자 관련 이야기를 하며 웃곤 했다. 수련자가 여자를 멀리하는 것은 당연한 것인데, 난 그들의 이야기가 별로 시덥지 않아서 대꾸조차 하지 않았다.

한 마을에서 돼지를 키우다 1~2년에 한 번씩 온 마을에서 돼지를 팔곤 했다. 그때 마을 사람들은 2~4천만 원 가량의 현찰을 손에 쥐었는데, 이를 노리고 강남의 윤락녀 팀이 용인의 다방으로 내려왔다. 보통 강남 팀이 2주 정도 머무르는 동안 남자들은 돼지를 판 대금을 술값으로 탕진하곤 했다. 어느 날, 내가 그 사실을 모를 때에 지서장이 나를 한 다방으로 오라고 했다. 그러곤 지서장이 마담을 시켜 내가 술도 여자도 가까이하지 않는다며 오늘 경험하게 해주라고 지시하였다. 나는 지서장의 강권으로 나폴레옹 술을 몇 잔 마셨다. 마담은 안쪽으로 소리를 질러 한 여성을 나오게 했는데 이 여자가 그 유명한 강남 팀의 일원이었다. 내 옆에 앉아서 자신의 손등을 내 팔에 접촉하는데 나의 신경이 곤두섰다. 손도 대지 않고도 손등만으로 내 온몸을 흥분 상태로 만들었다. 안에서 같은 팀의 여인들이 5~6명 나왔고 그 중의 한 명이 또 내 옆으로 앉더니 역시 자신의 손등과 팔을 이용해서 내 목 뒤에 접촉을 시도했다. 어떻게 그렇게 적은 부분의 마찰, 접촉을 통해 사람을 흥분시킬 수 있는지 일 년을 고생하여 번 돈을 하루아침에 날리는 마을 사람들이 왜 그런지 알 수 있었나. 그렇게 그 둘은 마치 나를 놓고 시합을 하는 것 같았고 몇 분인지 모르지만 그녀 둘은 자제력이 강한 나를 녹초로 만들었다. 그렇게 내 육체는 어찌할 바를 몰랐지만 그러나 나의 의지는 추호도 흔들림이 없었다. 나는 그녀들이 나를 충분히 시험하도록 자리에 앉아 있었고 지서장이 권하는 술도 여러 잔을 마셨다. 그러곤 일어서서 그곳을 나왔다. 여자들은 "이 정도까지 했어도 소용이 없나?" 하는 표정이었고 충격을 받은 듯 매우 당황한 기색이 역력했다. 생각해보면 수련하던 과정에서의 나는 내가 계획하거나 의도하지 않았어도 언제든 여자를 가까이 할 수 있는 환경에 자연스레 처해졌던 것 같다. 그렇게 나는 도의 세계에서뿐만이 아니라 현실 세계에서도 수많은 시험을 겪어야 했다. 그리고 돌아보면 그것은 주로 폭력, 돈, 여자에 대한 유혹과 시험이었다. 문제는 내 삶의 시험은 이제 시작이란 것이다.

낮은 곳으로 내려가라

훈련소에서 용인 경찰서로 발령을 받았을 때 구타가 심한 곳이란 이야기에 동기들은 모두 긴장했다. 발령 얼마 전에 육경 쪽에서 톨게이트 근무자 한 명이 M16 총으로 자살하여 분위기가 뒤숭숭했다. 우린 의경에서 먼저 신고식을 하고 구타를 당했다. 며칠 후 육경 쪽 신고식을 하는데 육경의 전통은 발가벗겨서 군화발로 짓밟는 것이었지만 고참들은 동기 중에서도 내가 명문대를 나온 놈이라 본때를 보이겠다며 나름 가장 힘든 신고식을 골랐다. 그들의 선택은 나를 2주간 잠재우지 않기였다. 고참 열댓 명이 한 시간씩 돌아가면서 내게 기합을 주고 구타를 반복하여 밤새 잠을 안 재우길 2주간 하는 것이었다. 나는 참 웃겼다. 나는 8세 이후론 늘 깨어 있는 수련자였다. 어릴 때에도 강도 높은 운동과 공부를 하며 하루 2시간만 잤으며 수면 중에도 육체만 쉬고 정신은 깨어 있어야 했다. 게다가 모르고 한 것이지만 내가 고등학생 때 옥상에서 호흡하며 밤을 보낸 것은 불가에서 말하는 장좌불와(長坐不臥, 눕지 않고 앉은 채로만 수행하는 방법)였다. 때문에 난 낮에는 군복무를, 저녁에는 기합을 받고 밤을 새워 아침까지 서 있어도 힘들지 않았다. 며칠이 지나자 나의 신고식을 지키는 고참들이 먼저 졸기 시작했고 간혹 내게 좀 자라고 권하기까지 했다. 나는 요령을 피우는 것을 싫어하므로 정확하게 기합을 받고 서서 잠을 자지 않았다. 목표한 2주의 2~3일을 남기고 그들은 나의 신고식을 중단했다.

나는 운전병이었는데 군 생활에 금세 적응하였다. 새벽 3시에 잠들고 혼자 5시에 일어나서 경찰서 뒤편으로 운동하러 올라갔다. 그곳에서 운동을 마치고 호흡을 한 후 내려올 때 즈음이면 부근 용인대 선수들이 코치와 운동하러 왔었다. 가끔 코치가 그들에게 기합을 준다며 100여 개 되는 계단을 토끼뜀이나 한쪽 다리를 들고 오르게 하였는데 어찌 그것이 기합인지 의아했다. 그들의 기합이 나의 평소 운동이었다. 새벽 운동을 마치고 막사로 돌아오면 화장실에서 냉수욕을 했다. 10월 말에 자대배치를 받았기 때문에 그땐 11월~1월의 겨울이었지만 실내에서 하는 냉수욕이라 겨울 산에서 하던 냉수욕에 비해 호화스러웠다. 냉수욕은 본래 야외에서 하는 것이지만 마땅한 장소가 없어 어쩔 수 없이 막사 안의 화장실에서 했기에 별로 춥지도 않았고 스스로 좀 부끄럽기도 했다. 냉수욕을 한 후 주차장으로 가서 차량 7대를 청소하거나 세차했다. 겨울이지만 고무장갑이 한동안 없어 맨손으로 세차를 했는데 순간적으로 손의 살이 차에 붙을 때 빨리 떼지 않으면 살점이 차에 들러붙었다. 차량 청소를 끝내고 나면 용인 시내를 구보했고 그때서야 경찰서의 다른 사람들도 기상했다.

그러던 어느 날 사건이 벌어졌다. 난 데모진압 출동 중이었다. 그날 비번이었지만 고참이 휴식함으로 해서 내가 그 대신 타이탄 트럭을 운전하게 되었다. 처음 가보는 초행길이었다. 그런데 어떤 순경이 내 운전석 옆자리에 앉았다. 그가 하도 쉬지 않고 시끄럽게 떠들어 조용히 하라고 했다가 말다툼이 났다. 마침 커브 길에 다다랐지만, 앞에 가는 버스가 가렸기 때문에 나는 휘어진 길임을 알지 못했다. 결국 좁은 시골길에서 방향을 틀지 못하고 죽은 가로수와 충돌하고 말았다. 충돌 순간, 가로수에 부딪힌 트럭 앞부분 철판이 운전대와 함께 내 몸으로 쑥 들어오는 것이 마치 슬로우 비디오처럼 보였다. 난 양손으로 운전대를 잡고 최대한 밀어내려고 했지만 내 가슴을 조여 오고 있었다. 그때 몇 달 전에 본 근처에서 운전대에 목이 찍혀 죽은 어떤 기사가 떠올랐다. 한편으로는 내 어린 시절부터 지금까지가 영화 필름이 돌아가듯 하나의 영상처럼 머릿속에서 스쳐갔다. 이렇게 죽고 다음 생에 다시 태어나는 것인가? 뭔가 잘못된 것 같다는 생각을 하며 백미러를 보았다. 그 거울에 비치는 파란 하늘엔 트럭 뒤에 타고 있던 의경 서너 명이 공중에 떠 있었다. 붕 떠 있는 사람과 장비가 하늘과 같이 보이는 것이 비현실적이었다. 다행히 가로수는 죽은 나무여서 나무가 부러지며 충격이 완화되었고 나의 목은 운전대에 잘리지 않았다. 트럭이 약 1.2~1.3m 아래 논으로 떨어지며 난 정신을 잃었는데 위에서 사람들의 목소리가 들렸다. "차와 몸이 달라붙어서 아무리 당겨도 사람이 나오질 않아. 이 사람을 꺼내려면 다리를 잘라야 해. 도끼를 써야 되나? 아니야 톱이 낫지." 어렴풋이 눈을 뜨니 사람들은 나를 두고 다리를 어찌 자를지에 대한 의견을 나누고 있었다. 빠져 나가려 했지만 나의 하체가 말을 듣지 않았다. 감각이 없는 것 같았다. 내 몸 안에 있는 나도 모르는 힘을 써야 한다고 생각했다. 내 몸 속에 있는 기운에게 부탁을 했다. 온몸의 힘과 온 기운을 다해 차체를 잡으며 몸을 끌어올렸다. 느낌은 없었지만 하체 부위가 찢어지는 기분과 함께 내 몸이 위로 올라감을 느꼈다. 90도로 쓰러진 트럭에서 운전석에 있던 내가 하늘 방향인 조수석 창을 통해 밖으로 나와 서려고 했지만 다리에 힘이 없는지 그냥 쓰러졌다. 정신을 잃어가고 있었는데 귀에 사람들이 "어떻게 나왔지"하는 말이 들렸다.

정신을 차렸을 때는 용인병원 응급실이었다. 어떤 간호사가 유리 파편이 박혀 있는 내 얼굴을 수건 같은 천으로 그냥 문질러댔다. 의사도 간호사도 정신이 없는 것 같았다. 곧 엑스레이를 찍고 수술실에 들어갔다. 내 얼굴을 문지르던 간호사가 마취 주사라며 커다란 주사기를 들고 왔지만 마취 주사를 놓지 않고 내 왼편 담요에 주사기를 올려놨다.

잠시 후 인턴과 간호사가 세 명쯤 들어왔다. 소독솜 같은 것으로 넓적다리부터 종아리 부근까지 소독을 하면서 여러 군데가 긁히고 찢어졌지만 크게 찢어진 곳은 무릎 부근뿐이라고 말하였다. 양쪽 무릎에 한두 줄기 깊게 패인 곳을 꿰맨다고 하였는데 그 와중에 그들은 계속 마취 주사를 놓지를 않았다. 나는 "마취를 하세요." "마취 주사가 내 옆에 있습니다."라고 수차례 말했다. 그러나 그들은 자기들끼리 바쁠 뿐 내 말을 듣지 않았다. 결국 마취도 없이 나의 생살을 꿰매기 시작했다. 고통이 몰려왔다. 나는 의사와 간호사에게 "마취를 하시지요? 그냥 꿰매니 내가 아픕니다."라고 계속 말했지만 그들은 듣지를 않았다. 심지어 의사와 눈을 마주치며 마취를 하라고 이야기했어도 그들은 계속 생살을 꿰매었다. 다 꿰매었나 싶으면 옆에 더 찢어진 곳이 있어서 또 꿰매고 또 꿰매었다. 수술이 끝나자 의사가 "앗, 저기 마취 주사기가 있었네."라고 하며 간호사와 함께 당황해하였다. 나는 양쪽 다리를 수십 바늘 꿰매었기 때문에 다리를 쓰기가 힘들었다. 나중에 그 병원으로 통원 치료를 가자 나를 수술했던 의사가 내게 마취를 안 했으니 수술 경과가 좋을 것이라며 나를 보며 관우가 생각났다고 어떻게 아프다고 소리도 지르지 않느냐고 했다. 나는 마취를 하라고 수 없이 말했는데 몰랐다고 하니 할 말이 없었다.

그리고 몇 달 후. 갑자기 아랫배가 너무 아팠다. 용인병원의 응급실에 또 다시 갔다. 내 얼굴을 닦아주었던 간호사가 다리를 다쳐 병가를 다녀오더니 내게 꾀병을 부린다며 나를 응급실 침대에 눕히곤 그대로 방치하였다. 나는 1박 2일 동안 응급실 침대에서 쪼그리고 누워서 진땀을 흘렸다. 다음날 의사가 와서 요로결석인 것 같다며 이 고통은 산모가 아이를 낳는 고통의 몇 배라고 했다. 그 말을 듣고도 며칠 더 고통을 겪었다. 그렇게 약 일주일간 통증을 생으로 참으며 경찰서의 인사담당자와 어느 병원에서 수술할지 이야기를 들었다. 그때 나를 찾아온 아버지에게 그는 일반 병원 이용 시 경찰서에서는 200만 원까지만 보조해줄 수 있고 경찰병원은 무료라고 하였다. 아버지는 그 말에 내게 경찰병원에서 수술을 받으라고 하였다. 답답하게도 당시 대학병원에서도 200만 원이면 결석 수술이 가능했지만 무심한 아버지 덕에 열흘 이상 고통으로 몸부림치던 나는 경찰병원으로 후송되었다.

　이미 내 몰골은 말이 아니었다. 난 수술 전, 의사에게 나는 일반인이 아니고 내공 수련자라서 마취되는 정도가 다를 것이며 배를 가를 때에도 무슨 일이 일어나는지 잘 봐야 한다고 말하였다. 그리고 나는 수술실로 들어갔다. 소변 호스를 끼운 부위가 아팠다. 나는 요로에 그렇게 굵은 호스가 들어간다는 게 끔찍했다. 수술실 침대에 옮겨졌는데 요로에 끼운 호스가 이리저리 움직이면서 진물이 나오고 매우 아팠다. 내 꼴이 우스웠다. 이상한 건 수술을 바로 하지 않고 나를 마치 개구리처럼 수술대에 눕혀 양팔과 다리를 묶은 후 아무도 오지 않는다는 것이었다. 수술실은 추웠고 의사는 오지 않았다. 한참을 기다리니 남녀 의대생들이 우르르 들어왔다. 한 사람이 교수인 듯 나를 두고 학생들에게 설명하기 시작했다. 왠 여자애가 내게 오더니 내 배 위에 사인펜으로 표시를 했다. 그러더니 얼굴에 마스크를 덮고 마취를 시도했지만 잘 되질 않았다. 20명 가까운 사람들이 나를 쳐다보며 이야기를 나누고 내 몸을 여기저기 누르는데 요로의 호스가 이리저리 움직이며 고통이 밀려왔고 매우 수치스러웠다. 여학생 한 명이 환자가 고통스러워한다는 말을 하자 그제서야 호스를 내 다리 한쪽에 테이프로 붙였다. 문제는 그들이 아직까지도 내가 마취가 안 된 상태임을 모르는 것 같다는 것이었다. 정신은 또렷했다 지난번 교통사고 때처럼 또 생살로 이 고통을 견뎌야 하는 건지 짜증이 났다. 어떤 방법으로 고통을 참을지를 생각하는데 그때 누군가 내 배 위 사인펜을 그은 자리에 무언가 차가운 것을 가져다 대었다. "네가 해봐라. 처음이 중요하다. 너무 깊숙이 하지 말고."라고 누군가 말하자 찬 메스가 내 뱃가죽에 닿았다. 급한 나머지 손과 발을 움직였더니 한 학생이 마취가 안 된 것 같다고 소리쳤고 그제서야 마취약을 올리라는 소리가 들렸다. 마스크 안으로 밀도가 높아지는 느낌이 났다. 아랫배에 메스 느낌이 왔다. 내 뱃가죽이 갈라지고 있었다. 그러나 생각보다 고통이 심하지는 않았다. 마취가 잘 되고 있는 것 같았다. 나의 배를 가르며 핀셋 같은 것으로 내 뱃가죽을 당기는 것 같았다. 장흥 대덕에서 내가 개구리를 잡아먹기 위해 개구리 넓적다리를 햇빛에 태우던 일이 생각났다. 당시의 나는 그때의 개구리와 비슷했다. 그들은 나를 먹는 대신, 수술 대상으로 공부하고 있었다.

 그후 시간이 지나고 의식이 돌아왔는데 옆에 아버지가 있었다. 아버지는 요로 결석 수술이라서 금방 끝날 줄 알았더니 15시간이 넘게 걸렸다며 너무 놀랐다는 말을 하였다. 그러곤 내가 수술실로 들어간 이후부터 비가 내리기 시작하더니 한낮이 밤의 암흑처럼 깜깜해졌고 세

찬 비바람이 부는 상태로 15시간이 지속되어 두렵고 불안했다고 하였다. 자신이 아들을 경찰병원에서 수술시킨 것이 잘못이었던 같다고 했다. 왜 수술이 15시간이나 걸린 건지 의아했다. 알고 보니, 여러 학교의 학생들이 병원을 방문하여 나를 놓고 해부학 수업을 하였다고 했다. 화가 나는 부분은 결석의 위치를 정확히 알기 위해 수술 전에 수없이 사진을 여러 방향에서 찍었는데, 정작 수술을 할 때 내 뱃속의 내장을 다 끄집어낸 채로 13시간을 수업하느라 수업을 마치고는 결석이 어디인지 찾지 못해 2시간이 더 걸렸다는 것이다. 그럴 거면 사진은 왜 찍었단 말인가. 결석 찾느라 2시간이나 고생해서 자신이 힘들었다고 말하는 의사를 보며 아픈 사람을 구하는 것보다 그들의 수업이 우선시되었다는 것이 기가 막혔다. 그곳의 목적은 수술이 아니라 수업이었다. 요즘은 그럴 일 없겠지만, 당시 경찰병원이나 군인병원은 대부분 그렇다고 했다. 의대생들은 공부 대상이 필요했으므로 수술 시, 군경을 그 학습 자료로 이용한다고 했다. 여러 대학의 학생들이 오기 때문에 수술이 길어지는 것이다. 인사 담당자의 말대로 200만 원을 지원받고 대학병원이나 종합병원에 갔다면 간단히 끝날 수술을 경찰병원에 와서 나는 실험용 쥐가 된 셈이었다. 나는 그들의 수업을 위해서 과도하게 배를 갈랐기 때문에 그들은 내 위부터 무릎까지 들여다보며 공부를 했겠지만 나에게는 극심한 고통이 밀려왔다. 심지어 나는 다른 이의 피를 받길 원하지 않아서 수술 전에 수혈을 하지 않겠다고 하였다. 그땐 내가 간단히 수술을 하는 줄 알았지 내 몸을 15시간이나 열어 놓고 피를 한 가득 뺄 줄은 몰랐다. 하지만 그들은 정말 내게 수혈을 하지 않았다. 수술 후 내 몸에는 피가 남아 있지 않은 느낌이었다.

　병실로 돌아왔는데, 나보다 먼저 수술을 받은 친구가 고통의 신음 소리를 내고 있었다. 시골에서 올라온 그의 아버지가 그의 병시중을 들었다. 나의 아버지는 볼일이 있다며 가시고 어머니가 왔지만 그녀는 오자마자 내게 자신이 요즘 아프다며 힘들다는 말을 반복했다. 나는 어머니에게 그렇게 힘들면 집에 있지 어떻게 왔느냐고 하니 그녀는 그 말을 듣자마자 바로 집으로 돌아갔다. 건너편 침대의 환자는 아프다고 소리를 지르고 그의 아버지는 아들을 보살피지만, 내겐 움직일 수 없는 나를 도와주는 사람이 없었다. 나는 병실에 있는 다른 환자들과 다르게 비명이나 신음 소리를 내지 않았다. 나는 온 힘을 다해 참고 있는 것인데 가끔 사람들은 내가 죽은 것인지 호흡을 확인하러 왔다. 그래서 내가 살아 있음을 보이기 위해 성경책을 읽었더니 더 이상 호흡을 확인하러 오지 않았다. 퇴원 날이 되었다. 내겐 부모도 여러 명의 형제도 있었지만, 퇴원하는 나를 데리러 온 사람은 소아마비를 앓는 손윗누이였다. 어머니가 어릴 때 소아마비가 걸려서 다리가 불편한 누이를 내게 보낸 것이었다. 퇴원 시 그녀는 나의 물건을 드는데 혼자 들기도 어려워했다. 나는 초등학교 1학년 때부터 내 손윗누이를 항상 돌봐주었다. 주위에서 그녀를 놀리는 것을 절대 용서하지 않았다. 중학교 때에는 난 누이의 책가방을 그녀의 학교까지 들어다 주고 그 다음에 내 학교로 등교하곤 했다. 그래서인지 내 퇴원 때 와준 것 같기는 했지만 별로 도움이 되지는 않았다. 요로 호스가 있던 자리는 아물지 않았고 고통에 팬티도 바지도 걸칠 수 없었다. 누이와 나란히 병원을 나가는데 우린 둘 다 잘 걷지를 못했다. 거동이 불편한 나와 누이. 택시를 타고 집으로 가는 길이 너무나도 서글펐다.

　집에 와서 누워 있는데 말만 집이지, 내겐 쉴 수 있는 곳이 아니었다. 어릴 때부터 뭐든 늘 혼자 알아서 잘 하고, 아프고 힘들어도 참던 내겐 가족 아무도 관심을 보이지 않았다. 다음 날 아침, 나는 군대 인사 담당자에게 전화를 했다. 그는 푹 쉬다가 늦게 오라고 말했지만 나는 집보다 차라리 군대가 더 편했다. 집에서 딱 두 밤을 자고 나는 용인으로 가는 고속버스를 탔다. 그런데 내 몸의 고통이 너무도 심하여 버스는 마치 비포장 산악길을 10시간 정도는 달리는 것 같았다. 식은 땀을 흘리며 버스에 쭈그리고 앉아 겨우 경찰서에 도착하니 인사 담당자가 쓰러져가는 나를 보며 뛰쳐나와 소리를 질렀다. "세상에…. 너는 임마 가족도 없냐!" 그는 내게 당장 의가사 제대를 하라고 하였다. 그러나 제대를 하면 군생활은 끝나지만 당장 아픈 내가 쉴 곳이 없었다. 나는 그에게 몸은 회복해야 하니 내가 갈 만한 곳을 알아봐 달라고 했다. 그의 눈엔 눈물이 보였다. 2층에서 내려와 내 꼴을 거울로 보니 참 웃겼다. 수술 한 번 한 것뿐인데 사람 몰골이 이렇게 변하나 싶었다. 얼굴은 그렇다 치고 몸통이 반쪽도 안 되는 것 같았다. 몸의 피가 다 빠져나가서 그렇구나 싶었다. 실제 당시 내 몸무게는 90kg 중반에서 60kg 초반이 되어 있었다. 수술 2번으로 한 달 반 만에 30kg이 넘게 빠진 것이다.

　그렇게 나는 쉴 곳을 찾아 용인의 어느 지서로 가게 되었다. 지서로 발령받은 지 2개월이 안 되었을 때, 이상한 일을 겪었다. 관내에 있는 유학자나 각 절의 주지 스님, 또는 이장님, 마을 촌장님. 사는 곳도 나이도 지위도 다른 그 많은 사람들이 다른 날짜, 다른 장소에서 나를 보자마자 큰 소리로 똑같은 말을 하는 것이다. 그들은 모두 내게 어울리지 않는 옷을 입고 있다며 당장 그 옷을 벗으라고 했다. 길을 지나가면서 처음 보는 사람이 내게 옷을 벗으라며 소리치는 것도 당황스러운데, 그 일을 반복해서 수없이 당하니, 네다섯 번째까진 몰랐는데 일곱, 여덟 번까지 반복되니 참 이상하였다. 나는 날을 하루 잡아 지서장에게 말하고 가장 가까운 비구니 사찰을 찾았다. 그곳의 주지 스님에게 왜 내게 당장 옷을 벗으라 하였는지 그 이유를 물었다. 스님은 자신도 왜 그런지는 잘 모르겠으나 당신이 입은 경찰 복장을 당장 벗어야 할 것만 같은 느낌이 강하고 어울리지 않는다는 말만 하였다. 만약에 내가 그들 말처럼 전경 옷을 입지 않았다면 군대에서 겪은 여러 번의 죽을 고비를 지나칠 수 있었을까. 공부와 운동, 수련밖에 모르던 나는 어릴 때부터도 웬만한 시련에도 눈 하나 깜박하지 않았다. 지금 생각해보면 내가 어떠한 유혹에도 응하거나 스스로 아래로 내려가질 않으니 나의 육체를 말도 안 되는 수술로 쳐내어 나를 바닥까지 끌어내린 것이 아닌가 싶다. 더 나은 왕검이 되기 위해서 낮은 곳에서 고통을 하나씩 겪어야 한 것 같다. 나는 고통 속의 수술을 2번 겪은 것으로 충분한 줄 알았는데 아니었다. 나의 내일은 어제보다 더 심한 시련이 준비되어 있었다.

어려울수록 옳은 것을 향하여

수술한 지 얼마 안 되어 건강 회복을 위해 용인 지서로 옮기게 되었다. 군 생활이 아무리 편해도 병원이나 집에서 푹 쉬며 건강을 회복하는 것처럼 편할 리가 있겠냐만은, 인사 담당자의 배려로 그나마 밥이 잘 나오는 지서로 발령이 났다. 그곳에서 실제 근무한 기간은 1년도 안 되지만 정말 많은 일들이 있었다. 지서로 들어오는 신고는 주로 사소한 것이었는데 논에서 남의 비료를 경운기로 치어서 쓸 수 없게 되었다든가, 지나가는 버스가 비료 포대를 치고 갔다든가, 집안의 다툼 등의 문제였다. 이게 굳이 경찰이 출동해야 할 일인지 의심이 될 정도였다. 나중에 알고 보니 순경들은 현장에 나가지 않았고 이의를 제기하는 주민은 없었다. 시골에서 경찰이란 지서에서 펜을 놀리는 일이지 현장은 나가는 것이 아니었다. 하지만 나는 그것을 몰랐고, 알았다 하더라도 내 성격에 아픈 몸이지만 기어이 출동을 했을 것이다. 첫날 현장에 출동을 하는데 허리띠를 매는 것이 힘들어서 자전거에 경찰봉을 비롯한 허리띠와 모자를 실었다. 걷는 것도 쉽지 않았기 때문에 내가 자전거를 끄는 것인지 자전거에 의지해서 걷는 것인지 헷갈릴 정도였다. 몸이 아파서 마음대로 움직이지 않았을 뿐, 나는 순찰하는 것이 재미있었다. 관내 여러 마을에서는 내가 5년 또는 10년 만에 처음 보는 순사라고 하였다. 마을 내에 설치된 방범함을 열면 1972년, 74년의 방범 용지가 나왔다. 당시는 1985년이었다.

수술 후 몸이 회복하는 중이라 그런지 잠이 늘었다. 4시간은 자야 몸이 편했다. 나의 수면 시간이 2배로 늘어난 것이다. 워낙 내 배를 칼로 크게 가른 탓에 복근이 끊어져 사라져버렸다. 덕분에 몸에 특히 배나 다리에 힘이 전혀 들어가지 않았다. 나는 고통을 참고 매일 밤, 양다리를 모아들어 올리거나 좌우로 비틀기를 50회씩 실시해서 복근을 조금씩 키워갔다. 그리고 새벽마다 지서 뒷편에 있는 마당에서 기본 체조와 발차기 등을 계속 수련하였고 밤에는 기운동과 냉수욕을 하였다. 관사 내 펌프물로 몸을 씻는데, 높은 산은 아니지만 나름 야외라서 어릴 때 다니던 남산의 냉수욕장과 비슷한 느낌을 주었다. 밤하늘의 별을 보며 하는 냉수욕은 무언가 마음을 포근하게 해주었다. 2개월이 좀 지나니 뛰지는 못해도 조금 걸을 만했다.

추석 즈음 어느 날. 용인 터미널에서 근무하는데 고참 2명이 커피를 마시러 다방으로 갔다. 30분쯤 지났을까, 그 근처의 동네 남자 10여 명이 찾아왔다. 동네의 깡패 두목, 부두목이 자기 동네 여대생이 용인 제일 미녀라며 강간을 하겠다고 2달 전부터 소문을 내었고 오늘 그들이 여대생을 둑으로 끌고 갔다고 했다. 나는 아래 기수 놈에게 따라오라고 말하고 그들을 따라갔다. 터미널 밑으로 뚝방길이 이어졌는데 10여 분을 걸어가니 내 뒤에 따라오라고 한 후임은 없고 나 혼자였다. 뚝방길 나무 아래에 원피스를 입은 한 여자와 사내 두 놈이 보였다. 여자는 바닥에 누워있고 사내 한 놈이 그 위쪽에, 한 놈은 여자 발 쪽에 있었다. 놈들은 허리띠를 풀고 바지를 내리고 있었는데 정확히 보이진 않지만 내가 나타나자 나를 쳐다보았다. 여학생이 민망할까 봐 여학생 쪽은 보지 않으며 사내 두 놈에게 바지를 입으라고 했다. 두 놈을 데리고 뚝방 길을 따라 걸어오는데 터미널에서 놈들이 화장실을 가겠다고 하였다. 순간 나는 그들이 화장실을 핑계로 도망가리라는 것을 알았다. 그때 내 상태는 겨우 걸을 수만 있었기 때문에 나 혼자 두 놈을 다 잡기엔 무리였다. 깡패 큰 놈과 작은 놈 중에 누구를 상대할까 생각하다가 지금 상태의 내 몸으로는 작은 놈을 상대하는 게 낫겠다고 생각하였다.

두 놈은 화장실에서 소변을 본 후, 예상대로 각자 반대편으로 도망갔다. 수술 부위가 너무 아파서 약간 빠른 걸음으로 깡패 놈을 쫓아 가는데 터미널에 있던 사람들이 "경찰이 뛰지를 않네? 저러다가 놓치겠어."라고 말하는 게 들렸다. 여학생을 구해달라던 10명이 넘는 남자들은 구경만 하였다. 도망을 치던 놈이 넘어졌다. 나는 그를 붙잡았다. 그러나 내겐 수갑도 없고 가진 것이라곤 허리춤에 있는 짧은 경찰봉뿐이었다. 놈은 내게 달려들었다. 내가 경찰봉으로 그놈의 머리며, 몸을 후려치면 놈이 내게 주먹을 날리기를 반복했다. 나는 가슴 아래 쪽으로는 전혀 힘이 들어가지 않았다. 가슴 위쪽의 힘만으로 놈과 싸우고 있었다. 만약 그에게 나의 수술한 아랫배 쪽을 한 대만 맞았다면 나는 꼼짝없이 쓰러졌을 것이다. 아직 피가 모자란 내 몸은 깡패 놈을 약 200대를 때린 후 지쳐버렸다. 그러자 놈에게 경찰봉을 빼앗겼다. 나는 경찰봉으로 깡패에게 수십 대를 맞았다. 다시 경찰봉을 빼앗고 빼앗기며 수십 번 때리기를 반복했다. 40~50분이 지났을까. 나는 힘이 빠져가고 있었고 누구 한 명이라도 도와주면 놈을 잡을 수 있을 텐데라고 생각하고 있었다. 그때 관내 택시가 나와 놈의 앞을 가로막아 섰다. 예상치 못한 상황에 놈이 살짝 당황했다. 나는 놈의 오른쪽 오금을 워커발로 밟고 바닥에 쓰러뜨렸다. 팔을 뒤로 꺾어 제압하고 차량 뒤에 태웠다. 그러곤 그 깡패 놈을 용인 파출소로 데려갔다.

파출소 차장에게 강간범을 현장에서 잡았으니 이놈을 넘겨야겠다고 하였다. 파출소 차장이 놈에게 수갑을 채웠고 조서를 받겠다며 하는 말이 놈이 용인 폭력배의 두목이라고 했다. 키가 작은 놈이 부두목이 아니라 두목이었던 것이다. 같이 따라온 택시 기사가 하는 말이 멀리서 보니 경찰이 깡패와 싸우는 모습이 점점 불안해 보여서 돕고자 하였다고 했다. 나를 강간범에게 인도했던 10여 명 되는 남자들이 피해 여대생과 함께 파출소를 찾아왔다. 당시 용인은 겨울만 되면 약 5개월을 외부 통행금지를 하여 외부와 두절되었기 때문에 폭력이 횡행하고 폐쇄적이라고 하였다. 특이하게도 한 지역을 잡고 있는 폭력집단이 하나가 아니라 둘이라 했다. 그날 그 집단 중 하나의 두목을 잡은 것이다. 안타깝게도 훗날 어느 공동묘지에서 귀신을 한 번 본 적이 있었는데 그 귀신은 내가 구해주었던 용인의 그 여대생인 것 같았다. 나는 후에 작은딸과 공동묘지를 다시 방문하여 향불을 피우고, 그 영혼을 달래주며 좋은 곳으로 가길 바란다고 말해주었다. 만일 깡패 두목이 나의 수술부위를 마구 쳐서 내 몸을 망가뜨렸다면 걸음도 편히 걷지 못할 정도의 몸이었는데, 폭력집단 놈들이 내게 보복을 하면 어쩌려고 혼자 두목을 잡겠다고 나섰을까. 한 달 반 만에 30kg이 넘게 빠져 반쪽이 된 몸으로 누굴 도울 형편이 아닌데 나는 내 처지를 생각 않고 옳고 그름만 따졌던 것 같다.

폭력배 두목을 잡은 일이 있은 후, 관내에서 여러 건의 사건이 연속으로 일어났다. 근처 자연농원(지금은 에버랜드)에서 사파리 철망이 뚫려 사자들이 마을로 우르르 내려왔다고 하였다. 주민의 신고가 들어오고 출동을 해야 했는데 사자들을 상대한다니 방범대원들이 나가기를 꺼렸다. 경찰서 5분 타격대 역시 바로 출동하지 않았다. 지서와 경찰서로 사자가 돌아다닌다는 신고는 계속 들어오고 이들을 막지 않으면 시골에서 용인시 쪽으로 사자들이 들어갈 판이었다. 자연농원(에버랜드) 소장으로부터 전화가 왔다. 사자들을 몰아가야 하는데 인력이 부족하다는 것이다. 내가 자연농원 측에서 30분 안에 사자를 데려가지 않으면 보이는 대로 사살하겠다고 통보하고 전화를 끊었다. 지서에는 지서장도 없고 결정은 내가 해야 했다. 친한 방범대원에게 전화를 해서 차량을 요청했다. 당시 나는 경찰봉에 M2소총 하나만 들고 혼자 순찰하곤 했다. 그러자 지서장이 밤에 괴한 여러 명이 나를 덮치면 위험하다며 무기고 열쇠를 내가 소지하도록 하였다. 사자가 여러 마리 나왔기 때문에 나는 M16 총과 탄창 2개와 수류탄을 준비했다. 방범대원의 차를 타고 시골 길가를 다니며 사자를 찾았지만, 보이지 않았다. 마을은 조용했다. 나는 소리를 내서 떨고 있는 주민들에게 내가 왔음을 알렸고 주변을 살폈다. 동네를 돌며 사자를 찾다가 다시 지서로 돌아왔더니, 자연농원에서 사자들이 스스로 사파리로 돌아왔다는 연락이 왔다. 5분 타격대에게 오지 않아도 된다고 말하려 경찰서에 전화를 하니 그들은 아직도 준비 중이라는 것이다. 나중에 들은 바로는 무서워서 출동하지 못했다고 하였다. 마을 사람들 중 여러 명은 무심코 집 밖으로 나왔다가 앞을 지나가는 사자를 보고 기겁을 했다고 하였다. 내 생각으로는 놀라는 사람을 보고 사자가 더 놀랐을 것 같다. 마을 사람들은 진정되었고 용인서에서도 상황이 종료된 것을 기뻐했다. 자연농원 담당 소장은 나에게 고마워했다.

그리고 얼마 후 순찰 중에 미군 사격장을 지나는 중이었다. 원래 그곳은 지역에서 가장 번화한 곳으로 사격장이 있을 자리가 아니었다. 장교 사격장으로 바뀌어서 그 수가 줄었다고 하나, 당시 미군들은 사격장 부근을 지나는 염소나 소, 심지어는 사람에게도 총을 쏘아서 넓적다리나 등 부위에 총을 맞은 농부들이 속출하곤 했다. 그 말을 듣고서 기분이 매우 안 좋았는데, 그날따라 M2 소총을 메고 오토바이로 순찰하는 중에 누가 나에게 총을 겨누는 것이 아닌가. 나는 오토바이를 세우고 소총을 들어 그를 겨냥했다. 먼저 나에게 M16을 겨냥한 자는 백인 장교였고 내가 같이 소총을 겨누자 옆에 있던 백인 여자 장교와 흑인 남자 장교까지 셋이서 나에게 총을 겨누었다. 나는 한 놈만 죽여야겠다고 생각했다. 셋이 총을 쏘면 M16은 4조 우선으로 회전력이 크기 때문에 내 몸에 맞으면 팔이나 다리가 나갈 것이고 몸통에 맞으면 즉사할 것이지만, 내 M2는 총알이 작기 때문에 정확히 맞추지 않으면 상대는 죽지 않기 때문이다. 정확히 겨냥해서 이마 부위나 심장을 맞추지 않으면 상대는 부상만 입고 나만 죽는 게 아닌가. 3대 1로 조준하고 있는 상황은 부담스러웠다. 셋 중의 어느 누가 먼저 방아쇠를 당긴다면 나는 즉각 반응해야 했고 나에게는 기회가 한 번 밖에 없었다. 약 20~30분 정도가 지났을까. 여군장교가 총을 내렸다. 그리고는 흑인 장교에게 뭐라고 속삭였다. 내 생각에 그들이 나에게 먼저 총을 겨누었다는 것을 말하는 것 같았다. 잠시 후 그 둘은 사선에서 내려가고 백인 장교와 내가 약 30m를 사이에 두고 총을 계속 겨누며 부동자세로 서 있었다. 바람이 불어 나뭇잎이 떨어지는데 공간은 그대로 멈춘 것 같았다. 아무런 소리도 들리지 않았다. 그의 이마에 정조준하고 그의 총구를 보는데 주위는 적막하고 나는 매우 평안했다. 나는 안온함을 느꼈다. 놈이 방아쇠를 당기면 나도 즉시 당길 것이고 우리 둘 다 죽을 것이다. 교통사고가 날 때처럼 과거가 영화처럼 떠오르거나 하는 현상은 없었다. 얼마가 지났을까, 상대의 M16의 총구가 흔들렸다. 점점 더 흔들리더니 놈이 오줌을 싸기 시작했다. 오줌을 싸더니 총 전체가 흔들렸다. 더 이상 겨눌 필요가 없었다. 안전장치를 누르고 소총을 등에 맨 후 오토바이를 타고 언덕을 올라갔다. 입에서 미소가 감돌았다.

그런데 그 와중에 아쉬움이 올라왔다. 이 아쉬움은 무엇인가. 나는 이번에 죽을 수 있었는데 다시 살아야 한다는 게 못내 아쉬웠다. 순찰을 마치고 다시 사격장 옆을 지나는데 그 옆 담장에서 웬 사내가 소리를 질렀다. 나를 보고 소리를 지르는 게 확실했다. 무슨 일인가 싶어서 오토바이를 세우고 담 쪽으로 걸어갔다. 그 담은 사격장 길 건너편의 높은 담이었는데 그 안에는 공장이 있었다. 공장 작업복을 입은 남자들이 6~7명 있었는데 불을 피워놓고 소주에 삼겹살을 먹고 있었다. 그들은 나를 보더니 흥분해서는 자신들이 아까 나의 행동을 보았고 소주를 같이 마시자고 했다. 나는 40여 분간 총을 겨눈 줄 알았더니 그들의 말로는 2시간 이상을 그러고 있었다고 했다. 공장 직원들이 모두 일을 멈추고 그 장면을 보았으며 동네 사람들도 다 지켜보았다고 했다. 예전부터 그들에게 늘 당해왔는데 우리나라 경찰이 기백을 보여줘서 속이 시원하고 너무 신난다고 하였다. 그들의 환대는 반갑지만 나의 행동은 자랑할 만한 것은 아니고 근무 중이라 술은 안 된다고 하였다. 그들이 하도 권하므로 술잔은 받아만 놓고 고기는 한 점 먹었다. 다시 오토바이를 몰고 가는데 다방 앞에서 동네 사람들이 또 다시 손짓을 하는 것이 아닌가. 오토바이를 세우고 그들을 따라 다방 안으로 들어가니 많은 사람들이 내게 박수를 쳐주었다. 속이 시원하다고 하였다. 그리고 지서로 돌아오는데 내가 아직 어려서 그런지 기분은 좋았다. 나는 좋아하는 나 자신을 보며 웃기는 놈이라고 생각했다.

 소문은 빠르게 퍼져나갔다. 방범 아저씨들이 나를 대하는 게 조금 달라졌다. 나에게 도움을 주려고 하였다. 그들 입장에서는 여자와 관계하지 않는 내가 자신들을 무시한 것으로 보였던 모양이다. 나는 다방 아가씨나 주변의 남자들을 무시하는 마음을 가진 적이 없었다. 그러나 나의 기준에 따른 일관된 행동이 남들을 불편하게 할 수 있다는 걸 알게 되었다. 하지만 나를 불편해하던 그들이 이 일 이후로 나를 편하고 친절하게 대하기 시작했다. 내가 외공 수련을 하는 것을 보고 필요한 것을 물었고 내가 봉이 하나 있으면 좋겠다고 하니, 서로들 자기가 준비하겠다고 하였다. 어떤 분은 대추나무, 또 어떤 분은 박달나무 봉을 가져왔다. 내가 말한 대로 직경 약 4~5cm 길이 180cm의 쓸 만한 봉을 수제 작업으로 만들어왔다. 고마워서 지서 앞마당에서 시범을 보여주었다. 나의 봉술이 대단치는 못하나 모르는 분들이 보기에는 괜찮아

보이는 듯 싶었다.

크리스마스 전날 밤 11시경. 용인시장을 순찰하다 야바위꾼들을 보았다. 사람들이 둘러싸고 주사위 놀이를 하고 있어 내가 다가갔더니 한 놈이 내게로 왔다. 대목이니 한 번 봐달라며 돈을 주었다. 55만 원 정도 되는 돈이었다. 나는 돈을 받아 뒤로 돌아가 같은 조에서 근무하는 경찰들에게 그 돈을 주었다. 둘은 돈을 나누더니 나에게 3만 7천 원을 주었다. 당시 경찰 월급이 20만 원도 안 할 때이니 큰돈이었다. 나는 두 경찰에게 가족들이 있으니 일찍 들어가라고, 당직 순찰은 총각인 내가 하겠다며 제과점으로 그들을 데리고 갔다. 나는 거기서 제일 큰 케이크를 두 개 골라 내 손에 있는 3만 7천원을 나누어주고 값을 치르게 했다. 두 경찰은 머뭇거렸지만 곧 케익을 들고 각자 집으로 갔다. 나는 한 손에 무전기를 들고 용인시장을 한 바퀴 돌았다. 자정이 되기 전. 갑자기 신고가 들어왔다. 시장에서 패싸움이 났다고 하였다. 무전을 듣고 시장 중심가에 있는 술집으로 갔더니 두 패거리가 싸우고 있었다. 한 쪽은 20명이 좀 안 되었고 한 쪽은 20명이 좀 넘었다. 그런데 수가 많은 쪽에서 칼을 쓰고 있었다. 50~60cm 정도가 되는 중간 크기의 칼이었다. 순간 머릿속에 수호지의 한 페이지가 생각났다. 노지심이 동네 깡패를 혼내는 장면 말이다. 나는 이 깡패들의 패싸움을 보고 오늘이 그날이구나 하는 생각이 들었다. 나는 몸이 수술에서 아직 회복되지 않았고 일격필살을 할 수가 없지만 내 인생에서 처음이자 마시믹으로 마음껏 폭력을 써도 되는 날이었다.

상대는 이 지역의 깡패 무리이고 한 쪽은 얼마 전 내가 붙잡았던 강간 현장범의 두목이 속해 있는 조직이었다. 나는 왼손에 무전기를 들고 오른손에 경찰봉을 들고, 싸우고 있는 폭력배 무리로 들어가 닥치는 대로 두들겨 팼다. 몇 시간을 싸웠는지 시간관념은 없었다. 다만 한 놈을 두들기면 두 번째는 또 때릴 수가 없어서 그 다음 놈을 후려쳐야 했다. 앞뒤에서 칼을 휘두르니 나도 수백 번 맞았다. 머리통은 맞고 또 맞은 자국이 커다랗게 부풀었다. 그 와중에 어떤 놈이 뒤에서 내 어깨를 잡았다. 몸을 돌리니 나머지 손에 있는 칼로 내 배를 쑤셨다. 순간적으로 칼이 들어오는 방향으로 기를 모았다. 배를 찌르고도 칼이 들어가지 않자 놈의 눈빛이 크게 흔들렸다. 작정하고 나를 찌른 놈을 나도 오른손에 든 경찰봉으로 있는 힘껏 쳤다. 이런 놈은 연속으로 두 번 쳐야 한다. 그러나 한 대 치자마자 뒤에서 어떤 놈이 칼로 나를 또 찔렀다. 어쩔 수 없다. 뒤에 놈을 또 쳐야 했다. 주위의 놈들이 칼을 든 채 당황해하는 내 앞의 놈을 둘러싸고 뒤로 데리고 갔다. 그 놈이 두목인 듯했다. 몇 시간을 싸웠는지 주위에 아무도 없었다. 주위를 둘러보고 시장을 한 바퀴 돈 후 막사로 돌아왔다. 시계를 보니 새벽 5시였다. 나는 잠이 들었다.

누군가 나를 부르는 소리에 눈을 뜨니 오전 9시가 살짝 넘었다. 나를 부른 사람은 전경 고참이었다. 9시 반쯤 고참과 함께 지서 앞 문방구에 들렀다. 문방구 아저씨가 손님 두 분과 이야기 중이었다. 지난 밤에 시장에서 깡패들의 패싸움이 크게 났는데 다친 자는 뒤로 빠지고 새로운 자가 오는 식으로 사람이 점차 불어나더니 가장 많을 때는 60여 명이었고 다 합치면 80명인지 얼마인지 알 수가 없다고 하였다. 시장 사람들이 경찰서에 신고를 하였는데 달랑 군인인지 경찰인지 1명만 오길래, 저 경찰이 죽겠구나 싶어 불안하게 보고 있었다고 하였다. 그렇게 혼자 깡패 무리 수십 명을 무기도 없이 상대하길래 걱정을 많이 하였는데 나중엔 혼자 다 두들겨 패서 쫓았다며 진기한 구경을 했다는 것이다. 손님 중 한 사람은 군인이라고 하고 한 사람은 경찰이라고 했다. 내가 경찰도 군복을 입으며 계급장과 그 표식을 보면 경찰과 군인을 구별할 수 있다고 하자, 문방구 주인이 경찰인 것 같다고 했다. 그리고 그 경찰의 키는 2m는 되어 보였다고 했다. 나는 용인서에는 키가 2m인 경찰이 없다고 말해주었다. 그들은 다시 195cm는 된다고 하였고 한 사람은 아무리 작아도 190cm는 넘는다고 하였다. 내 키가 184cm이니 워커굽 높이 5cm를 더하면 얼추 190은 될 것 같아 더 이상 말하지 않았다. 그들은 "혹시"하고 말하며 나를 쳐다보았다. 나는 대꾸하지 않고 문방구를 나와 상황실에 들렀다. 상황실에는 주민의 신고가 기록되어 있다.

상황실에서 근무하는 후배 기수가 상황 일지를 보여주었다. 당직 근무자인 그는 어제 새벽에 계속 신고가 들어왔다고 하였다. 12시경부터 2시 40분까지 계속 신고가 들어왔는데 5분 대기조는 다 술을 먹고 뻗었고 나갈 경찰이 아무도 없었다고 하였다. 어쨌든 처리해서 다행이라고 하였다. 일지를 보니 6시간은 깡패들을 두들겨 팬 것 같았다. 내 인생에 한 번 있는 기회를 잘 썼다고 생각했다. 관내 병원에서 신고가 들어온 게 있는지 살폈다. 여러 명이 칼을 맞으면 병원에서는 경찰서로 신고하게 되어있기 때문이다. 수십 명이 다쳤을 텐데 난 한 긴의 신고도 없었다. 칼을 준비한 것으로 보아 계획된 싸움이었고, 그놈들은 타관할지에서 치료를 받을 것 같았다. 마음이 가벼웠다. 막사에 돌아와 내 머리를 만지니 혹이 3단으로 나 있었다. 이곳저곳 혹이 없는 곳이 없었다. 엄청 맞았구나하고 생각했다. 야상을 보니 여기저기 칼자국이 있었다. 칼을 몇 방을 맞았는지 세어서 200번인가까지 세고 있는데 누가 나를 불러서 세다가 말았다. 지금 돌이켜보면, 당시 나는 수술로 몸이 회복되지도 않았는데 하체를 쓰지 못하는 상태로 깡패 무리를 상대해서 너무나도 위험한 상황이었다.

지서 앞에는 다방이 있었다. 고등학교를 갓 졸업한 아가씨 둘이 새로 왔는데, 지서로 커피 배달을 와서는 하소연을 하였다. 다방의 주인이 밤마다 찾아와서 둘이 문을 잠그고 무서워서 떤다고 말이다. 어린 아가씨가 안 되어서 다방 주인에게 그러한 일이 있었냐고 물으니 대답하지 않는데, 도리어 옆에 있던 그의 부인이 원래 처음 오는 애들은 사장이 먼저 관계하는 거라고 말했다. 새로 온 두 아가씨는 인기가 좋았다. 같이 근무하는 경찰들도 줄기차게 커피를 시켰다. 고참은 배달 온 한 다방 아가씨를 껴안으려 하였다. 그러자 아가씨는 좁은 지서 안을 열심히 피해 다녔다. 고참이 내게 그녀를 붙잡으라고 소리쳤다. 나는 한동안 보고 있다가 고참에게 강제로 하는 것은 법에 저촉된다고 그만 하라고 했다. 그는 순간 멈추었고 나는 아가씨에게 얼른 돌아가라고 말하였다.

며칠 후, 지서로 다급한 전화가 걸려왔다. 그 다방 아가씨였다. 지서 앞 다방으로 길을 건너 가보니, 다방 주인이 아가씨를 어떻게 해보려고 혈안이 되어 이리저리 쫓아 다니고 있었다. 그 아가씨는 지난 번 지서에서도 그 좁은 공간 안에서 30분 가까이 피해 다니더니 이번에는 내 뒤로 몸을 숨겼다. 나는 다방 주인에게 그만 하시라고 했다. 그러자 그는 격앙된 말투로, 자신이 저 아가씨와 밤에 몇 번이나 관계하려고 했는데 그때마다 문을 잠그고 안 열어서 낮에 하려는 것이니 비키라고 하였다. 마치 자신에게 어린 여자 종업원의 성에 대한 당연한 권리가 있는 것처럼 말하였다. 나는 다방 주인을 말리고는 아가씨에게 이곳이 원래 이런 곳이니 여기를 떠나는 것이 좋겠다고 말해주었다. 며칠 후 그녀가 짐을 싸서 다방을 떠났다는 말을 들었다. 그리고 내가 자신의 애인이라고 소문을 내고 다닌다는 말을 들었다. 나는 지서에서 시간을 보낼수록, 사람을 볼 때에 좋고 나쁨을 어찌 구별해야 하는지가 힘들었다. 인간의 욕구가 식욕과 색욕이라지만 도대체 사람에게 예가 없다면 네 발 짐승과 무엇이 다른가. 네 발 짐승은 그 코가 생식기와 높이가 같아 항시 냄새를 맡고 발정기 때에만 관계를 하는데 인간은 코의 높이가 생식기와 다름에도 불구하고 발정기는 고하간에 때가 없다. 인간이 짐승과 같다면 인간 사회는 가치가 있는 건지 의문이 들었다.

  다방에 새로운 문화가 유행하였다. 신혼여행이었다. 신혼여행이란 다방 근무자 여성들과 5박6일로 남성들이 제주도를 다녀오는 것을 말했다. 수국 꽃이 크게 피어 매우 탐스러운 어느 날 오후였다. 이전에 내 도움으로 다방을 떠난 아가씨가 나를 찾아왔다. 우린 지서 앞 삼거리의 버스 정류장에서 만났다. 그리고 그 아가씨는 내게 신혼여행을 가자고 말하였다. 아가씨는 새로운 다방에 취업하였는데 월급도 꽤 받았나며 자신이 비행기 예약을 할 테니 내 휴가 날짜를 알려달라고 하였다. 그러면서 내게 오빠라는 호칭을 썼다. 그녀를 자세히 보니 화장도 하고 예쁜 원피스를 입고 있었고 나이도 좀 들어보였다. 나는 처음에 그녀가 나를 애인이라고 말하고 다닌다는 소문에, 내 이름으로 보호를 받아서 고맙다고 인사를 하러 온 것인 줄 알았는데 예상치 못한 말을 하여 당황스러웠다. 나는 그녀에게 신혼여행은 정말 사랑하는 사람과 가는 것이 좋지 않겠냐고 물었다. 그러자 아가씨는 신혼여행을 다녀와야 남들이 우리가 애인 사이임을 믿지 않겠느냐고 말했다. 나는 오고 가는 버스 안에 탄 많은 사람들이 나와 아가씨를 볼 수 있도록, 자전거를 타고 그녀 주위를 돌기 시작했다. 그리고 사람들이 우리가 애인임을 믿게 하려고 아가씨를 잠시 내 자전거 뒤에 태우기도 했다. 그러곤 아가씨는 버스 정류장에 가만히 앉아서 편안하게 먼 곳을 바라보았다.

꽃무늬 원피스를 입은 아가씨에게 바람에 날린 수국 꽃잎이 떨어지는 모습이 참 예뻤다. 그렇게 그녀는 한동안 버스 정류장 벤치에 앉아 있었는데 나는 그녀의 얼굴이 다방 아가씨에서 소녀로 점차 변하는 것을 보았다. 나를 오빠라고 부르며 신혼여행을 가자던 그 얼굴이 점차 평온해지며 마치 누군가를 수줍게 기다리는 소녀가 된 것처럼 보였다. 사람의 얼굴이 짧은 시간에도 변할 수 있구나 싶었다. 그렇게 아가씨는 청순해 보이는 얼굴에 미소를 머금고 내게 인사를 하고는 뒤돌아 갔다. 나는 평온한 그녀를 바라보며 마음이 참 좋았다. 훗날 그녀와 함께 다방에서 일했던 또 한 명의 아가씨에게 그녀가 이제 다방이 아닌 문구점에서 일을 한다는 소식을 들었다. 내가 군복무를 하면서 마음이 가벼웠던 순간들 중 하나였다.

  부천 순찰대 근무 중 어느 날 갑자기 중대장이 내게 근무를 나가라고 하였다. 전경 2명과 관내 경찰 3인, 5명이 후문 경계를 맡았다. 그런데 갑자기 정문 쪽에서 내무부 장관을 비롯한 각 부 장관과 수 명의 국무위원과 고위층 공무원이 검정 세단 10여 대와 경찰차 수 대, 사이카 20여 대를 몰고 점검을 나왔다. 그 위세에 놀란 모든 근무자가 입구부터 그들 전체를 검문 없이 그냥 통과시켰다. 10여 군데 초소지를 검문 없이 통과한 후, 마지막 후문에 도달했는데 타 경찰서에서 나온 전경과 형사 3명도 상황을 보더니 순식간에 숨어버렸다. 나는 바리케이드를 치고 수십 대의 차를 혼자 막아섰다. 그리고 FM대로 경비를 했다. 세단은 모두 문을 열게 하고 뒤에 탄 사람들의 얼굴을 확인했다. 검문을 마치고 바리케이드를 치우기 위해 나는 온 힘을 다했지만 바리케이드는 조금 밖에 움직이질 않았다. 당시 내 몸은 수술 후 회복이 되지 않았기 때문이다. 경찰차와 수십 대의 사이카는 물론이고 수십 명의 경찰은 모두 부동자세였다. 그렇게 10여 차례 노력을 했을까, 한참이 지나서야 보다 못한 옆 경찰서 근무자가 숨어 있다 튀어나와 나를 도왔다. 둘이 바리케이드를 밀고 수십 대의 차량을 통과시켰다. 그들이 지나간 후 그는 내게 말했다. "무섭지 않았느냐. 우리는 다 숨었는데 미안하다." 나는 그에게 도와주어 고맙다고 했다. 부대에 복귀하니 중대장이 나를 불렀다. 중대장은 기뻐하며 말하길, 수많은 부대에서 나만 FM으로 경비를 하였기에 내게 포상 휴가 2달이 주어졌다고 하였다. 덕분에 나는 포상 휴가 대신 당시 문제가 될 뻔한 일을 해결할 수 있었다.

아무리 높은 위치에 있고 힘이 있는 사람이라 하여도 정해진 규칙의 예외가 될 수 없다. 난 누구나 당연히 해야 하는 옳은 일을 했을 뿐인데 뒷일이 두렵다고 도망을 가거나, 내가 도망가지 않았다고 포상을 받는다는 걸 당시의 난 이해할 수 없었다. 아픈 몸으로 깡패를 잡고 소탕하거나 사자를 잡으러 나가거나 내 욕구를 누르고 다방 아가씨를 돕는 일은 젊은 나에겐 고민할 필요도 없이 당연한 선택이었다. 그러나 당시 내 처지는 나 하나 돌보기에도 어려운 상황이었다. 나를 아끼는 이들이 내가 군대를 가면 죽을 것이라고 걱정하던 건 무리가 아니었다. 그러나 난 언제나 그랬듯이 내 처지를 돌보지 않고 옳은 일만을 선택했다. 만일 내가 원래 계획했던 대로 카투사나 석, 박사를 하며 산업체에서 명문대생들과 근무를 했다면 인간 세상의 다양한 면을 경험할 수 있었을까? 목숨이 위험한 순간들이었지만 책으로는 배울 수 없는 경험을 했다. 이때까지만 해도 나의 선택은 언제나 나쁜 것은 정리하고 옳은 일로 남을 돕는 것으로 귀결되었다. 그러나 그 다음엔 옳은 길만 가는 내게 다른 종류의 시련이 기다리고 있었다. 그 시련은 내가 도운 이들이 오히려 나를 공격하는 것이었고, 그들은 바로 내가 가장 믿었던 사람들이었다.

제자의 질문

현실 세계와 다른 도의 세계. 어떻게 다른가요?

1999년에 개봉한 〈매트릭스〉 영화에서 표현하는 세계관이 도의 세계와 유사하다. 대부분의 사람들은 자신이 살고 있는 공간은 3차원이며 그곳에서 벗어날 수 없다고 생각한다. 그러나 시공은 고정된 것이 아니다. 일반 사람 중에서도 일부는 수련을 통하여 시공을 초월할 수 있다. 〈매트릭스〉의 등장인물이 컴퓨터 속의 가상 세계에서 상처를 입으면 그것이 현실의 몸에도 영향을 끼친다. 도의 세계 역시 그러하다. 우리의 몸은 지금 이 시간에, 3차원의 이 공간에 있지만 도수련을 통하여 다른 시간과 공간에서 지내다 올 수 있으며 도의 세계에서 시험을 당해 이기지 못하면 현실 세계의 내 육체는 죽음을 맞이할 수 있다. 도 세계에서 10년을 있어도 현실로 돌아오면 두어 시간밖에 지나지 않곤 한다. 시간도 전혀 다르게 흐른다.

도수련은 어찌 하나요?

나, 왕검 김홍태는 만 8세부터 도를 시작하였다. 이를 보고 너무 어린 나이가 아니냐고 생각할지 모르지만, 누군가가 그들의 이번 생에서 도를 이루고자 한다면 그들도 만 10세 이전에 뜻을 두어야 한다. 그래야만 주변 상황을 정리하고 모양을 갖추어서 도에 들 수가 있다. 일반적으로는 이 나이가 지난 후에는 금생에서는 도를 이루기가 어렵다. 우리가 하나의 생을 받아 태어날 때에 유일하게 소유하는 것이 바로 하나의 생명이다. 그런데 도는 생명의 힘으로 이루는 것이고 그 원천은 척추에 있다. 그리고 척추에 있는 생명의 기운이 발현된 것이 남자는 정자이고 여자는 난자이다. 도의 진전에 따라 생명의 기운을 왕성하게 써야 한다. 그래서 고래로부터 수련자는 남자는 여자를, 여자는 남자를 가까이 하지 않았다. 상대적으로 개수가 정해져있고 그 개수가 적은 여성이 남성에 비해 도를 이루는 데에 불리하다.

> 수련으로 수련자에게 어떠한 능력이 생기나요?
> 무슨 의미인가요?

수련으로 일정 수준에 오르면 사람마다 자신에게 맞는 능력이 생기곤 한다. 그러나 이는 영원한 것이 아니며 수련자가 더욱 정진하여 더 높은 수준이 되면 능력이 사라지기도 한다. 자신의 능력에 만족하면 더 이상 정진할 수 없으니 능력이 생기는 것을 하나의 과정으로 보고 지나가야 할 것이다. 불교에선 육신통(六神通)이라 하여 불교 수행으로 갖출 수 있는 능력을 여섯 가지로 추려 설명하고 있다.

1. 신족통(神足通): 생각하는 곳이면 어디든지 갈 수 있다.
2. 천안통(天眼通): 세상의 모든 것을 볼 수 있다.

3. 천이통(天耳通): 보통 사람이 들을 수 없는 세간의 모든 소리를 듣는다.
4. 타심통(他心通): 다른 사람이 마음속에 생각하고 있는 바를 모두 안다.
5. 숙명통(宿命通): 자신과 다른 사람의 과거와 그 생존의 상태를 모두 안다.
6. 누진통(漏盡通): 번뇌를 모두 끊어서 다시는 미혹의 세계에 태어나지 않게 된 상태이다.

 불가에서의 설명 말고도 다른 능력이 있으며 다양한 설명이 있었으나 종교적 의미를 담아 가장 넓고 애매하게 표현한 불가의 것만 남아 전수되고 있다. 예를 들어 신족통은 기운을 사용하여 중력의 영향을 덜 받고 빠르게 걷는 축지법을 일컫는다. 그저 기운으로 발을 감싸서 다리 주변 공간의 기운을 가져다 쓰면서 걸으면 된다. 일반인들은 수련하면 할 수 있는 간단한 것을 불가사의한 능력처럼 생각한다. 참고로 공중부양은 초보 수련자가 겪는 부작용이다. 우리의 몸이 중력의 법칙을 벗어나서 허공에 뜰 수 있으며, 도수련의 입문에서 수련자가 잘못된 길로 갔을 때 공중부양과 같은 부작용이 나타난다. 이런 현상의 원인은 자신에게 집중하지 못하여 자신의 의지와 관계없이 몸이 중력을 벗어난 것이다. 진정한 수련이라면 당연히 수련자의 의지에 따라 몸이 공중에서 자유자재로 움직일 수 있어야 한다. 일반적으로 공중부양을 하는 자의 대부분은 자신의 의지와 관계없이 이 현상만을 경험하고 놀란

다. 공중부양이 초보자의 부작용임을 모르고 이를 이용해 대단한 듯 사람들을 현혹시키는 것을 보면 참으로 안타깝다. 임의로 공중부양을 한 자가 도에 올바르게 들기를 원한다면 올바른 사부를 만나서 수련을 제대로 시작하여야 한다.

부족한
왕검의
더
나은 길

부족한 왕검의 잘못된 선택

사람은 어려운 상황에 처하면 그의 가장 약한 부분이 드러나며 그것이 전체를 흐트러뜨리고 무너지게 만드는 역할을 한다. 결국 그는 점점 더 어려운 처지에 놓인다. 심한 운동을 능력치를 넘게 하거나 정신을 차릴 수 없도록 아플 때를 생각하면 된다. 상황이 심각할수록 아무 것도 들리지 않는다. 즉, 사람은 힘듦 안에 푹 빠져서 제대로 판단, 행동하지 못한다. 즉시 하던 것을 멈춰야 하지만 그럴 수 없다면 결국 완전히 무너지고 쓰러지면서 어쩔 수 없이 멈춘다. 그리고 과거에 쏟아부었던 노력들은 야속하리만큼 물거품이 되어 사라져버린다. 마치 이제는 완전히 도태된 것 같고, 무척 아프고 괴롭다. 하지만 그렇게 쉬는 시간을 가져야 자신을 돌아볼 수 있고, 내면의 소리를 들을 수 있고 내일을 기약할 수 있다. 지금의 나를 뛰어넘는 성장은 이러한 과정이 수반되어야 가능하다. 수련도 마찬가지이다. 지겨우리만큼 매일 같은 수련을 수십 년 반복하는 과정엔 성장만 있는 것이 아니다. 열심히 할수록 오히려 실력이 더 떨어지는 순간이 올 때에 잠시 쉬면서 그 에너지를 모아 고비를 넘겨야 능력이 훌쩍 올라가는 것을 체험할 수 있다.

나는 수십 년간, 공부와 운동은 당연히 열심히 했고 목숨을 건 외공, 내공, 그리고 도수련에서 단 한 순간도 빈틈을 보인 적이 없었다. 만약에 도수련 중에 찰나의 빈틈을 허용했다면 나는 수백 번 목숨을 잃었을 것이다. 나의 계획 안에서 그리고 내 안에서 하는 모든 것을 나는 완벽하게 컨트롤했다. 그러나 나는 내 밖에서 벌어지는, 즉 누군가와의 관계로 이뤄지는 일에서는 부족함이 많은 사람이었다. 나의 한 제자가 내게 한 말 중에 인상적인 것이 있다. 사부님은 영화 〈포레스트 검프(Forrest Gump)〉의 포레스트와 같으면서도 다르다는 말이었다. 극 중 포레스트는 걷기 어려운 신체적 장애와 지능이 평균 이하인 지적 장애를 갖고 태어난 남자로, 어떠한 상황에서 일반적인 사람들이라면 하지 않을 생각과 행동을 하지만 그의 우직함이 오히려 처지를 더 나은 결과로 이어지게 만든다. 그러나 내 경우는 외공과 내공을 동시에 수련할 수 있도록 최적화된 신체, 인간의 범주 안에서 가장 컴퓨터에 근접한 우수한 지능은 내가 왕검이 될 수밖에 없는 조건이었다. 덕분에 난 보통 사람들이 어떤 상황에서 느끼는 감정을 그 순간에는 느끼지 못하는데, 그 감정은 7~10일 정도가 지난 후에야 문득 올라오곤 한다. 생명이라면 자연스레 느끼는 감정조차 난 내가 그 상황을 논리적으로 100% 이해하였을 때가 되어서야 느낄 수 있었다. 그 정도로 나는 보통의 사람들과 매우 다르다.

 그러면 포레스트처럼 평균에서 벗어나 있는 나 역시 일반적인 사람이라면 하지 않을 생각과 행동을 우직하게 했을 경우, 내 결과도 그처럼 좋을까? 아니다. 현실에서 나의 특이함은 내 처지를 더 나쁜 결과로 이어지게 만들었다. 그래서 제자는 내가 포레스트와 굉장히 유사하면서도 정반대의 케이스라고 빗대어 말했던 것 같다. 내 삶이 한 사람의 것이라고 보기엔 기막혔고, 그런 일들이 이 책에 다 적을 수도 없이 참 많았기에, 내 삶을 살아갈수록 이 세상을 뜨고픈 마음은 커져만 갔다. 당시엔 매 순간 힘들었지만, 그 또한 더 높은 레벨의 왕검이 되기 위한 현실판 수련이었다고 생각한다. 그러나 또 한편으로는 내가 겪은 그 모든 어려움이 인간으로서 부족한 나를 하나씩 채워가는 과정이었던 것 같다. 만일 젊은 나에게 누군가가 너는 이런 게 부족하다고 말을 해주었어도 나는 아마 못 알아듣거나 귀담아 듣지 않았을 테니까 말이다. 말해줘서 모르면 직접 경험해서 아는 수밖에 없지 않은가. 다만, 그 작은 선택이 어찌하여 그리 큰 일로 커졌는지 당시로서는 알지 못했던 부분에서 아쉬움이 남기도 하다.

내 경우 처음엔 손 한 뼘의 차이만큼 비슷해 보이는 선택지 A, B 중 하나를 택하여 그 길을 가다보면 한 뼘의 차이가 하늘 꼭대기, 바다 밑, 땅 아래처럼 전혀 다른 결과로 벌어졌다. 누군가 내게 모든 사람이 선택한 작은 일들이 이처럼 큰 결과로 이어질 수 있냐고 묻는다면 아니라고 답하겠다. 지구에 수많은 사람이 살고 있지만 그 중에서 어떤 영역에서 중요한 역할을 가지고 태어난 자는 소수이다. 대부분의 갑남을녀에겐 인생을 바꿀 선택의 기회가 자주 오지 않으며 무슨 선택을 한다 하여도 삶의 방향이 크게 바뀌지 않는다. 그러나 세상에서 어떤 큰 역할을 맡은 소수는 선택의 기로에서 남들처럼 하나를 고르고, 그 길을 따라가 보면 그 끝은 남들과 달리 처음에 상상할 수 없었던 결과로 이어질 수 있다. 그래서 세상엔 자신의 성공을 소개하면서 많은 사람들에게 자기처럼 인생이 바뀔 수 있다고 말하는 사람들이 있으나, 모두가 그렇게 한다 해서 그처럼 되진 않는다. 그들이 모르는 점은 세상 사람들에겐 대부분 자신처럼 인생이 크게 바뀔 수 있는 기회 자체가 잘 주어지지 않는다는 점이다. 반대로, 대부분의 사람들은 어찌되었든 사는 게 비슷하지만 큰 역할이 주어진 사람일수록 작은 선택에 따라 결과적으로는 지나치다 싶을 정도로 유별난 일을 경험하게 될 수도 있다. 물론 나 역시 어릴 때엔 이것을 몰랐다. 그래서 크게 고민하지 않고 골랐던 작은 선택들이 죽을 고비를 여러 번 넘길 정도로 내 인생을 송두리째 바꾸는 결과를 낳았다.

고3 졸업을 앞두고 수도권의 한 면사무소에서 근무하는 과거에 천재로 유명했던 형을 만난 적이 있었다. 그는 1960~70년대에 TV나 신문에 떠들썩하게 소개되던 천재였으나, 지방대를 나와 공무원으로 조용히 지내며 살고 있었다. 그는 찾아온 나를 보며 너는 앞으로 어찌할 것이냐고 묻던 게 아직도 인상 깊은 기억으로 남아 있다. 초등학생부터 나는 장학사나 선생님들께 나를 가르칠 사람도, 내게 도움을 줄 사람도 한국에 없다며 미국과 같은 큰 나라로 가야 한다는 말을 많이 들었다. 그러나 난 초등학교 3학년 가을의 어느날 청계천 근처 육교 위에서 우리나라에서 남의 도움 없이 나 스스로 공부하기로 마음을 먹었다. 훗날 예상치 못하게 준비하던 공부를 하지 못하게 되면서 이런 생각을 한 적이 있었다. 내가 자라면서 들었던 많은 제안을 받아들였다면, 그래서 유학도 가고 장학금과 후원도 받았다면 내 삶이 어땠을까 하는 생각 말이다. 누군가의 작은 도움이라도 받아서 좀 더 나은 선택을 했다면 분명 내 삶은 덜 힘들었겠지만, 아마 나는 힘든 도수련을 할 수 없었을 테고, 이번 생은 마지막이 되지 못했을 것이다. 사는 게 편하고 좋은데 뭣 하러 그 힘들고 지루한 수련을 매일 같이 50여 년 했겠는가.

학생 신분일 땐 좋은 사람들을 많이 만났었다. 그러나 앞서 말했듯이 젊은 시절의 나는 융통성도 없었고 사람과의 관계 면에서 부족함이 많았다. 고려대학교 전기공학과에 재학 중일 때 전공 시험에서 문제의 질문이 단편적이라 판단될 땐, 간단히 답을 적은 후 내가 새롭게 문제를 만들고 답을 시험지 뒷장에 적어 제출했다. 그렇게 시험을 보거나 레포트를 제출하면 교수님들은 나를 따로 부르곤 하셨다. 돌아보면 미안하게도 나는 교수님들이 부를 때, 많은 경우는 가지 않았다. 사람과 관계하는 게 내키지 않았고 중, 고등학교 때 선생님들의 수많은 업무를 수년간 대신 한 경험 때문에 선생님과 관계 맺기가 꺼려지기도 했다. 한 번은 어떤 교수님의 자택에서 동기들과 함께 저녁 식사를 한 적이 있었는데, 교수님은 나를 2층 서재로 따로 불러서 대학원 진학 후 자신의 연구실로 오면 훗날 교수 자리를 물려주겠다고 한 적이 있었다. 그러고는 자신의 아들을 불러서 내게 소개하며 자기 아들을 잘 부탁한다고 했다. 석사 과정 동안 자신의 책을 바탕으로 전공 책을 내가 새로 쓰면 공동저자로 이름을 올려 준다고까지 했다. 그리고 나는 그 책을 쓰기만 하면 될 정도로 내용을 어느 정도 다 만들어 놨었다. 그분이 가장 사랑하는 자기 아들을 내게 부탁할 정도로 나를 좋게 봐주셨지만, 훗날 내 어머니의 방해로 그분과의 약속을 지키지 못하고 그 좋은 제안은 수포로 돌아갔다. 나는 내 나름 생각으로 옳다고 한 행동이었지만 지금 생각해보면 내 안에서의 생각이었고 그것은 말도 안 되는 이상한 결과로 이어졌다.

과정을 설명하면 이러하다. 교수님 댁에서의 저녁 식사 때 교수님의 사모님이 우리 집에 방문하여 앞으로 나의 혼사나 석, 박사 과정에 대해 이야기를 나누자고 했었다. 그 후 나는 방문을 기다렸지만 어머니는 내게 아무도 나를 찾은 사람은 없었다고 하였다. 융통성이라곤 전혀 없던 젊은 시절이어서 나는 교수님께 무슨 사정이 있으신지 먼저 찾아가 묻지도 않았다. 교수님 내외를 기다리는 내게 어머니는 방문자가 없다는 거짓말을 3번 이상 계속했지만, 실제로 교수님 사모님은 우리 집에서 어머니와 나의 앨범 사진을 보면서 많은 이야기를 나누며 차를 대접받고 가셨다. 평생 거짓말을 하지 않는 나는, 내 인생을 늘 방해하던 어머니가 내가 교수가 되는 것이 싫어서 적극적으로 거짓말을 했으리라곤 상상조차 할 수 없었다. 그리고 어머니는 그 사실을 내가 훗날 결혼을 하고 자녀를 가지게 되어서야 실토하였다. 그때서야 어머니는 더 이상 내가 박사나 교수가 될 수 없을 거라고 확신을 했던 것 같다. 나는 늘 많이 공부하고 싶었는데, 고등학교도, 대학교도 내 마음처럼 가지 못했듯이, 결국 대학원도 진학하지 못했다. 그때 그런 어머니의 말을 듣고 아직 안 늦었으니 교수님을 찾아가 이야기를 나누고 대학원도 진학하면 되었는데 나는 그런 생각은 아예 하지 못했다. 그래서 집안도 꽤 부유하고 학점도 좋고 교수님들께서 서로 자기 연구실로 오라고 하는, 즉 모든 게 쉽게 될 것 같은 조건에서도 나는 어이없게 공부를 못하고 다른 길을 걸었다. 나를 걱정하고 챙기는 여러 사람들에게 조언을 구하고 도움을 요청했다면 달라졌을 결과지만, 융통성도 없고 홀로 직진만 하는 나는 그리 하지 않았다. 어머니가 거짓말을 하여 일을 만든 것은 맞지만 원치 않는 결과를 만든 건 나 자신의 선택이었다. 그리고 당시 난 내 삶이 이상한 방향으로 흘러가기 시작했다는 것을 전혀 알아차리지 못했다.

대학 마지막 학년, 대학원을 진학하는 학생들을 대상으로 대기업에서 산학장학생 지원자를 모집하던 시기였다. 현대, 엘지, 삼성 세 군데의 장학생 모집에서 학점이 높은 순서대로 지원을 하였는데 나는 복학생 중에 가장 학점이 높았으므로 어디든 응시할 수 있었다. 현대의 조건은 박사 과정까지 전액 장학금에 책값까지 지원하며, 박사과정 기간까지만 회사에서 근무하면 되고 중간에 그만두면 받은 장학금 원금만 돌려주면 된다고 하였다. 괜찮은 조건 같았다. 하지만 교수님은 내게 교수가 될 생각이 있다면 산학장학생 시험을 보지 말라고 하셨다. 회사의 돈을 받다보면 공부와 멀어질까 싶어 해준 조언이었다. 그 말을 들었어야 했는데, 그러지 않았고, 나는 장학금을 선택했다. 다른 나의 가족들은 모두 돈에 대한 걱정 없이 사는데 가난한 집 아들도 아닌 내가 왜 굳이 산학장학생을 기어코 신청했는지 지금도 알 수 없다. 나를 지켜본 어떤 제자의 말로는, 관계를 원치 않거나 의논 없이 혼자 결정하는 사람들은 많은 경우 이기적인 선택을 하기 때문에 애초에 남들과 의논을 하나 안 하나 차이가 없고, 누군가의 조언을 많이 구하고 주변을 걱정하는 사람들은 대부분 자신보다 남을 위한 선택을 하기 때문에 과정에서 어려움이 있어도 의논했던 이들의 도움을 받으며 잘 지나가곤 한다고 했다. 하지만, 나의 경우는 의논 없이 혼자 결정하는데, 정작 선택은 나 자신을 위한 게 아니라 내게 관심도 없는 주변인들을 위한 것이라 본인에게 나쁜 결과를 낳는 것이라 하였다. 맞는 말 같다. 지금 생각해보면, 내 삶에서 내가 저지른 가장 큰 잘못은 나를 위한 선택을 좀처럼 하지 않은 점인 것 같다.

나는 산학장학금을 신청하기로 마음을 먹고, 삼성과 현대를 견학했다. 숭례문 쪽에 있는 삼성 건물은 겉으론 깨끗해 보였지만 안으로 들어가 보니 책상이 철제였다. 나는 철제 책상을 좋아하지 않는데다가 견학 중 손가락을 다쳐서 피를 보았다. 그러곤 현대를 견학하러 갔는데 광화문의 현대 사옥은 건물이 아담했다. 디자인이 뛰어나고 들어가서 보니 나무로 만든 책상이 목제였다. 공간도 널찍하고 근무 환경이 좋아보였다. 집에서 버스를 타고 왔을 때 현대가 삼성보다 한 정류장 짧았다. 정말 별 것 아닌 이유로 나는 집에 등록금을 요구하기보다는 산학장학금을 받는 것을 선택했고, 삼성이 아닌 현대를 선택했다. 그리고 신기하게도 나는 교수님의 우려처럼 교수가 되는 길이 아닌 돈을 버는 길을 걷게 되었다. 본래 나는 현대에서 장학금을 받으며 석사, 박사까지 쭈욱 공부하려 했다. 그런데 장학금 지급을 집행하는 현대의 부서 담당자의 실수로 나의 대학원 입학금 지급이 지연되었고, 아버지 또한 입학금 걱정은 말라 했지만 갑자기 마감일에 돈을 못 준다고 통보하였다. 학교나 회사에 다른 방법을 알아보거나 잠깐 입학금을 빌릴 누군가에게 전화 한 통만 했어도 쉽게 풀릴 일이었는데, 융통성 없는 나는 그 중요한 대학원 진학을 다음 해로 미루는 선택을 했다. 어느 날 정신을 차려보니 나는 교수님의 연구실이 아닌 현대 사무실에서, 그리고 웬 벤처기업에서 근무하고 있었다.

장학금은 나도 모르는 사이, 내 삶을 다른 방향으로 틀기 시작했다.

현대에 다니기 시작한 지 반 년 정도 되었을 때, 어느 날 퇴근하고 보니 아버지가 의논도 없이 내 방의 벽을 허물고 있었다. 어이가 없었다. 덕분에 결혼한 여동생의 집에서 2주간 출퇴근을 하였다. 그러다가 여동생의 지인과 내 회사 동료의 소개팅을 주선하면서 뜻하지 않게 그것이 내 결혼으로 진행되었다. 어느 날 내가 출근한 사이 두세 번 만난 여자가 우리집을 찾아와 어머니와 형제들에게 나와 결혼하게 해달라고 몇 시간을 울다가 갔다고 하였다. 무턱대고 나를 좋아한다는 그 말이 나는 소박한 진심처럼 느껴졌다. 내 감정조차 며칠이 지나야 느끼는 나는 내막을 모른 채 사람이 어떻게 누군가를 그리 한순간에 좋아할 수 있는지 신기했다. 그리고 상대가 독립운동가 집안이라는 게 참 좋게 보였다. 나는 뭔가에 홀린 듯이 3개월 만에 생각지도 못한 결혼을 했다. 회사 사람들은 내게 처가가 아주 부자냐고 물었다. 그 말이 무슨 뜻인지도 몰랐었다.

결혼 전날, 나의 고민은 남들과 너무도 달랐다. 접촉을 극도로 싫어하여 결혼 전날까지도 한 방에서 접촉하며 어찌 지낼지를 고민했다. 지금 생각해보면 말도 안 되는 고민이고 결정이었다. 그런 걱정을 할 것이면 아무리 상대가 막무가내로 원한다 해도 결혼을 하지 말았어야 했다. 그것은 결국 상대에게도 좋지 않은 선택임을 그땐 알지 못했다. 결혼 직후, 처의 외할머니가 자신이 꾼 꿈 이야기를 내게 해준 적이 있었다. "손녀가 자네를 만나고 왔다던 날. 내가 꿈을 꾸었는데, 길을 가다가 다른 집 추수한 볏짚 위에 놓인 고운 옥 신발을 봤어. 나는 얼른 나의 치마 속에 옥신을 몰래 숨겨서 가슴을 조리며 집까지 가지고 왔지."

그리고 할머니는 평소 알고 지내던 스님을 찾아가 그 꿈 이야기를 하면서 내 사주를 보고 결혼을 결정, 진행시켰다고 하였다. 내게 한 마디 상의도 없이 집주소나 나의 사주를 알려준 여동생이 야속했다. 할머니의 그 말을 듣고 결혼 상대가 나를 정말 좋아한 게 맞는지, 할머니의 계획으로 행동한 것인지 혼란스러웠다.

결혼 이후 공부 뒷바라지에 대한 약속은 지켜지지 않았고 난 생활비를 벌기 위해 잠깐 다닐 계획이었던 현대를 1년 더 다녔다. 그리고 대학원 진학이 아닌 변리사 시험 준비를 위해 현대마저 그만 두었다. 당시 현대의 특허전담부서를 그만 두는 나를 보고, 변리사 합격생들이 가장 가고 싶어 하는 곳에 있으면서 왜 거꾸로 퇴사하고 변리사 시험을 준비하느냐는 말을 들었다. 그때 그 말을 신중히 듣고 결정했어야 했는데, 나는 점점 더 안 좋은 결정을 하였다. 그 당시 내 나이는 20대 후반에 교수님들은 아직 나를 기다려주셨기에 아직 대학원을 가도 늦지 않은 상태였다. 하지만 어리석게도 난 퇴직금을 생활비로 쓰면서 변리사 시험 준비를 하였다. 어릴 때 앉은 자리에서 고기를 쉬지 않고 4시간 동안 먹던 나를 가족들이 구경할 정도로 먹성이 좋았지만 결혼 후론 뭐든 혼자 해야 해서 먹는 것도 공부도 쉽지가 않았다. 최선을 다했지만 시험을 볼 때마다 말도 안 되는 일이 벌어지면서 계속 낙방하였다. 마치 내가 시험에 떨어지도록 무언가가 내 손발을 묶는 느낌이었다. 결국 여러 번 변리사 시험에 떨어졌고 30대 초중반, 식구들을 먹여 살려야 하는 나는 다시 취직하기로 마음을 먹었다.

현대에 있을 때 사장에게 제의한 적이 있기도 했지만 당시 나는 어느 회사든지 세계에서 손꼽히는 대기업으로 키울 자신이 있었다. 원서를 넣은 회사 중에 회장님이 나를 찾는다는 비서의 전화를 받은 곳도 있었고 함께 성장할 수 있는 회사들이 있었지만, 난 이번에도 좋지 않은 선택을 했다. 특허 소송에 휘말린 이름 모를 벤처회사를 골랐다. 그 회사는 미국의 4P5T라고 하는 특수 스위치를 불법 복제하여 국내 핸드폰 회사에 납품하다 미국 본사에서 클레임을 걸어 문을 닫게 된 처지였다. 당시 4P5T 스위치는 4,200~4,800만 원의 가격으로 한국에 제품을 팔았는데, 배송도 항공이 아닌 배편으로 물건을 보내어 두 달 이상 지연시키곤 했다. 자기 기술을 지키고 타국의 통신 산업 발전을 막기 위해서였다. 삐삐에서 핸드폰으로 넘어가던 과정에 있던 한국으로서는 4P5T 스위치가 절대적으로 필요했다. 가격은 그들이 부르는 대로 주어야 했으며, 항공이 아닌 배편으로 천천히 보내도 어쩔 수 없었다. 그런데 대당 680만 원의 모조품인 해당 벤처 기업의 스위치는 성능이 좀 떨어져도 1~2주 만에 공급이 되니 날개 돋친 듯 팔렸다. 벤처 기업을 살리는 문제는 우리나라 핸드폰 사업의 흥망을 결정하는 중요한 일 같았다. 결국 나는 좋은 회사들을 제치고. 벤처 기업 사장을 만나 연봉이나 내 직위에 대한 협상이 아닌, 나라에 어떤 보탬이 되는 일을 할 기업인가에 대한 확답을 받고서 근무를 결정했다. 아마 이런 조건으로 계약을 하는 사람은 이 세상에 나 외엔 없을 것도 같다. 하지만 한국 산업에서는 꼭 필요한 일이었기 때문에 나는 내가 그동안 세상에서 받은 도움을 이 기회에 갚는다고 생각했다.

1996년 당시 한국에는 해외특허출원 관련 교육을 받은 자가 극소수였다. 외국 기업과 재판을 해본 사람도, 해외특허를 담당하는 변리사도 몇 없었기에 그 벤처 회사는 미국 소송문제로 문을 닫을 수밖에 없었지만, 운 좋게도 나를 만나게 되었다. 나는 한국의 첫 번째 국제 특허출원 PCT 첫 교육생이었으며, 따라서 해외 방어출원을 할 수 있는 몇 안 되는 사람이었고, 언제든지 특허청이나 관련 공무원, 직원과 식사를 주선할 수 있는 위치에 있었기 때문이다. 그러나 남은 날짜는 42일. 벤처 회사의 상황이 급했다. 사장은 내게 4P5T 스위치 클레임에 대한 전권을 주었다. 하지만 난 내 실익을 챙기는 일엔 관심이 없었다. 관리부장의 말에 따라 당시 내 또래 직급인 과장 직급으로 일단 일을 시작했다. 방어출원을 준비하며 긴박하게 20여 일을 보냈다. 그런데 어느 날. 특허청 부근의 특허사무소 여러 곳에서 연락이 왔다. 미국 RF회사의 부사장이 한국에 와 특허청 주변을 전부 뒤지며 내 뒷조사를 하고 있다고 했다. 처음엔 놀랍지 않았다. 이전에도 나를 본 종교 관계자들이나 여학생들의 아버지들이 흥신소를 통해 대학, 중, 고등학교에서 나에 대해 물으며 뒷조사를 했기 때문이다. 그런데 그 미국 부사장은 남달랐다. 초, 중, 고등학교뿐만이 아니라 내가 졸업한 사대부국 이전에 1학년 과정을 다녔던 효제국민학교와 내가 태어난 종로 동네, 3~5세에 살았던 전라도 장흥까지 내려가 조사를 했다. 놀라웠다. 아마 그들은 당시 한국기업의 상태를 보건대 쉬울 것이라 예상했던 클레임이, 상대편 담당자인 나에 대해서 조사할수록 일이 쉽지 않을 것 같아 더 깊이 조사를 했던 것 같다. 나는 한국에서 본안소송까지 7년을 버틸 수 있다고 특허사무실 쪽에 소문을 퍼뜨렸다. 미국 측은 소송해봐야 실익이 없음을 알았을 것이다. 결국 벤처 기업은 소송 없이 한국 모든 통신업체에 스위치를 원활히 납품할 수 있게 되었다.

  회사에 필요한 일이면 나는 팔을 걷고 나섰고, 외부에서 60억 원 이상의 투자를 유치해왔다. 회사는 급속도로 성장했다. 핸드폰이 처음 판매되던 시기였는데 해당 기술과 관련하여 전반적인 내용을 아는 사람은 나밖에 없었다. 때문에 정부 관계자나 외국 업체 손님을 모두 내가 상대하였다. 점심 후에는 6개 부서의 팀장들을 불러서 개발사항을 점검했다. 저녁을 먹고는 서울이나 경기도, 멀면 강원도까지 세미나에 참석했다. 회의를 주관하는 중소기업진흥청에서는 나를 대우해주었고 언론에서는 통신 관련 칼럼을 써달라는 요청을 해왔다. 한국의 모든 기업이 통신에 대해 문외한이었으므로 나는 한 기업을 골라 작정하고 가르치기로 했다. 내 생각엔 삼성이 제일 나은 것 같았다. 나는 삼성 연수원 강당에 대리급 이상, 사장까지 전원을 부른 후 무료로 통신 강의를 해주었고 그들은 이를 촬영하였다. 나의 강의 비디오는 중소기업에서는 당시 필수 교육자료였는데 초기에 삼성이 돈을 받는단 말에 적절치 않아 보여 그럴 거면 내게도 강의료를 내라고 하였다. 그 이후로는 돈을 받지 않았다는 말을 들었다.

  그렇게 약 2년간 정신없이 일했다. 심지어 일요일이면 '한풀'이라는 전통 무예 수련을 위해 하루 종일 몸을 혹사시켰다. 나는 하루가 멀다 하고 운전하며 잠을 잤고 문득 눈을 떠보면 내 차가 고속도로 중앙벽을 타고 올라가고 있었다. 주변의 차들은 놀라 멈춰서서 내게 괜찮냐고 경음기를 울렸다. 이런 일은 자주 있었다. 많이 일할 땐 하루의

20~22시간을, 평소에도 18시간을 일했기 때문이다. 나뿐이 아니라 회사 직원 대부분이 열심히 일했다. 회사는 벤처기업 대통령상을 받고 몇 회사를 흡수하며 점차 커지고 있었다. 직원 모두 혹사당하고 있었다. 하지만 한국에서는 그 회사 말고는 제품을 만드는 곳이 없었기에 모두 열심히 일했고, 연구소에는 내가 있어야 직원들이 편안해했다.

당시 우리는 한국의 전자통신이 유럽식과 미국식 중 무엇을 선택할지 기로에 서 있었다. 정보통신부에서는 각 회사별로 의견을 물었고 대표이사 회의, 연구소장 회의, 연구팀장 회의를 주최하였다. 나는 다른 통신 관련 모든 회의를 모두 참석하는 유일한 한국인이었기 때문에 연구소장 회의에서 미국식과 유럽식 중 결정을 해야 했다. 유럽파들은 내가 그쪽 손을 들어주길 원했다. 그들은 수적으로 많았고 기술적으로도 앞서 있었으며 당시 많은 부분을 차지하고 있었다. 하지만 나는 한국이 발전을 하려면 미국을 따르는 것이 옳다고 생각했다. 당시 정보통신부에서 통신방법을 주도하던 한국산업진흥기술협회 팀장과 이야기해서 CDMA로 결정하기로 했다. 그 당시엔 비록 기술 수준이 낮았지만 상업화가 용이하고 미국인들이 상대하기가 더 수월하며 미국이 경제적으로 더 이득이었다. CDMA는 해커에 취약해서 많은 사고 위험이 있었지만 모든 기술이 그러하듯 초기에는 부작용이 있을 수밖에 없다. 그때 유럽파 몇 명이 내게 이렇게 말했다. "이제 우리 유럽파는 찬밥이고 통신은 미국 출신들만 독점하겠군"이라며 씁쓸해했다. 나는 정보통신 분야가 미국판이 되리라 생각은 했지만 몇 년 후가 될 것이라 예상했으나 그렇지 않았다. 어느 새 모든 통신회의는 미국 출신의 유학생들로 가득 찼다.

나는 벤처기업에 다니는 동안 내 직위나 연봉에는 관심이 없었다. 사장을 만나면 국내 5순위 안에 드는 대기업으로 만들어 줄 테니 직원 교육, 상품 개발과 동시에 핸드폰 사업에 뛰어들어야 한다고 말하였다. 그러나 사장은 손님들과 골프 접대를 위해 자주 회사를 비웠다. 그러다 중요한 일이 벌어졌는데, 어느 날 해외 업체에서 연구소를 보기 위해 손님들이 온 것이었다. 당시 중소기업 화웨이였다. 답답한 사장은 연구소 도면조차 비밀이던 때에 무슨 생각인지 화웨이 사람들에게 연구소 안을 모두 다 보여주라고 지시했다고 했다. 나는 연구소 문 앞에 서서 중국말로 화를 내는 화웨이 사람들을 막아섰다. 그러나 안타깝게도 내가 자리를 비운 사이에 결국 화웨이 사람들이 우리 연구소 업무 담당 직원마다 1:1로 배치되어 연구실 내부 모든 것을 자세히 보고 갔다는 이야기를 들었다. 기가 막혔다. 처음에 나를 보았을 때는 소송만 막아주면 뭐든 하겠다며 절실하게 매달리더니, 배가 부르자 사장은 골프와 접대 외에는 관심이 없는 것 같았다.

어느 날, 나를 감시하는 두 명의 남자가 회사에 채용되었다. 놀랍게도 그들은 수련을 하여 힘이 세 보이는 나를 제압하고자 사장이 고용한 특수부대 출신의 경호원이라고 했다. 그리고 보니 어느 날부터인가 사장은 나를 멀리하기 시작했고 나의 의견은 사장에게 전달되지 못했다. 나는 멍청하게도 경영회의에서 제외되고 나서야, 나의 직급이 매우 낮음을 알았다. 회사를 사장처럼 일하며 키우면서도 여전히 내 직급은 과장이었다. 자기 회사와 계약하자는 수많은 스카웃 제의도 마다하며 내 안위를 살피지 않고 회사도 살려놓고, 여러 명의 일을 혼자 해왔건만, 사장은 고마움을 몰랐다. 내 입장에선 서운한 일이겠으나, 한국의 핸드폰 사업에서 보았을 땐 딱 거기까지가 내 역할이었다. 나는 벤처기업에 사직서를 냈고, 소식을 들은 연구소 직원들과 가족들은 내게 연락하여 어느 곳으로 가든 따라가겠다고 하였다. 이때만 해도 내가 뭐든 하면 될 거라고 생각했다. 하지만 굳센 나의 의지로도 어찌할 수 없는 진짜 시련이 나를 기다리고 있었다.

내공, 기의 세계

1996년 초. 벤처기업을 입사한 해에 배달 시대부터 6천 년 째 내려온 우리의 전통 무예 '한풀'을 배우기 시작했다. 한풀을 가르치는 인검 김 선생은 일본에서 건너온 자신의 스승에게 무예를 배웠다고 했다. 그는 한풀 동작 중에 내공 수련 자세가 포함되어 있다는 것을 모르고 있었다. 놀라운 것은 전통 무예의 비기가 기초준비동작 안에 숨겨져 있었다. 비기를 대놓고 동작의 시작 부분에 넣은 것은 마치 고려청자를 개밥그릇으로 써서 지켜낸 것과 같은 이치였다. 김 선생은 일본에서 건너온 재일교포 스승에게, 그 스승은 일본에서 다케다 소가쿠 재일조선인 스승에게 한풀 무예를 전수받았다. 배달 시대부터 내려오던 6천 년의 무예가 200~300년 동안 일본으로 건너가 있다가 다시 한국으로 들어와 그 맥을 잇게 되었고 그 무예를 내가 익히게 되었다. 배달 시대의 무예가 6천 년을 건너 내게 전해지다니 이 얼마나 짜릿한 일인가. '전부'가 아니고 '부분'이며 '모든'이 아니고 '어떤'이지만 나에게는 충분했다. 물론 초등학교 4학년, 얼음 위에서 태권도 발차기를 할 때 발에서 기운이 나오는 것을 느낀 이후로 내공 수련은 쉼 없이 늘 해오던 것이었다. 그러나 전통 무예를 접하면서 나의 내공 수련은 말 그대로 일취월장했다.

어느 날, 김 선생은 어느 제자에게도 보여준 적 없는, 눈살이라 불리는 한풀의 최고 비기를 내게 사용한 적이 있었다. 눈살은 상대의 몸에 전혀 손을 대지 않고도 눈빛만으로 제압할 수 있는, 무예를 극상으로 익힌 자가 펼치는 최고의 기술이지만 나는 아무렇지도 않았다. 김 선생은 매우 당황하였고 그 후 눈살 동작을 3번이나 내게 사용했지만 역시 나는 이전의 제압당하던 상대 사범들과 달랐다. 눈살이란 수련을 하다 내공 실력이 최고봉에 이르렀을 때, 도의 세계를 아주 살짝 맛을 본 정도의 기술이었다. 김 선생처럼 어떤 동작을 하기는커녕 그냥 마음만 먹어도 시공간을 변하게 할 수 있는 도수련자인 내게 그런 방법을 쓰다니 먹힐 리가 만무했다. 어린 나이에 도에 들어 쉼 없이 도수련을 하고 있는 내게 눈살이라니. 10개월 된 아기가 기어 다니다 이제 막 잡고 일어서서 축구의 황제에게 신이 나 발 구르는 재주를 뽐내는 셈이다. 그렇다고는 해도 내게는 여전히 김 선생에게 배울 것들이 있었다. 김 선생에게는 김 선생 본인도 미처 모르는 6천 년 수련의 비기가 조각조각 남아 있었기 때문이다.

태권도를 배웠던 원일 체육관에서 원장, 관장, 사범들이 도장 홍보 사진 촬영을 한 적이 있었다. 공중 2단 옆차기 동작만 몇 시간 반복해야 하는 고된 촬영이기 때문에 처음엔 50세쯤 된 관장과 젊은 사범들이 70세가 넘은 원장님을 걱정하였다. 그런데 2시간이 지나자, 관장과 사범들은 숨이 차서 자세가 흐트러졌지만 나이 많은 원장님은 너무도 한결 같았다. 그는 내공을 사용할 줄 아는 사람으로, 발차기를 할 때에 제자들과 달리 기를 사용했기 때문이다. 외공 수련자가 2시간, 길면 6시간을 싸울 수 있다면, 내공 수련자는 2박 3일을 쉬지 않고 싸울 수 있다.

초등학교 4~5학년 때인가, 내공을 익힌 사범이 있다는 소문에 합기도 도장을 찾았고 종종 사범들의 대련을 보곤 했다. 합기도 외공을 익힌 사범은 대련할 상대 사범을 매우 두려워했다. 상대는 단순 외공 무술인이 아니라 내공을 쓸 수 있는 사람이었기 때문이다. 그처럼 내공의 기를 전혀 모르는 사람은 아무리 격투기 선수처럼 외공 실력이 뛰어나다 한들 내공 무술인을 이길 순 없다. 태권도나 유도와 같은 외공으로 사람을 한 번 치면 뼈가 부러지거나 살이 찢어지겠지만, 내공 수련자가 기로 사람을 한 번 치면 상대는 뱃속의 내장이 파열되어 죽거나 뼈가 형체 없이 으스러져 죽는다. 한풀 김 선생의 스승은 어느 시골에서 어떤 이에게 꽈시라는 기술을 행했다가 상대가 그 고통이 너무 커서 초인적인 힘으로 자살을 하였는데, 그 몸이 스스로 땅에 반쯤 들어가며 죽었다. 신문엔 경찰이 그 시신을 보고 겉으로 다친 곳이 없어 하늘의 헬기가 떨어지며 사람이 땅에 꽂힌 것으로 보고 근처 비행물체를 수

색했다는 기사가 났다. 꽈시는 나의 손가락만으로 상대의 손을 잡고 제압하는 내공의 고급 기술이다. 유도의 업어치기가 상대의 몸과 많이 접촉하여 메칠 수 있다면, 내공에서의 꽈시는 나의 엄지와 검지 손가락으로 상대의 손을 잡아 메쳐서 내동댕이칠 수 있다. 접촉 면적이 유도의 1/100보다 작다.

지금까지의 이야기로 본다면 외공과 내공이 매우 달라 보일 것이다. 그러나 그 둘은 사실 같다. 외공은 힘으로 상대를 쳐서 멀리 보내는 것이고 내공은 기로써 상대를 내 앞으로 제압하는 것이다. 그러니 둘 다 상대를 제압하는 무공이다. 외공을 궁극으로 익히면 수련자 자신도 모르게 신체에서 내공의 기가 방출된다. 태권도 발차기에서 발바람이, 검술의 검에서 칼바람이 나오는 게 바로 기이다. 중국 무술 영화에서 무술인이 손으로 치자 상대가 멀리 나가떨어지는 것을 보고 장풍을 쏜다고 하는데, 장풍이 손에서 나오는 게 아니라 실제론 기를 사용한 것뿐이다.

그렇다면, 내공은 어떻게 익히는가? 일반인은 바로 내공을 수련할 수 없다. 먼저 사람의 몸이 바로 서야 한다. 즉 외공 수련부터 해야 한다. 만약 누군가 외공을 10대에 시작하였다면 20대가 되었을 때 외공의 전성기를 보이지만, 내공 수련은 이제 시작하는 단계이기 때문에 내공의 기는 아직은 쓸 수 없다. 내공은 기본 자세를 익히는 데에만 3년의 시간이 필요하고, 기 사용이 가능하려면 최소 10년의 수련 시간이 필요하기 때문이다. 그래서 30대가 되면 외공으로서 스피드는 현저히 떨어지겠지만 그제서야 내공 수련을 한다고 말할 수 있다. 그렇게 쉬지 않고 수련하여 40대가 된다면 좀 더 강한 내공의 기를 쓸 수 있게 된다. 그렇게 쉼 없이 수련하면 70세에도 원일 체육관 원장님처럼 젊은 사범들보다 나은 모습을 보일 수 있다. 게다가 내공의 기는 사람의 몸을 보호하므로 사람이 늙어도 체격이 변하지 않으며 아프지 않고 살 수 있다.

그런데 이쯤에서 이런 생각을 하는 이가 있을지도 모르겠다. 외공의 최고봉에서 내공을 살짝 체험할 수 있다면, 내공의 최고봉에선 더 높은 무엇을 체험할 수 있을까에 대한 생각 말이다. 나의 한풀 김 선생이 눈살을 비기로 사용한 것처럼, 내공을 익혀 높은 수준이 되면 일부의 도를 살짝 맛 볼 수 있다. 나타나는 현상이 살짝 도와 같다. 외공, 내공이 몸을 건드려야 상대를 제압할 수 있지만 도는 접촉이 필요 없기 때문이다. 그리고 내공은 동작이 부드럽고 호흡을 이용하기 때문에 마치 도수련자의 자세와 유사해 보일 수 있다. 게다가 내공에서의 기와 도에서의 기, 그 둘은 기라는 명칭을 같이 쓴다. 그러나 명칭만 같을 뿐 내공의 기는 도의 기와 완전히 다르다. 내공의 기는 사용하는 기요, 도에서의 기는 생명이다. 앞서 말했듯이 내공도 역시 무예이므로 상대를 제압하는 것이고 자신의 몸을 단련할 뿐이지만 도는 상대를 제압하지 않는다. 도는 자신을 극복하는 일이다. 도수련은 걸으면서도 하고 서서도 앉아서도 하지만 누워서도 할 수 있으며 마치 명상과 유사하다. 그리고 무엇보다도. 외공을 극상으로 익히면 내공의 기가 방출되기도 하지만, 내공을 극상으로 익힌다 하여도 도에 들 수는 없다.

벤처기업에서 한가할 때에는 하루에 18시간, 바쁠 땐 20~22시간을 근무했다. 남의 회사를 한국의 5대 기업을 만들겠다며 내 회사 이상으로 일했다. 남들은 쉬는 날이면 정말 쉰다고 하지만, 나는 그 와중에 일요일이면 수련을 하였다. 새벽 운동을 마치고 여러 번 대중교통을 갈아타며 어김없이 한풀 수련소로 갔다. 수련하러 가는 날 아침이면 잠시 후에 겪을 육체적 고통 때문에 내 의지와 상관없이 손이 사시나무처럼 떨렸고 나는 손을 옷 속에 감추었다. 수련을 마치고 집에 가는 길엔 물에 불은 솜같이 된 나의 축 처진 몸을 역시 옷 속에 감추고 버스 안에서 휴식을 취했다. 살면서 한 번도 놀라거나 떨어본 적이 없는 내가 손이 저절로 떨릴 정도라는 게 어떤 것인지 일반인은 가늠하기 힘들 것이다. 전통무예 한풀은 내·외공을 겸비하였기 때문에 태권도와 같은 외공과는 비교할 수 없다. 예를 들어 무예에서 몸수련 중, 말 그대로 죽음에 가까운 극한 상황에 이르면 항문에서 똥물이 흘러내릴 정도로 온몸의 구멍이 열리는 경험을 하는데, 모든 근육이 거의 죽음에 이르러 그 기능을 상실하여, 괄약근도 몇 주나 몇 달 동안 풀려 있기 때문이다. 수련 중에 어제도 오늘도, 똥물이 줄줄 흐르면 운동하다 말고 수돗가에서 바지나 속옷을 빨아야 했다. 그렇게 몸이 열린 날은 그다음날 아침까지 몸이 굳어서 사람의 의지로는 전혀 움직일 수 없다.

  나는 다음날 기필코 기상하기 위하여 똥물이 흐른 날 밤엔 침대에 눕지 않고 소파 끝자락에 누워 있었다. 몸의 모든 구멍이 열려서 육체는 절대적으로 휴식을 취해야 했지만 나는 무시했다. 오히려 잠들지 않기 위해서 2시간 이내로 소파 위에서 잠시 휴식했다. 아침이 되면 아무리 의지가 강한 나여도 몸을 가눌 수 없기에 온 힘을 다해 소파 위의 몸을 한쪽으로 쏠리게 하여 바닥으로 쿵하고 스스로 떨어졌다. 그 충격으로 내 몸을 깨운 후, 기어가듯 화장실까지 가까스로 들어가 샤워기로 20~30분간 찬물을 맞으면 세포들이 꿈틀거리기 시작하여 조금씩 움직일 수 있었다. 그렇게 똥물이 나온 다음 날 수련소에 기어코 운동을 하러 가면, 나를 가르치는 선생까지 놀라곤 했다. 그 누구도 똥물이 나오게 몸이 열린 때에는 수련하러 나오지 못하기 때문이다. 나는 그런 식으로 꾸준히 수련하여 단 한 번의 지각, 결석 없이 사범 수련을 마칠 수 있었다.

한풀 수련소에서 가스버너를 놓고 하루 5번 고기를 구워먹으며 아침 8시부터 저녁 9시까지 쉬지 않고 수련하였다. 외공을 익힐 때에는 많은 에너지가 필요하기 때문인데, 그렇게 2시간마다 운동하고 바로 옆에서 구워놓은 고기를 먹고 다시 바로 운동하길 반복하면 온몸의 뼈가 녹는 듯 노곤하였다. 외공은 수련이 몹시 힘드나 그 육체의 고통은 중독성이 있다. 우리 수련자들은 이런 수련은 우리가 마지막일 것이라는 이야기를 나누곤 했다. 앞으로 누가 우리처럼 이렇게 몸이 고통스러운 데에 고액의 돈을 내고 다니겠느냐는 것이었다. 우리는 손가락 잡는 법, 손가락의 위치, 발의 각도, 몸통의 방향 등 세심하게 바른 자세를 잡고자 애를 썼다. 나는 새벽에 혼자일 때면 벽면의 거울과 움직일 수 있는 거울을 옆에 놓고 3면에서 내 스스로 나의 동작을 누차 확인하곤 하였다. 발의 위치에 따라 중심이 바뀌고 그 약간의 변경이 몸과 파워를 결정하며 손가락의 작은 움직임에도 온몸은 같이 움직이게 되기 때문이다.

만일 누가 그렇게 수련하여 몸에 쌓은 기를 언제 사용하였는지 묻는다면, 다음과 같은 이야기를 들려준다. 도의 마지막 단계에 들고 얼마 후 제자를 가르치기 시작하였는데, 그때 아픈 제자들을 나의 기로 치료해주거나 제자들을 산에 데려가고 산에게 부탁하여[16] 자연의 기운을 그들의 몸에 넣어 주기도 했다. 이것은 맑은 기운을 사용한 예다. 그리고 내 젊은 시절, 군대에서 막 제대하였을 때인데, 그땐 특이하게도 나의 탁한 기운을 사용했다. 매봉산에서 키우던 진돗개를 데리고 매봉산을 걷는 중에 정체불명의 남자 둘을 만났는데 그들은 총과 칼로 무장을 한 상태였다. 내가 자신들을 보았다며 어찌 죽여야 할지를 둘이 의논하기 시작했다. 그 둘은 말로만 듣던 살인병기였다. 한 명은 나를 조용히 죽인 후 번거롭지 않게 근처에 파묻을 곳이 있어야 한다고 말했고 다른 한 명은 자기 혼자 처리할 테니 신경 쓰지 말라고 했다. 사람의 목숨을 두고 그리 쉽게 죽일 것을 논하다니 나는 화가 났다. 며칠 후 우연히 지뢰 탐침 중인 살인병기 한 명을 보았다. 나는 놈의 뒤로 갔다. 그리고 내 몸 안에 있는 모든 탁한 기운을 불러내었다. 나는 밝은 기운을 좋아했기 때문에 어려서부터 몸 안의 탁한 기운을 배출하고 몸 안을 밝은 기운으로 가득 채우려고 노력했다. 그런데 처음으로 내 몸 안의 탁한 기운을 쓰려니 많지는 않았지만 놈을 가둘 만큼의 탁한 회색의 기운이 스멀스멀 내 몸에서 나왔다. 부정형의 그 기운을 놈

---

16 일반인에게는 낯선 표현일 수 있으나 도에 든 자에게는 아주 자연스러운 표현이자 행동이다.

에게 보내서 그 살인 병기를 기운으로 에워싸도록 했다. 사람들은 잘 모르지만 우리가 무언가를 가둔다는 것은 철창이나 폐쇄된 문이 아니라 공간이다. 동물원에 있는 맹수는 철창에 갇힌 것이 아니라 공간에 갇힌 것이다. 나는 그 인간병기를 나의 탁기로 공간 안에 가두었다. 순간 탐침을 하던 놈은 동작을 멈추었다. 나는 고요히 숨을 쉬며 주변의 공간을 가라앉게 만들었고 나의 숨소리조차 놈에게 들리지 않게 하였다. 몇 시간이 지나자 탐침하던 모양 그대로 굳은 놈은 오줌을 싸기 시작했다. 나는 그에게 죽음조차 두려워하지 않으니 영을 없애겠다고 하였다. 20대엔 나의 수련 정도가 깊지 않았어도 그 정도의 능력이 있었다. 하지만 난 그를 놓아주었고 조용히 집으로 돌아왔다. 그 날 이후, 약 두 달간 나는 그가 어떤 작은 방에서 괴로워하는 것을 보았다. 그러나 그것은 당연한 결과였다. 어떻게 귀한 사람의 목숨을 그렇게 하찮게 여긴단 말인가. 살인병기 그 둘의 행동은 정말 잘못된 것이었다.

내공의 기는 3가지 종류가 있지만 현재 세상엔 요가라고 불리는 내부 스트레칭 형태만 알려져 있다. 요가는 기를 내부에서만 순환시키는 것으로, 기의 순환을 통해 건강을 유지하거나 상처가 빨리 낫게 할 수는 있으나 어떤 위력을 발휘할 수는 없다. 외공으로 신체를 바로 세우고 내공 수련을 하면 처음엔 손바닥에서 기가 나오기 시작한다. 이것이 두 번째 종류의 기이다. 일반인은 보통 기를 방출한다면 그것을 거짓인 줄 알거나 장풍과 같은 형태라고 상상한다. 기를 방출하면 그 상대방이 기를 방출한 사람으로부터 멀찍이 떨어지게 되는데 이를 외부에서 보면 마치 장풍을 발사하여 상대가 나가떨어지는 형태로 보이기 때문일 것이다. 사람마다 타고나길 기를 잘 느끼는 사람이 있는데 이들이 약간의 연습을 하면 기감을 체험하기도 한다. 이를 기 방출로 오해하고 잘 모르는 상태로 사람을 치료하거나 가르칠 수 있다. 기가 방출되기 위해서는 수 년의 외공으로 몸을 세운 후 다시 십 년 이상의 내공 수련을 해야 가능하다. 실제로 기 방출이 가능한 이는 보기 어렵다고 볼 수 있다.

  나머지 하나는 축기이다. 축기에 대해서는 내가 알기론 동서고금을 막론하고 아는 자가 없다. 몸에 기를 쌓고 싶은데 그 축기법을 몰라서 도를 닦겠다며 산에 들어가 바위에 종일 앉아 있고 하는 것인데, 자연과 내 몸의 기가 통하는 경지가 되지 않고는 십수 년을 바위에 앉아 있어도 자연의 기를 내 몸으로 가져올 순 없다. 그냥 느낌에 기가 흐르는 것 같은 기분이 들 뿐이다. 나의 경우엔 도수련 중에 자연에서 강력한 기운이 나를 찾아온 적이 있었으나 나는 그것을 받아들이지 않았다. 2010년 안산[17] 수련터에서 어떤 기운이 내게 들어왔을 때 그것은 서울을 두 번 정도나 뒤엎을 수 있을 만큼의 강력한 기운이었다. 훗날 그 일을 도반에게 이야기하였더니 그는 그 기운을 빨리 돌려 자신의 것으로 만들지 않았냐고 안타까워하였다. 내가 땀 흘려 쌓은 기운이 아니면 그것이 아무리 뛰어난 선물이라 한들 도를 닦는 자가 욕심을 내어 무엇 하겠는가. 신교는 강한 기를 자기 안에 쌓으려 노력하는 도교와 달리 기가 나를 통과하게 한다. 내가 곧 자연이 되는 순간, 우

---

[17] 서울 서대문구 봉원동 소재 해발 295.5미터의 산.

주의 기를 언제든 사용할 수 있는데 뭣 하러 내 안에 기를 쌓겠는가. 그리고 그 당시에 나를 찾아온 그만큼의 기운은 수련으로 이미 내 안에 있었다.

기라는 단어는 누구나 한 번쯤은 들어봤으나 제대로 알고 있는 사람이 없다. 현 시대에는 과거와 달리 수련자를 보기 어렵지만, 옳게 수련하는 자는 더욱 만나기가 어렵다. 내가 만든 신기도는 우리 신교를 바탕으로 한 것이고, 도교와는 완전히 다르다. 도교 중 일부나 기수련 관련한 일부 사람 중에서 축기를 위해 좋지 않은 방법을 쓰는 자들이 있다. 그들이 나쁜 행위를 하는 이유 중 하나는 축기를 하고 싶으나 그 방법을 몰라서이다. 때문에 오래된 나무의 뿌리가 있는 땅을 파내고 들어가 나무의 생명을 흡수하거나, 동물이나 심지어 사람, 특히 여자 수련생을 사범으로 훈련시켜서 기를 만들어 준 후에 그들의 생명의 기를 빼낸다. 참 안 좋은 건 그렇게 기를 뺏긴 상대는 얼마 가지 못해 생명을 잃게 되고, 그렇게 살아있는 귀한 남의 생명을 뺏은 자는 축기라고 해봐야 얼마 쌓지도 못한다. 이러한 방법으로 축기를 하는 것은 그 효율이 매우 낮기 때문이다. 그런데도 우매한 이들이 이러한 과정을 나름 수련이라 하여 술을 아무리 먹어도 취하지 않는다거나 이성과 성관계를 아무리 많이 해도 괜찮다며 자랑을 하거나 몇백 년 오래 사는 것이 목표라고 떠든다. 어차피 죽으면 또 태어날 것을 몇백 년을 살다 죽으면 뭐 하는가. 그처럼 나쁜 짓을 하면 다음 생에 그 죄에 대한 벌을 받게 됨을 몰라서 그렇다. 이것은 지극히 옳지 못하다.

그러나 신교는 자신의 기를 격발시키는 도교와 달리 나의 기를 안으로 안으로 침잠시키며 자신의 몸이 세상 안에서 하나의 통로가 되는 수련법이다. 처음에 그 수련이 지난하고 성과가 미비하지만 꾸준히 정진하면 이 세상의 두 가지 기운인 탁한 기운과 맑은 기운 중 맑은 기운으로 자신을 만들 수 있다. 이러한 수련법은 배달 시대인 6천 년 전부터 이어져온 것이며 환인 시대인 9천 년 전에도 있었을 것이고 우리의 문명이 전 문명을 이어받은 것이니 2만 년 전에도 있었을 것이다. 이처럼 내공의 기수련은 이어져 내려오던 맥이 근래 끊겨서 현 세상이 잘 모를 뿐, 인류의 오랜 문명과 함께 하였다. 그러나 내공과 도를 함께 배울 수 있는 신기도는 선천개벽 이래 아니, 그 전 문명 이래 없던 것을 이번 세대가 처음으로 보는 것이다. 내공 외공은 비슷하지만, 내공과 도는 완전히 다르고 게다가 그 둘을 동시에 수련하는 것은 인간으론 불가능하므로 외공에서 내공으로, 다시 내공에서 도로 인도하는 신기도는 말 그대로 세상에 없던 학문이다. 뒤에 이야기하겠지만 지금의 세대는 왕검이 여는 후천개벽을 함께 하고 있다.

나의 죄는 무엇인가?

나의 제자가 어릴 적 부모의 학대로 인해 삶의 방향이 엇나가면서 나이를 먹은 지금까지도 현실에서 어려움과 혼란을 겪는 것을 보고 조언을 해준 적이 있다. 그런데 상대에게 조언을 해줄수록 그 이야기기 내 삶과 크게 다르지 않다는 것을 알게 되었다. 그 순간, 한 변호사가 했던 말이 떠올랐다. 나는 그 변호사에게 고통스러워하며 이렇게 물었다. 도대체 내가 무슨 죄를 지었냐고. 나를 보는 이가 없더라도, 누가 알아주지 않더라도, 내가 손해를 보더라도 늘 옳은 일을 택하였다. 그런데 내가 왜 이런 일을 겪는지 이해되지 않았다. 변호사는 나의 질문에 이렇게 답하였다.

"당신의 죄는 나쁜 사람들을 곁에 둔 것입니다."

맞는 말이었다. 바라는 것 없이 소처럼 일하는 나를 이용만 하는 사람, 고마운 줄 모르는 사람, 받기만 하면서 더 많이 주지 않는다고 불평하는 사람, 내가 목숨이 위태로울 때 그런 나를 모른 척한 사람, 위기에 처한 나를 돕기는커녕 내가 가진 것을 거짓으로 빼앗아가는 사람을 옆에 두고 그들을 위하며 살고 있었다. 그리고 나는 내 사주를 보고 모두 한결같이 40살에 죽은 사람이라고 말하듯, 죽을 수밖에 없었던 40살의 시련을 향해 가고 있었다.

벤처기업을 그만 둘 때 즈음, 아버지의 대장암이 재발하여 임종이 가까워졌다. 내가 학교 선배의 직위를 빼앗는 것 같아 계속 고사하였던 연구소장직을 사장이 다른 이를 채용하여 넘기면서 사장과 그 주변인들, 나의 관계는 점차 멀어지고 있었다. 게다가 내가 사회와 국가를 위해 열정을 바쳤던 벤처기업이 예상과 다른 방향으로 나갔기 때문에 그곳에 있기가 싫어져서 사직서를 제출했다. 그 즈음 어릴 적 동네 친구

X에게 동업 제의를 받았다. X는 나보다 나이가 어린 친구로서 늘 친동생처럼 돌보고 보호하고 공부까지 도와주던 아이였다. X가 건설업을 할 때에도 나는 가서 몸을 쓰는 건설 노가다나 서류 작업 같은 궂은일을 해주었지만 보수를 받은 적이 없었다. 나는 X가 내게 나쁜 생각을 가지고 접근하였다고는 상상조차 할 수 없었다. X가 제안한 동업을 허락한 것도 이처럼 내가 X를 돌봐주는 연장선이었다. 그가 제안한 사업은 표지판 제작 사업이었다. 당시엔 서기 2000년을 앞두고 대대적인 표지판 교체가 있었으며 특히 신도시에 많은 수요가 있었다. 수요는 엄청난데 경쟁도 심하지 않았고 특별한 기술을 요하지도 않았기 때문에 X와 함께하면 잘 할 수 있으리라 생각했다.

X는 나와 공동 대표로서 지분을 5:5로 했다. 나는 벤처기업에서 받은 퇴직금을 X와 약속한 대로 투자금 명목으로 X 명의의 통장에 이체하였다. 그런데 퇴직금은 바로 사라졌다. X의 말로는 자신에게 빚이 있었는데 채권자들이 돈을 빼갔다고 하였다. 그러더니 지분을 5:5가 아니라 5.5:4.5로 하자고 하였다. 그러고는 나를 공동대표에서 제외하고는 혼자 대표를 하였다. X는 약속한 동업 조건을 처음부터 하나도 지키지 않았다. 지금 생각해보면 그때 서로를 위해 그만두었어야 했는데 나는 X를 위해 내가 참고 일을 도와야 한다고 생각했다. 옳지 않은 결정이었다. 나를 대표에서 제외하는 바람에 정부에서 수주를 받기로 한 일을 진행할 수 없었다. 그래서 난 삼성물산의 실무 담당 과장인 친구를 찾아가 삼성의 전국 공사장에 물품을 납품할 수 있게 해달라고 하였다. 상대는 내 이름으로 된 사업자등록증을 가져오면 요청을 들어주겠

다고 하였다. 그래서 X에게 그를 소개시켜줬더니, X는 얼마 후 나 모르게 그를 따로 찾아가 별도의 관계를 맺었다. 이때라도 X의 파렴치한 행동에 동업을 그만두어야 했는데 나는 X가 어리고 미련해서 그러려니 하며 그에게 기회를 더 주어야 한다고 생각했다. 그리고 바보처럼 나는 계속하여 내 뒤통수를 치는 X의 회사를 위해 최선을 다해 영업을 뛰었다. 나중에 알고 보니, 내가 연고가 없는 강북을 맡아 영업을 하는 동안 X는 약속과 달리 기존 시장이 있는 강남마저 영업하지 않고 몇 년간 집에서 편히 쉬었다고 하였다.

그 와중에 아버지가 돌아가셨다. 용산병원에서 임종하셨는데 임종 전날 내가 아버지 곁을 지키고 있었다. 아버지에게 집에 가서 좀 자고 내일 아침에 오겠다고 말씀 드렸더니 나를 보고 웃었다. 아버지 몸에는 여러 개의 링거액이 들어가고 있었다. 멀티캡만 세 개였다. 그 상태라면 웃는 것은 매우 어려운 일이었는데 나를 보고 활짝 웃었다. "아버지 일찍 올게요."라고 나가며 아버지의 웃는 모습을 보았다. 내가 가고 아버지는 몇 시간 후에 임종하셨다. 그 사이에 어머니는 수간호사에게 자식들의 DNA 검사를 2번이나 부탁했는데 형이 그것을 모두 취소시켰다는 말을 나중에 들었다. 동거 후 결혼한 어머니는 복잡한 우리 혈연관계 속에서 삼형제의 친자 여부를 전부 의심했고, 이를 재산 분배에 유리하게 이용하기 위해 DNA 검사를 요구한 것이었다. 지금 생각해보면 이런 안 좋은 일들이 내게 곧 일어날 안 좋은 일들의 전조였던 것 같다.

아버지가 돌아가시기 얼마 전 나는 큰 교통사고를 당했다. 나는 상주 역할을 위해 병원에 입원한 지 2일 만에 퇴원하여 장례를 치렀다. 벤처기업을 그만 둔 지 1년 반이 되어갔지만 당시 직원들 7~8명이 찾아와 장례식장 일을 도왔다. 형과 동생이 있었지만, 일이 바쁜지 장례일을 거들지 못했고, 내가 제대로 걷지도 못하는 몸으로 궂은 일들을 도맡아야 했다. 그리고 이 일을 시작으로 4년 동안 2번 더 장례를 치렀고 동시에 큰 교통사고가 2번 났다. 기가 막힌 일이었다. 상주가 되기 며칠 전마다 어김없이 난 교통사고를 당하고 아픈 몸으로 입원하지 못한 채 상을 치르고, 다시 몸을 치료하기도 전에 그 다음 교통사고를 또 당하였다. 그렇게 내 몸은 철저히 망가지고 있었다.

  나의 몸은 몹시 상해 있었다. 그때 몸을 잘 추스렸어야 했는데 어리석게도 나는 내 몸보다 남을 생각했다. 난 쉬지 않고 X와 하는 엉터리 동업의 영업과 현장 근무로 몸을 더욱 혹사시켰다. 현장을 혼자 감독했기 때문에 극도로 지쳐있었는데 멍청하게도 나는 남들도 다 나 같은 줄 알아서, X가 다른 현장에서 일을 하고 있는 줄만 알았다. 일을 끝내고 나는 체력이 소진되어 움직이기도 힘들었다. 마지막 점검을 X에게 나가라고 했는데 녀석은 시간이 없다며 내 부탁을 거절했다. 어쩔 수 없이 하루를 더 일하고 진이 다 빠진 상태로 일을 해서인지 몸이 잘 움직이지 못할 정도가 되었다. 그때 나는 몸이 많이 잘못된 것을 느꼈다. 나는 수십 년간 수련했기 때문에 내 몸을 잘 알고 있었다. 한동안 나는 움직이지 못할 것을 알았고 음식이 필요하다는 것을 알았다. 가까운 일식집에 가서 초밥 정식을 시켰다. 몸 안에 양분을 저장해야 했는데 기력이 다 빠진 몸은 밥 알생이 몇 개조차 받아들이지를 못했다. 혼자 식당에 앉아 진땀을 흘리며 초밥 한 접시를 2시간 40분 동안 먹었다. 집까지 겨우 가서 눕고는 2일 동안 움직이지 못했다. 3일째 날 병원에 갔는데 간호사가 나를 보더니, 어찌 사람 몸이 이 지경이 되도록 놔뒀냐며 내게 그렇게 살면 안 된다고 눈물을 글썽이며 화를 냈다. 나는 일주일을 그 병원에서 링거를 맞고 집에 누워 있기를 반복하였다.

    몸을 회복한 후 나는 X와의 사업을 접기로 했다. 그땐 X가 부족하여 안 좋은 선택을 하는 것이니, 내가 용서하고 더욱 사랑으로 보살피면 언젠가는 나아지리라 믿었다. 그래서 끝까지 나는 X와의 마무리를 좋게 하겠다며 알짜 사업을 하나 따내어 X에게 주었다. 그러나 X는 초기 투자금으로 이체했던 나의 벤처기업 퇴직금을 돌려주지 않다가, 2년이 지나서야 일부만 돌려주었다. 하지만 나는 계속 그를 용서했고 사랑했고 여전히 동생 같이 생각했다. 비슷한 시기에 친구에게 학원을 함께 하자는 동업 제의도 받았다. 처음엔 나에게 열과 성을 다해 여러 조건을 제시하며 함께 학원 사업을 하자고 설득하였으나 역시 그도 나를 필요한 만큼만 이용하고 내게 제의했던 약속을 지키지 않았다. 생각해보니 대학생 때, 한 친구가 내게 화를 낸 적이 있었다. 주변에 나를 뜯어 먹으려는 나쁜 놈들만 있는데 왜 나는 그들을 가까이 두냐는 것이었다. 그땐 그게 무슨 말인지를 잘 몰랐었다. 나는 내 곁으로 오는 사람들을 위해 많은 조언과 도움을 주었다. 그러나 나중에 내 형편이 기울고 내가 힘들어지자 그들이 먼저 나와 멀어졌다. 나쁜 것을 멀리하라는 조언을 받은 적이 있었지만 내가 그것을 이해하지 못했고 사람을 구별하여 사귀지 못했으며 그 대가를 점점 더 무겁게 감당해야 했다.

심지어 X는 나의 상속 재산과 관련하여 법적 분쟁까지 일으켰다. X는 나의 상속재산의 매수자와 짜고 서류를 위조했다. 나는 나의 재산을 지키기 위해 매수자를 고소했으나 어느 순간에 나는 무고죄를 저지른 피의자가 되어 있었고, 어느 날, 법정에서의 검찰 진술 후 수사관이 내 손에 수갑을 채우며 날 매수자에 대한 무고 혐의로 긴급체포하였다. 나는 도저히 그 상황이 이해되지 않았다. 나는 절망적인 상황에 처했으나 가족은 도움이 되지 않고, 친구들은 연락이 안 되고, 핸드폰은 압수당했으니 전화를 사용할 수도 없었다. 즉결심판을 받으러 갈 때에 차량에 탑승하며 숙부가 소개해 준 사무장을 통해 탄원서 한 장을 넣는 일이 내가 할 수 있는 일의 전부였다. 즉결심판에 따라 나는 바로 교도소로 갈 수도 있는 상황이었다.

내 차례가 되어 검정 고무신에 수갑을 차고 포승줄에 묶인 상태로 재판장 앞에 섰다. 재판장은 여성이었고 일요일이어서 사람은 많지 않았다. 그런데 그건 어디서 많이 본 풍경이었다. 그때 순간적으로 떠올랐다. 그 장면은 고등학교 때 내가 미래를 본 것 중 하나였다. 나는 그 당시 재판장에 서 있는 50살쯤 되어 보이는 어떤 남자가 몸이 포박된 채 재판을 받고 있는 미래의 한 장면을 봤다. 그러나 10대의 나는 그의 뒷모습과 옆모습을 보았음에도 그 장면의 주인공이 나인 줄은 전혀 몰랐다. 그 사실을 마흔 살이 된 내가 재판장 현장에 서서 문득 알게 된 것이었다. 심각한 순간임에도 기가 막힌 웃음이 났다. 내가 어린 시절부터 미래를 본들 무엇 하겠는가. 그 순간을 피할 수도 없는데 말이다. 다른 사람인 줄 알았던 장면의 주인공이 바로 나라니. 쓴웃음을 참으며 고개를 숙이고 있었는데 불구속 재판 판결이 났다. 재판장을 나와 경찰서로 돌아와서 내 옷을 찾아 입고 나와 귀가했다.

다음 날 변호사에게 전화하여 어찌 된 일인지 물었다. 변호사는 내게 조서를 신청해서 확인해보라고 하였다. 검찰청에 가서 조서 확인 신청서를 제출했지만 일부만 복사해주었다. 그 일부를 보고 X가 나에게 불리한 거짓 증언을 하여 죄를 덮어씌웠다는 것을 알았다. 조서만 읽어보면 나는 영락없는 죄인이었다. 화가 치밀어 올랐다. 다른 것보다 평생을 내가 동생처럼 보호해주고 도와주고 돌보아주었던 그런 X가 나를 기망했다는 사실에 분노를 금할 수 없었다. 나는 X에게 전화를 했다. X는 계속 뚱딴지같은 소리만 하였다. 나는 화가 너무 난 나머지 몸의 반쪽이 굳어가는 것을 느꼈다. 풍이 온 것이다. 4년 동안 아버지, 나를 키워줬던 외할머니, 그나마 친했던 장인의 장례를 치르는 동안 항상 큰 교통사고를 당하였고, 입원도 못하고 아픈 몸으로 장례를 지냈기 때문에 나의 몸은 이미 엉망이었다. 그러나 나는 그 아픈 몸으로 긴급체포를 당하고 모든 것이 X가 미리 짜놓은 거짓 연극임을 알게 되니 풍이 온 게 이상한 일은 아니었다. 나는 순간 몸 안의 기를 돌려서 몸이 심각하게 굳는 것은 막았다. 그러나 이미 나의 몸은 만신창이였다. 풍이 온 것은 그저 내 몸이 바닥을 찍으며 죽음으로 갈 것임을 알리는 신호탄일 뿐이었다.

나쁜 일은 거기서 그치지 않았다. X에게 기망을 당할 당시 나는 벤처기업을 나와 사업을 하고 있었는데, 당시 내가 하던 음이온 회사는 큰 투자를 받은 상태였다. 재일조선인 투자자였는데 그는 우리 제품을 보고 동업한 동료와 이야기를 나누더니 별 상의도 없이 회사 계좌로 5억 엔을 송금하였다. 2004년 당시 우리 돈으로 약 60억 원이었다. 그는 죽기 전에 좋은 일을 하고 싶어 했고 나는 400억 정도면 충청도에 훌륭한 특목고를 지을 수 있다고 제안했다. 그는 돈 걱정을 하지 말라고 하였다. 주변에서 그의 현금 동원력이 손정의보다 위라는 소문이 있었다. 사람들은 우리 회사를 보고 로또를 맞았다며 부러워했다. 그러나 우리 음이온 회사의 동료가 투자 받은 60억 원을 가지고 해외로 도피하는 일이 벌어졌다. 내가 아버지 상과 교통사고를 당하며, 긴급체포까지 당해 정신 없던 판국에, 이런 일까지 벌어진 것이다. 더욱 운 나쁘게도 재일교포 투자자는 몇 년 후 죽었고 투자금 회수와 관련하여 일본의 야쿠자에게서 연락이 왔다. 이것이 정말 내 현실인가 싶도록 믿기 힘든 일이 여기저기서 터졌고 한 순간에 나는 나락으로 떨어졌다.

4년 동안, 3번의 장례와 3번의 교통사고, 친동생이나 다름없는 친구의 기망으로 인한 긴급체포와 풍으로 굳어버린 몸, 사업 동료의 투자금 횡령과 도피까지, 안 좋은 모든 일이 동시에 일어나자 내 몸은 말을 듣지 않았고 나는 침대에 누워 꼼짝도 못했다. 어느 순간, 호흡이 되지 않았다. 코로도, 입으로도 숨이 전혀 쉬어지질 않았다. 그리고 정신이 아득해졌다.

나는 죽었어야 했나?

2003년 겨울. 갑자기 벌어진 내 현실은 소설보다 더 소설 같았다. 연이어 끔찍한 일들이 벌어졌고, 회사도 잘못되어 갔고, 학원 운영도 엉망이었다. 무엇보다도 X에게 당한 기망으로 내 마음은 분노로 가득 찼다. 수십 년의 수련으로 다져진 내 몸이지만 몇 년간 계속되는 충격에 내 육체는 말을 듣지 않았다. 당시 나의 처제는 암 투병 중이었는데 장모는 처제의 집을 봐준다며 처제의 아이 둘을 아파서 누워 있는 나의 집으로 보냈다. 내 자녀에 조카들까지 아이들 5명이 뛰어 놀았다. 시체처럼 숨도 못 쉬고 누워만 있는 내 주위에서 아이들은 뛰어다니며 나를 밟기도 했지만 나는 정신이 아득하여 입도 뻥긋할 수 없었다. 코로도, 입으로도 공기는 몸 안에 들어오질 못했다. 누가 물 한 모금이라도 가져다줬으면 했다. 그러다 시간이 지나자 물이 아니어도 좋으니 누가 죽어가는 내 손이라도 잡아줬으면 싶었다. 며칠째 숨을 아예 쉬지 못하는데 나는 여전히 죽지 않고 정신을 잃다 차리다를 반복했다. 내 옆엔 아무도 없었다. 괴로웠다. 방안에 조금이라도 바람이 불어 그 바람에 호흡 한 숨이라도 할 수 있길 절실히 바랐다. 하지만 아이들은 누워서 움직이지 못하는 내가 무섭다며 방문을 닫았다. 그나마 있던 공기의 흐름조차 없어졌다. 이제 나에겐 죽을 일만 남았다. 그러나 나는 죽지 않고 숨도 없이 그냥 누워만 있었다. 내 상태가 무엇이란 말인가. 이것이 내게 온 시험이라면 내 의지는 추호의 흔들림도 없다고 다짐해 봤지만, 나는 다시 정신을 잃었다.

99년 겨울에 몸이 아팠을 때에는 그래도 있는 힘을 다해 기어가다시피 동네 병원을 찾았다. 의사는 몸이 이 정도인데도 병원까지 혼자 온 게 용하다며 어서 큰 병원의 응급실로 가 입원해야 한다고 했다. 간호사는 사람 몸이 이 지경이 되도록, 이렇게 살지 말라고 눈물을 흘리고 내게 화를 내며 링거를 놔주었다. 그러나 이후로도 몸은 계속 안 좋아졌고 당시 내 몸엔 저항력이 거의 없어서 입안엔 살아 있는 생물이 아닌, 죽은 미라에만 생긴다는 바이러스가 침투하여 입안에 막을 형성했다. 피부와 같은 막은 입 안 전체를 구멍 없이 막아버렸고 음식을 넣어 삼킬 수가 없었다. 그런 나의 상태를 보고 의사가 신기해하며 간호사를 불러 함께 나를 구경하였다. 미라에만 생기는 바이러스가 사람 입 안에 이런 막을 만들었다고 놀라운 일이라고 말이다. 도움이 안 되었다. 결국 나는 혼자 병마와 싸우는 길을 택했다. 예전에 아버지가 편찮으실 때 드시라고 준비해드렸던 암 환자용 캔 음료를 처가 구입해와 이번엔 내가 하루에 하나씩 입안으로 조금씩 넣었다. 입안 전체를 막고 있는 줄 알았던 막 구석에 아주 작은 구멍이 있었는지 음료는 아주 조금씩 천천히 목구멍으로 넘어갔다. 한 달 후쯤 음료 덕에 기운을 조금 차리자, 입안의 막을 스스로 찢어 뱉을 수 있었다.

그래도 그때는 어쨌든 내 힘으로 이곳, 저곳을 다녔는데 2003년 겨울은 완전히 달랐다. 내 몸의 모든 것이 정지된 것 같았다. 단순히 아프거나 힘이 들어서 움직일 수 없다는 뜻이 아니라 수십 년 간 불굴의 의지로 수련했던 모든 힘을 쥐어짜도 도저히 움직일 수도, 숨도 쉴 수도 없는 상태였다. 침대에 누워 홀로 보낸 몇 달의 시간이 어찌 흘렀는지 지금도 기억이 거의 나지 않는다. 어느 날 정신을 잃은 내가 아득하게나마 정신을 조금 차렸을 때 내가 죽은 것인지, 꿈을 꾸는 것인지, 살아 있는 것인지 모를 정도였다. 그런 상태로 며칠이 지났는지 모를 어느 날. 정신이 잠시 들었을 때 나 자신을 스스로 관찰해보았다. 나는 기관지를 이용한 폐호흡이 아닌 피부호흡을 하고 있었다. 사람인 내가 개구리도 아니고. 어찌 이것이 가능하단 말인가. 당시엔 정신이 없어 생각하지 못했으나, 나중에 몸을 회복하고 내 몸에서 일어난 현상을 돌이켜보고는 직접 겪은 것이니 믿어야 했지만 믿을 수가 없었다.

만약에 내가 수련이 덜 되었던 20대나 30대에 이런 일을 당했다면 어떠했을까? 그때 나의 수준에 폐호흡을 못하면 일반 사람들처럼 나도 그냥 죽었을 것이다. 나중에 명리로 내 사주를 본 사람들이 나를 40살에 죽은 사람이라고 부를 때에 이런 말을 해준 이가 있었다. 사람이라면 응당 죽어야 하는 게 맞지만, 만약에 그가 무덤에 스스로 들어갔다면, 그리고 다시 그 무덤에서 나올 수만 있다면 죽었지만 죽지 않고 살 수 있을지도 모르겠다고 말이다. 사람처럼 폐호흡을 못 했으니 죽은 게 맞고, 대신 피부호흡으로 살아났으니 죽지 않은 것도 맞다. 어쨌든 이 일을 계기로 난 사람이 코로 숨을 쉬지 못해도 바로 죽지 않고, 피부로 호흡할 수도 있다는 것을 알게 되었다. 그리고 그렇게 피부호흡을 2~3일 하고 나니 몸이 조금씩 움직여졌고 나는 말 그대로 죽다가 살아났다.

내가 만든 신기도가 한 명의 인간이 겪은 경험이나 수련으로 만들 수 있는 학문이 아니며 그런 시도를 했다가는 사람은 죽게 마련인데, 나는 도의 세계에서 수백 번의 죽음을 경험한 것뿐만이 아니라 현실에서도 죽음의 강을 건너고 돌아왔으니. 사람이 할 수 없는 일을 한 셈이었다. 피부호흡으로 정신을 조금 차리고 나를 보니 죽지 않고 살았으나 내 현실은 풍비박산이 나 있었다. 후에도 몇 년간 폐호흡을 제대로 할 수 없었다. 폐호흡과 피부호흡이 동시에 일어난다는 건 여간 성가신 일이 아니었다. 어느 하나가 온전히 몸을 감당하지 못하고 서로 섞여 호흡이 일어나다 보니 몸에 많은 부하가 걸렸다.

착하고 우직한 건지, 그냥 바보인 건지. 그렇게 피부호흡을 하자 나는 하루에 한 두 시간은 힘을 바짝 모아 조금 움직일 수 있게 되었다. 그때라도 앰뷸런스를 부르거나 응급실에 가서 병원에 입원을 했어야 했는데, 죽음의 무덤에서 아직 다 일어나지도 못한 나는 가장으로서 가족들을 위해 최소한의 경제활동을 해야 한다고 생각했다. 물을 마시고 그 몸으로 학원에 나가 원장실에 한 시간을 가만히 앉아만 있다가 돌아왔다. 다른 회사는 망가졌지만 학원이라도 살려놔야 가족을 먹여 살릴 수 있다고 생각했다. 이번에도 나는 스스로 노력하여 몸을 회복하는 것을 택했다. 몸 회복을 위해 처음엔 무엇을 해야 할지 생각했다. 내가 배운 모든 것을 생각했지만 내가 아는 어떠한 운동도 호흡도 못하는 당시 내 몸엔 적용할 수 없었다.

간신히 움직일 수 있던 어느 날, 차를 몰고 요가원을 찾아갔다. 가장 적은 힘으로도 수련할 수 있는 운동이 요가였기 때문이다. 있는 힘을 다해 요가를 다닌 지 1년이 넘으니 내 몸이 조금 회복되어 코로 숨 쉬는 비중이 많이 늘었다. 그때 요가 사범이 내 호흡을 점검해주었는데, 그는 손을 내 목에 대더니 갑자기 깜짝 놀라 뒷걸음질 쳤다. 사람의 맥박과 호흡이 아니라고 하였다. 당시 내 호흡은 멋대로 호흡이었다. 들숨과 날숨이 한 번씩 규칙적으로 오가는 게 아니라 3, 4차례 들숨 후에 5, 6차례 날숨과 같이. 들숨과 날숨은 규칙 없이 몰아서 멋대로 오갔다. 그래도 그나마 기관지로 호흡을 하는 것이 어디인가. 이게 매우 많이 좋아진 것인데도 요가 사범은 이런 호흡으로 사람이 어떻게 걸어 다니냐고 내게 물었다. 기수련인 요가를 가르치는 이들도 호흡을 잘 모른다. 그렇게 나는 요가원을 찾아가 2004년 초부터 2006년까지 만 2년 2개월 간 요가 지도자과정까지 다녔다. 그리고 요가의 호흡법이 한풀과 반대임을 알게 되었다.

그렇게 아주 조금씩 몸을 회복하던 어느 날 나는 도반을 만났다. 그리고 그는 내가 몇 년 간 겪은 일을 듣더니 내게 이렇게 말하였다.

"사람에겐 세 개의 울타리가 있거든. 하나는 가족의 울타리이고, 또 하나는 친척과 친구의 울타리, 마지막은 직장과 동료의 울타리야. 너는 그 세 개의 울타리가 모두 깨지다 못해 너를 해하였구나. 그런데 어떻게 넌 아직 살아있지? 그런 경우 사람은 죽게 되어 있거든."

맞는 말이었다. 사람에게 있는 세 개의 울타리가 무너진 것에 그치지 않고 그 울타리가 모두 동시에 나를 해하려 들었다. 이런 생각이 들었다.

"나는 죽었어야 했나."

　벤처기업을 다니면서 한풀 무예를 수련할 때엔 키 184cm에 몸무게 92~96kg으로 외공을 하기 좋은 몸이었다. 그런데 도반의 말처럼 나를 감싸고 있던 세 개의 울타리가 무너지고 험한 일을 당하였을 때 나의 몸무게는 60kg대 중반이었다. 두 달 만에 체중이 30kg 넘게 빠지다니. 한계를 넘도록 몰아세운 수련에 안 그래도 몸이 지쳐 있는데, 아파서 물은커녕 산소도 받지 못하는 동안 내 몸에 있는 장기와 세포 하나하나가 얼마나 힘들었을까. 사람들은 그런 나를 보며 고무줄 몸이라고 신기해했다. 연유를 이야기하면 재미있어 했다. 난 재미있으라고 한 말이 아닌데 내 삶에 대해 공감해주는 이는 없었다.
　난 한순간도 남다른 삶을 원치 않았다. 나는 그저 좋아하는 공부를 하고 가정을 꾸려 남들처럼 복닥거리며 돈이 많지 않아도 좋으니 하루하루 성실하게 살고 싶었을 뿐이었다. 하지만 살면서 나의 몸은 편히 쉰 적이 없었다. 군대에서 수술하였을 때도 한 달 반 만에 체중 30kg이 빠졌으니까 말이다. 5살에 나를 낳아준 어머니가 나를 시장에 버리고 갔던 일부터 쉼 없는 공부와 수련으로 어린 나를 스스로 몰아세웠던 10대의 학생 시절이나 군대에서 말도 안 되는 수술과 사건으로 수없이 목숨을 잃을 뻔 했던 20대, 내가 받은 도움을 국가와 사회에 환원하겠다며 열심히 일했던 30대, 하지만 믿고 사랑했던 친구와 동료에게까지 안 좋은 일을 당했던 40살의 일까지. 세상 사람들을 가르치고 후천개벽을 하려고 내가 이 땅에 왕검으로 왔다지만, 왜 그게 꼭 나여야만 하는 건지. 나도 고통을 느끼는 사람인데 꼭 이렇게까지 괴로워야 하는 건지. 내가 사랑을 준 이들에게 버림받을 거면 도대체 나란 사람은 왜 살고 있는 건지. 이렇게 도반의 말을 듣자 내 삶의 많은 아픔이 스쳐가면서 차라리 난 죽었어야 했나 하는 생각이 들었다.

요가를 2년 넘게 다니면서 호흡을 어느 정도 찾았지만 나는 여전히 잘 걷지를 못하였다. 그래서 집 근처의 안산에 올라 걸으며 몸을 회복하기로 했다. 안산에 오른 첫날, 나는 나무와 바위 등을 붙잡고 발 하나씩 겨우 떼었다. 오른쪽 발뒤꿈치부터 시작하여 발 전체가 땅에 닿아 앞꿈치와 발가락으로 땅을 밀어내기까지 발에 느껴지는 진동이 내 다리와 등줄기를 타고 온 몸으로 전달되었다. 많은 교통사고로 디스크 3개가 나간 척추의 신경을 울리고 머리통까지 진동이 울리고 나면 숨이 턱턱 막혀 난 돌처럼 굳어버렸다. 어지러웠다. 온 몸에 흐르는 식은땀에 막히는 숨을 겨우 몰아쉬며 한참을 나무를 붙잡고 서 있다가 다시 왼발을 떼었다. 최대한 몸이 아프지 않은 방향으로 발을 떼려고 온 신경을 곤두세우며 발뒤꿈치를 땅에 대었다. 다시 땅과 발이 닿는 그 작은 진동이 고장 난 내 온몸으로 전달되며 몸은 식은땀과 고통으로 범벅이 되었다. 너무도 괴로워 더 이상 걸음을 뗄 수도 서 있을 수도 없는 나는 그대로 바닥에 주저앉아버렸다. 사시나무 떨듯 떨며 쪼그리고 앉아 고통스러워하는 내 주변은 조용했다. 등산객들은 나무나 바위를 엉거주춤 붙잡고 괴로워하는 나를 피해 아무도 가까이 오지 않았다. 옆에 아무도 없는 조용한 안산을 한 걸음 한 걸음 내딛는 그 몇 분이 마치 몇 시간, 몇 년처럼 느껴졌다. 가슴은 분노로 가득 차 있고 몸은 고통으로 몸부림 쳐 더 이상 살고 싶지가 않았다. 그때 사랑이 가득 찬 목소리로 나를 부르던 외할머니의 음성이 떠올랐다.

"비님이 오시는구나."

내 조부모들은 자연을 존중하여 비를 높임말로 표현하였다. 의미도 목소리도 그 안에 담긴 사랑도 참 아름다웠다. 40여 년 전의 기억이지만 난 조부모께 사랑받던 나의 어린 시절을 떠올리려 애썼다. 내 현실에선 포기하고픈 나를 잡아주는 끈이 없어도 나의 기억 속엔 아직 남아 있었다. 할아버지와 함께 살던 장흥 바다에서 주운 소라를 귀에 대었을 때 우웅하고 들렸던 바람 소리와 나를 따뜻이 안아주었던 할머니의 품, 라면이 먹고 싶다던 내게 외할머니가 끓여주셨던 수제비 냄새. 어릴 적 내가 받았던 사랑을 떠올리며 가슴에 차오른 분노와 몸의 고통을 이겨냈다. 여기서 포기할 순 없었다. 걸음을 걷는 것조차 괴로워 아무리 많은 시간이 걸린다 하더라도 다시 일어설 것이다. 나는 마음을 모았다. 엉망인 대로 나의 호흡을 가다듬었다. 그리고 나는 다시 오른발 뒤꿈치를 땅에 디뎠다. 그러자 땅의 기운이 나의 발뒤꿈치를 통해 들어와서 발 바깥날 쪽에 잠시 모였다가 발앞꿈치를 통해 밖으로 나가는 것이 아닌가. 살면서 그렇게 많은 걸음을 걸었지만 주변 공간의 기운을 끌어다 쓰는 도사이면서도 난 땅의 기운이 어떻게 내 몸을 통하여 오고 가는지를 알지 못했다.

이번엔 왼발을 땅이 아닌 바로 옆 바위 쪽으로 디뎌 보았다. 그러자 땅에 발이 닿을 때와는 완전히 다른 바위의 진동이 몸을 울리며 새로운 고통이 느껴졌다. 척추가 끊어져나가는 것 같았다. 몸이 고통스러울수록 나의 온 신경은 곤두섰고 나는 산과 땅과 내 몸짓에 따른 몸 안의 변화를 상세히 알 수 있었다. 발의 어느 부위가 어떤 순서로 땅에 닿는지, 발이 땅에 닿는 면적과 시간이 어떠한지, 그때 다리의 모양과 몸의 자세는 어떠한지에 따라서 땅과 내 몸의 기운이 통하는 정도가 아주 달랐다. 수련자가 아닌 일반인도 바른 자세로 그저 걷기만 하여도 땅의 기운과 이처럼 소통할 수 있겠구나. 그렇게 나는 건강하여 걸음이 날렵하던 과거의 내가 몰랐던 것을 고통 안에서 하나씩 알게 되었다. 그리고 나는 다시 용서와 사랑을 택했다. 결혼 초부터 늘 누워만 있는 처를 달래서 데리고 안산을 매일 함께 올랐다. 그렇게 나는 7년간 그녀를 데리고 안산에 오르며 그 몸을 건강하게 만들어 주었다.

 2003년의 죽음에서 피부호흡으로 살아나긴 했지만, 10년간 건강을 찾기 위한 모든 방법을 다 취했어도 여전히 내 몸은 몹시 아팠다. 특히 매년 겨울과 봄 사이에는 내 몸이 쓸 수가 없도록 고장이 나서 꼬부랑 할머니처럼 허리가 펴지질 않았다. 하지만 난 세 아이를 둔 가장이었기에 아파도 누워 있을 수 없었다. 허리가 90도 가깝게 꺾여 펼 수 없는 날이면 무거운 책을 넣은 가방을 어깨에 메고 펴지지 않는 꼬부랑 허리를 가방의 무게로 억지로 뒤로 제껴지게 만들었다. 그렇게 진땀을 흘리며 길에서 가방을 몸 뒤에 매달아 그 무게로 허리를 조금이라도 펴서 한 걸음씩 걸으려 용을 쓰고 있자면, 지나가던 80대의 노인들이 다가와 자신이 뭐라도 도울 수 있는 게 있냐고 묻곤 하였다. 그 정도로 허리가 펴지지 않는 아픈 노인들만이 알 수 있는 고통이었다. 요가를 2년 넘게 하여 폐호흡을 되찾은 후로도 이처럼 몸이 아픈 상태는 8년이나 지속되었다. 서 있어도, 누워도, 걸어도, 그 무엇을 해도 몸은 고통스럽게 아팠다. 그 8년 동안 아픈 몸으로 나는 매일 안산에 올랐다.

그렇게 피부호흡으로 죽음을 면한 지 10년이 지나니 어느덧 내 나이 50살이 넘었다. 생명의 힘이 약해져 도를 더 이상 할 수 없는 50대 중반이 되기 전에 반드시 도를 이루겠다는 나의 목표가 멀게만 느껴졌다. 나는 한 순간도 쉬지 않았는데 왜 난 여태 도수련에서도, 현실에서도, 인간관계에서도 이룬 게 없는가. 내가 사랑을 준 가장 가까운 이들에게까지 아픔을 받으며 내 몸도 마음도 많이 지쳐가고 있었다. 이것을 뭐라 표현해야 할지 모르겠다. 수련에 대한 의지는 단 한 순간도 흐트러짐이 없었고, 현실 세계의 가장으로서 죽어가는 와중에도 온 마음과 힘을 다해 살고 있었지만 동시에 난 정말 살고 싶지 않았다. 그렇게 내 가슴의 열정이 차갑게 식어가자 당연하게 생각하던 것들을 하나씩 내려놓게 되었다. 특히 50대가 된 후부터 난 내가 도를 꼭 이뤄야만 하는지에 대해 다시 생각하게 되었다. 그리고 도를 이루기 위해 수련하고 다시 죽고 또 태어나서 다시 수련하길 반복하며 수천 년의 생을 이어온 나이지만, 꼭 뭔가를 성취하지 않더라도 그저 수련하는 내 삶만으로도 만족스러웠다. 그렇게 난 도를 이루겠다는 나의 마음까지 내려놓게 되었다.

이렇게 보면 내 40대 시기가 고통만 있었던 것 같지만 그렇지는 않다. 그 기간은 내가 더 나은 왕검이 될 수 있는 기회이기도 했다. 내가 계속 건강하기만 했다면, 스승이 가르쳐주는 것을 배우기만 했다면 지금의 내가 될 수 있었을까? 내가 2003년에 죽음을 경험하지 않고 그 직전의 높은 수련의 경지에서 바로 도를 이뤘다면 내 이전에 있던 많은 왕검들과 나는 다르지 않았을 것이다. 재미있는 건, 정작 세상에 다시 없을 왕검이 되기 위해 한 수련은 내가 건강하고 힘이 셀 때 하였던 멋진 발차기나 기를 뿜어내는 동작, 두 손가락으로도 상대를 메치는 고급 기수련이 아닌, 그냥 호흡하고 걷는 것이었다. 아프기 전의 나는 발뒤꿈치를 거의 사용하지 않고 땅과의 접촉을 최소화해 날래게 걸었다. 나도 모르게 한 것이지만, 8~9살 이후로 나는 땅과 내 몸의 기운이 가장 통하기 용이한 자세로 걷고 있었다. 그러나 40살, 죽다 살아난 이후로는 피부로도 호흡하고 규칙 없이 엉망으로 호흡하며 그 안에서 나만의 호흡을 만들었고, 축지법은커녕 돌쟁이 아기가 온 힘을 다해 한 걸음을 떼듯이 30분 거리를 5시간 동안 겨우겨우 걸었다. 그러한 과정 속에서 내 몸이 자연과 어찌 하나가 되어 기가 운용되는지 일반 수련자라면 알기 어려운 것들을 상세히 알 수 있었다. 스승이 없기에 세상이 아직 모르는 무언가를 나 혼자 알아내려면 죽음의 바닥까지 떨어졌다가 맨손으로 하나씩 올라오며 체험해야 배울 수 있다는 것을 깨달았다. 그래서인지 세상 누구도 몰랐던 값진 깨달음은 내가 가장 강하고 잘났을 때가 아니라, 가장 낮은 곳에 있을 때에, 목표를 향해 달려갈 때가 아니라, 모든 것을 내려놓았을 때에 얻을 수 있었다. 나는 이 세상에 다시 없을 왕검이 되어가고 있었다.

제자의 질문

이 세상에 당신과 같은 수련자, 왕검이 또 있는가?

내가 아는 범위 내에서 예전에도 지금도 나와 같은 수련자는 없다. 내공인 기수련과 도수련을 동시에 함께 할 수 없기 때문이다. 외공 수련은 육체의 수련으로 건강한 신체를 바탕으로 한다. 내공 수련은 기초 체력에 더해서 오성(자신이 깨닫는 능력)이 필요하다. 기를 느껴야 하고 기를 운용할 줄 알아야 하니 배우지 못한다면 혼자 이룰 수 없고, 배웠다 하더라도 올바르지 못하다면 어긋나게 된다. 내공 수련은 외공만큼은 아니지만 건강한 육체와 힘을 기본으로 하기 때문에 보통 사람보다 많이 먹고 체구가 커지게 된다. 그러나 도수련 때는 어떠한가. 도수련에 필요한 생명의 힘을 극대화하기 위해서는 외부에서 들어오는 음식물의 양을 극도로 줄이고 줄여야 한다. 세 끼를 두 끼로, 두 끼를 한 끼로. 결국 하루에 먹는 음식이라곤 솔잎 약간과 콩알 세 개 정도가 된다. 육체가 죽지 않을 정도만 먹으며 항시 깨어 있기 위해 잠을 자지 않는다. 수련하는 과정 자체가 외·내공과 도는 완전히 반대이다. 때문에 도수련 시엔 탐·진·치[18]를 버려야 하니 그 수련자의 몸은 피폐해

---

[18] 탐(貪): 탐하지 말고(먹지마라), 진(瞋): 화내지 말고(늘 기다려라), 치(癡): 어리석지 말라(항상 깨어있어라).

지고 뼈와 가죽만 남게 되는 것이다. 그러니 인간이 외·내공과 도수련을 동시에 하는 것은 인간의 몸으로 불가능한 일이다.

수련을 하면 수련자는 일반인과 어떻게 다른가?

외공 수련을 한 자는 한 사람이 두 명에서 네 명의 적을 상대할 수 있고 능력에 따라 열, 스물을 상대할 수 있다. 상대를 쳐서 멀리 보내어 나의 힘을 과시하는 것이다. 이에 반해 내공 수련은 혼자서 열, 스무 명을 상대할 수 있고 사람에 따라 오십 명 이상도 상대할 수 있으며 마른 식량을 먹을 수만 있다면 2박 3일을 쉬지 않고 싸울 수 있다. 내공의 기로 상대를 내 앞으로 데리고 오니 상대는 도망갈 곳이 없게 된다. 그러나 도는 애초에 누군가와 겨루는 것이 아니다. 상대를 이기는 것이 아니라 자신을 아는 것이다. 이길 수 있는 상대는 오직 수련자 자신뿐이다. 신교의 방식으로 도를 수련하여 이루게 되면 본래의 나로 돌아가 현생이 마지막 탄생이 된다. 소수는 왕검처럼 대답하는 자가 될 수도 있다.

도를 이룬 자는 모두 같은가?

도를 이룬 자는 마지막 탄생을 이루었다는 면에서 모두 같지만, 그 이후는 모두 다르다. 도를 이루면 본래의 자리로 돌아가기 때문이다. 사람이 다 다르듯이 사람이 온 자기 본래의 자리도 제각각이다. 도를 이루는 것도 어려운 일이지만 그 이룬 정도와 수준도 같지 않다.

  옛 인도에서 석가모니가 나타났을 때 그의 10제자는 당시 석가모니보다 훨씬 유명한 수련자였다. 그들은 십수 번의 생을 거듭하며 여러 번 태어나 수련이 되어 있었음에도 불구하고 도를 이루지 못한 상태였는데, 이는 그들이 석가모니를 만나기 위해 몇 번의 생을 더 태어나며 그를 기다렸기 때문이다. 때문에 그들이 석가모니를 본 것만으로도 환희에 가득 찰 수밖에 없었다. 그들은 석가모니의 설법을 들을 필요조차 없었다. 그저 그를 보는 것만으로도 도, 궁극의 끝을 갈 수 있었다. 이처럼 도를 이룬다는 것이 인류에서 극소수만 할 수 있는 일이지만, 그 안에서도 정도의 차이가 매우 다르다. 현 인류의 문명에서 대답하는 자의 위치까지 올랐다고 볼 수 있는 예언자는 석가모니 정도라 할 수 있다.

대답
하는

자

죽음이 낳은 왕검

　만 8세에 도에 뜻을 두면서부터 그간 도를 닦으며 단계마다 참 많은 일들이 있었다. 끝나버린 나의 소년기와 그 다음 해, 도를 체험 중 선한 나와 악한 내가 싸워서 선이 이긴 순간, 그리고 바로 얼마 안 되어 내가 미래의 나와 함께 우주로 나가게 된 일, 도에 드는 시험을 받은 1987년, 북한산에서 큰 풍수가 되어 머리를 올렸던 1993년, 어머니에게 버림받고 방황하던 5살의 어린 내게 따뜻한 기운을 보내주었던 2011년, 도를 이루는 것과 상관없이 이번 생이 내겐 마지막 탄생임을 알게 되었던 2013년의 명상까지.
　도에 입문한 건 1987년이었다. 내가 만 8세에 도를 시작하면서 공부, 외공과 내공, 도까지 쉼 없이 수련하였는데도 16년이 지나 내 나이 만 24살이 되어서야 도에 들 수가 있었다. 그만큼 사람이 도에 든다는 것은 어려운 일이다. 누구나 도에 들기 위해 통과해야 할 명확한 관문이 있다. 내 경우는 매봉산 매바위에서 좌선을 하고 있는 중에 무용수인 듯이 보이는 여자 셋과 남자인지 여자인지 모를 한 명이 나를 찾아오며 벌어졌다. 그 넷은 나를 시험하러 온 자들이었고 나는 그들을 보고 바로 나를 찾아온 이유를 알았다. 세 명의 무희는 곧 나를 시험하기 위해 내 몸을 감싸기 시작했다. 하나는 나의 무릎 위에서 또 하나는 나의 등에서 나머지 하나는 나의 머리 위에서 나의 육체를 애무하며 내 온 몸의 세포 하나 하나를 자극하였다. 팔이 길게 늘어났다 줄었다 하는 게 전혀 사람이 아니었으나, 내 육체가 나의 통제를 벗어나 최고조의 흥분에 이르도록 그들은 나를 감싸거나 쓰다듬으며 최선을 다하였다.

내 육체의 흥분 상태가 계속 되어도 무희들은 자신의 임무를 멈추지 않았고 나의 몸은 극심한 피로를 느꼈다. 그러나 그들이 나의 육체를 마음껏 희롱한다 하더라도 나의 의지는 전혀 건드릴 수 없었다. 보통의 수련자들은 도에 드는 이 첫 관문을 어렵게 생각하는데, 나에게는 아무것도 아니었다. 도수련이 늘 그러하듯 이번 시험에서도 내가 한 치의 빈틈을 보였다면 나는 목숨을 잃거나 일상생활이 어려울 만큼의 문제를 갖게 되었을 것이다. 그러나 무희들의 시험은 실패로 끝나고 도의 첫 관문을 무사히 통과한 나는 드디어 내가 도에 들었음에 매우 기뻤다. 그제야 난 도 학교에 입학한 학생이 겨우 된 것이고 비로소 도를 닦는다고 말 할 수 있었다.

그렇게 도에 들어 부단히 수련하다 보면 수련자는 매 단계마다 어떤 수준에 이르게 되는데 그 과정에서 남들에게 없는 능력을 갖게 된다. 흔히 육신통[19]이라 일컫는 것인데, 나는 그 육신통 중에서 축지법(신족통)을 할 수 있게 되었다. 축지법을 하기 위해 노력한 것은 중학교 1학년 때부터인데 한 여름임에도 불구하고 다리에 모래주머니를 단 도복 바지를 입고 그 위에 또 청바지를 입고 걸어 다녔다. 그렇게 몇 달 동안 모래주머니를 항시 달고 다니다가 그 바지를 벗으니 다리가 깃털처

---

19 p.114~115 참조.

럼 가벼워진 느낌이었다. 국민학교 4학년 때 얼음 위에서 태권도 발차기를 하던 중 발에서 기운이 뻗어 나가는 것을 느꼈는데 그때부터 나는 수련으로 내 몸 안에 기가 생기고 나가고 있음을 알 수 있었다. 그렇게 기를 알고 느끼고 운용할 수 있게 되면, 내 몸 안의 기를 돌리면서 발과 다리를 기로 감쌀 수 있고, 동시에 다리 주변 공간에 있는 기를 내가 가져다 쓸 수도 있게 된다. 그렇게 내 몸을 기로 감싸서 마치 자기부상 열차가 땅에서 뜨는 것처럼 내 몸을 최대한 땅으로부터 띄우고 주변 공간의 기운을 사용하여 몸에 힘을 주지 않고도 쓰윽 미끄러져 가듯이 앞으로 나아가는 게 축지법이다. 즉, 중력의 영향을 최소한으로 받는 과정이다.

축지법을 쓰는 동안에는 몸을 기운으로 감싸기 때문에 이슬비 정도로는 몸이 빗방울에 젖지 않는다. 훗날 내가 가르친 제자들에게 도봉산에서 축지법으로 산을 내려오는 것을 보여준 적이 있다. 그때 제자들은 내가 비현실적으로 빠르게 산을 내려가는 모습도 신기했지만 우산을 쓰고 있는 제자들과 달리 내 몸엔 비가 전혀 묻지 않은 것이 더 신기하다고 했다. 축지법을 할 줄 모르는 자들이 책이나 강연으로 잘못 말하기를 땅을 접으면서 걷는다거나 자신의 생각대로 걷는다고 하는데, 이는 해본 적이 없는 자가 말하는 거짓이다. 축지법은 그저 수련하여 기를 쓸 수만 있다면 정도의 차이가 있을 뿐 누구나 할 수 있는 일이다.

나는 도를 닦으면서 육신통 중 축지법(신족통) 말고도 다른 능력을 하나 더 얻게 되었다. 나는 어린 시절부터 산이 나를 부르는 기이한 일을 겪었다. 책상에 앉아 열심히 공부를 하는데, 느닷없이 산이 나를 부르면 여간 성가신 일이 아니었다. 그러면 결국 자리에서 일어나 나를 부르는 산이 있는 곳까지 가서 그 산을 몇 번 오르내리며 돌아봐 줘야 더 이상 땅이 나를 부르지 않았기 때문이다. 1993년 늦은 봄. 그날도 산이 나를 부르고 있었다. 그날은 내가 풍수에서 말하는 머리를 올린 날이다. 나는 나를 부르는 기운을 따라 불광역으로 가 불광사에 도착하였다. 불광사 입구의 바위부터 예사롭지 않았다. 나는 불광사 대웅전 뒤쪽의 바위에 올라 그 경치를 구경한 후 조금 더 올라가 커다란 바위 앞에 섰다. 나를 부른 곳이었다. 그 앞에 서서 바위에 손을 대고 정신을 집중하니 순식간에 나는 바위 속으로 빨려 들어갔다. 바위 안의 기운 통로를 따라 산맥의 기운을 타고 계속 위로 올라갔다. 북으로, 북으로. 분지와 산, 고원을 지나 대륙을 건너 계속 올라갔다. 나는 바이칼호에 닿았고 그곳이 나의 목표 지점임을 알았다. 나를 부른 곳의 시원이 바로 그 바이칼호였다. 그곳까지 가는 길은 내가 마치 바람인 양 거칠 것 없이 올라갔으나 돌아올 때에는 섬광처럼 순식간에 내게로 돌아왔다. 그날은 머리를 올린 날이었다. 그렇게 나는 30살에 큰 풍수[20]가 되었다.

20 풍수에는 큰 풍수, 작은 풍수가 있는데 큰 풍수는 전체적인 지형을 보고 그 위치를 잡는 것으로 한 나라의 수도나 한 집안의 중심 집터를 잡아줄 수 있고, 풍수로 나라의 흥망성쇠를 예단할 수 있다. 작은 풍수는 큰 풍수에 기대어 인간 삶과 관계된 일을 처리하는데, 수도나 집터가 잡힌 자리에서 세밀한 방향이나 높이, 각도를 잡는다.

나는 도를 닦으면서 그 과정에서 이룰 수 있는 육신통 중에 하나로 풍수(천안통)[21]를 얻었는데 이 땅에 마지막 큰 풍수가 누구였는지를 생각해보았으나 떠오르는 인물이 없었다. 내 생각으로는 조선 건립 시의 무악도 큰 풍수는 아닌 것 같다. 머리를 올린 후로는 산 뒤가 훤히 보였다. 내 눈으로 보는 나도 신기했다. 나는 육신통 중에 풍수 하나를 이룬 데다 다른 하나인 축지법까지 얻어, 한 사람이 두 개 이상의 능력을 가졌으나 그것이 좋은 것인지에 대한 의문이 들었다. 축지법으로 빠르게 걷거나 땅의 기운을 볼 수 있는 풍수라고 하면 뭔가 대단한 능력이 있는 것 같아 보일지 모르나 그렇지 않기 때문이다. 육신통은 그저 수련 중에 겪는 하나의 과정이고 단계일 뿐이다. 육신통은 수련자가 어떠한 단계에 이르렀을 때 잠시 가지는 특별한 능력이기 때문에 육신통 없이 그냥 지나가는 수련자도 있고, 육신통을 가졌다 하여도 그가 계속 수련에 정진하다 보면 그 능력이 없어지면서 더 높은 단계에 이르게 된다.

2011년 장마가 끝나갈 때 즈음, 합정동에서 도반을 만나려고 기다리는 중이었다. 그런데 내가 어린 시절부터 늘 생각하던 그 순간이 느닷없이 찾아왔다. 그것은 바로 시장 한복판에서 어머니에게 버림받아 정신없어 하는 5살 아이에게 따뜻한 기운을 보내는 것이다. 순간적으로 내 눈 앞에 시장통에서 헤매고 있는 그 아이가 보였고 나는 주저 없이 나의 기운을 아이에게 보냈다. 나의 따뜻한 기운을 받은 아이는 기뻐

---

[21] 모든 것을 막힘없이 꿰뚫어보는 능력. p.114~115 참조.

하였다. 순간 1968년 시장에서 그 기운을 받고 한 번만 더 따뜻한 기운이 왔으면 하고 간절히 바랐던 나의 기억이 떠올랐다. 나는 바로 한 번 더 기운을 보내려 하였지만 그 사이 시간과 공간이 바뀌어 버렸다. 그 당시 나의 능력으로는 더 이상 과거의 어린 내게 기를 보낼 수 없었다. 역시 5살의 나에게 따뜻한 기운을 보낸 이는 48살의 나 자신이었다. 설마 나일까 싶어, 내가 할 수만 있다면 따뜻한 기운을 반드시 한 번 더 보내리라 마음먹고 있었지만 막상 그렇게 하지 못하였다. 나는 눈을 감고 부디 과거의 어린 내가 그 순간 이후에 파출소도 가고 나를 찾아 온 아버지도 만나고 다시 서울 집에서 편치 않은 가족들과 사는 동안 조금이라도 편안하길 바랐다.

그리고 2년 후 명상을 하는 동안에 문득 이번의 생이 내겐 마지막 탄생이란 생각이 떠올랐다. 내 60년 인생을 통틀어서 가장 기뻤던 순간이 아니었나 싶다. 거의 만 년에 가까운 세월 동안 몇 번인지 모르게 계속 태어나고 생을 살면서 본래 나로 돌아가기 위해 노력했는데, 드디어 이룬 것이다. 내게 어떤 능력이 생기고, 내가 남들이 못하는 무언가를 해낸 것보다 이 세상을 드디어 뜰 수 있다는 게 그토록 기뻤다. 그 어떤 시험에도 흔들리지 않고 매순간 더 옳은 길을 향해 그토록 열심히 살았지만 아이러니하게도 50여 년의 내 삶 동안 대부분의 순간에서 난 당장이라도 이 세상을 떠나고 싶을 만큼 힘들었다.

특히 2003년 죽음에서 살아나온 후 나의 40대는 뭐라 설명할 수 없을 만큼 고되었다. 도반의 말처럼 나를 이루고 있는 모든 울타리가 나를 해하였고 어느 곳 하나에도 기댈 데가 없었으며 나의 몸은 호흡하는 것도 걷는 것도 어려운 상태였기 때문이다. 이전엔 수련의 결과가 차이는 있지만 꾸준히 향상되는 게 보였다. 그러나 인간으로 겪을 수 있는 모든 안 좋은 일이 한꺼번에 일어난 나의 40대는 실력 향상은커녕 숨이 붙어 있는 게 용한 상태였다. 여전히 공간에 3가지 질문을 하면 내가 이 세상에 다시 없을 왕검이며 사람들을 가르쳐 후천개벽을 연다는 답을 들었지만 난 여전히 생긴 것만 멀쩡할 뿐 온몸이 고장 나 안 아픈 곳이 없었고 내 주변엔 좋지 않은 사람들만 남아 있었다. 폐로 호흡하기도 만만찮은 몸으로 한 순간의 쉼 없이 안산에 매일 올라 수련했지만 진전 없이 더디게 느껴졌고 10년 동안 건강을 위해 안 해본 게 없었지만 몸은 만신창이였다.

어느 날 문득 나 자신을 보니 내 나이 50살에 이룬 게 아무 것도 없었다. 어린 시절 꿈꾸던 모습도, 매순간 열심히 달려온 내 삶에 맞는 결과도 아니었다. 하지만 난 내 처지를 불평하거나 내가 사랑했던 가까운 이들이 나를 해하려 했던 것을 탓하지 않았다. 내 몸이 부서지는 한이 있어도 현실에서 내 의무를 다하고자 늘 최선을 다했고 수련자로서 나 스스로를 등불 삼아 정진하였다. 만약 이때 삶이 나를 벼랑 끝으로 몰아간다고 해서 그 벼랑 아래로 떨어져 죽기를 택하거나 억지로 나아지려 노력했다면 어떠했을까? 나는 여전히 내가 옳다고 생각한 그 길을 계속 걸었기에 이전 인류엔 없던 왕검으로 거듭날 수 있었던 것 같다. 그렇게 가장 높은 수준까지 올랐던 수련자가 호흡조차 할 수 없을 정도로 낮은 나락까지 떨어지며 시작된 나의 고되었던 40대는 흘러갔다. 그리고 다가온 50대는 더 높은 단계로 올라갈 준비를 하고 있었다.

50살이 되자 내가 도를 이루고자 하는 것 자체가 욕심이란 생각이 들기 시작했다. 젊은 시절의 난 반드시 50대 중반 이전엔 도를 이루리라 목표했었다. 도는 생명의 힘으로 생과 사의 갈림길을 홀로 걷는 것이고 50대 중반이 되면 도를 할 수 있을 만큼 생명의 힘이 받쳐주질 않기에 더는 도에 정진할 수 없다. 하지만 막상 그 나이가 되니 생각은 점차 바뀌기 시작했다. 수련에 진전이 없어도, 누가 알아주지 않아도, 내가 목표한 바를 이루지 못해도 홀로 걷는 수련자로서의 길이 그 자체만으로도 만족스럽다 생각하였다. 도를 꼭 이뤄야겠다는 목표도 내 욕심에서 비롯된 것 같았다. 나는 그렇게 이 세상에 나와 연관된 모든 끈을 자연스레 내려놓았다. 그렇게 죽음과도 같은 나락으로 떨어져 보낸 나의 10년은 내가 건강하고, 풍족하고, 빠르고 강하며, 도움 받을 이가 있던 시절엔 알 수 없을 다양한 깨달음을 주었다. 결국 나는 도를 이루고자 하는 내 마음까지 내려놓을 수 있었으니 말이다. 죽음이 지금의 왕검을 만든 것이다.

2014년 봄, 집안의 제사가 있는 날이었다. 10년째 나는 겨울, 봄만 되면 강한 나의 의지로도 곧게 펼 수 없도록 허리가 아팠다. 허리를 구부린 채 외출 준비를 하는데 갑자기 어디선가 나를 부르는 강력한 신호가 느껴졌다. 나는 아픈 몸을 이끌고 지하철을 탔다. 나를 부르는 곳은 도봉산이었다. 난 도봉산역에 하차한 후 신호가 오는 곳을 향해 굽은 허리로 거의 기다시피 올라갔다. 산을 계속 오르니 그 끝은 신선대였다. 신선대에서 나를 왜 불렀냐고 물었지만 아무런 대답이 없었다. 난 황당해하며 펴지지 않는 허리 때문에 거의 네 발로 기어서 산을 겨우 내려가고 있었다. 그런데 문득 왼편으로 석굴암이란 표시가 보였다. 나를 부른 곳이 신선대가 아닌 석굴암이란 느낌이 왔다. 난 다시 석굴암을 향해 오래된 돌계단을 올랐다. 왼편의 어떤 공간에서 나를 맞이하듯이 문이 열려 있었다. 산신각인가 싶어 그쪽으로 올라갔다. 위치는 산신각 터인데 부처상을 모신 것을 보니 아닌 것 같기도 했다.

  나는 몸이 너무 아파 일단 그곳에 들어가 엉거주춤 앉아서 "나를 불렀으니, 그 이유를 말해 달라."라고 하였다. 그러자 곧 엄청난 기운이 나에게 밀려왔고 그 기운은 앉아 있는 나의 엉덩이를 통하여 머리까지 치솟아 올랐다. 그곳에서 순식간에 나의 몸엔 커다란 기 통로가 생겼다. 그리고 기가 내 척추를 통과하여 머리까지 오르는 동안 허리의 고통은 사라졌다. 난 그 순간 내가 수도자들이 흔히 말하는 머리에 꽃이 핀 상태[22]가 되었음을 알았다. 정말 황당하게 기뻤다. 그리 오래 기다렸는데 이 아픈 몸으로 이 경지에 들다니. 드디어 나도 꽃이 핀 것이다. 내가 몸이 아프다고 잠시라도 쉬거나 흔들리는 마음에 수련을 게을리 하는 찰나가 있었다면 그날 이 땅이 내게 치유의 기를 주고자 하였어도 내가 받을 수 없었을 것이다. 자연의 기는 종일 바위에 앉아 있다고 받을 수 있는 게 아니라 그가 어떤 수련 수준에 이르러야 받을 수 있기 때문이다.

---

22 일반인들은 이 상태를 이해하기 쉽지 않다. 필자 또한 이 상태를 일반인들에게 간단히 설명하기가 쉽지 않다. 이에 대해서는 다음 저서를 통해 자세히 설명할 예정이다.

나는 활짝 웃으며 바른 자세로 자리에서 일어났다. 십 년 만에 고통 없이 제대로 핀 허리였다. 등줄기에 기운은 가득하고 몸은 날 듯이 가벼웠다. 나는 고통 없는 몸에 흐르는 나의 기운을 느끼며 오랜만에 발을 기운으로 감쌌다. 그리고 난 축지법으로 도봉산 길을 순식간에 내려갔다. 몇 분 전까지만 해도 난 구부정한 허리로 진땀을 흘리며 두 시간 이상을 기어서 도봉산을 올랐지만, 석굴암에서 도봉산 공원 입구까지 불과 7분, 또다시 2분 만에 도봉산역에 도착하였다. 오랜만에 축지법을 쓸 수 있었다. 지하철을 타고 처가 집으로 가니 제사 시간에도 늦지 않게 도착하였다.

지겹게 아프던 몸이 건강해지고 꽃이 피는 경지에 도달하다니. 나는 그 기쁨을 나의 도반과 나누고 싶었다. 3주 후쯤 성산동에서 도반과 성미산을 오르며 성취의 기쁨을 함께 나누고자 했다. 그러나 나의 말을 들은 도반은 대뜸 이렇게 말하였다.

"그러니 세상에 이렇게 가짜가 많은 거야. 사이비가 판을 치는 이유는 그 정도 이룬 것을 가지고 마치 경지에 든 것인 양 말하는 자들이 많기 때문이다."

도반은 내가 꽃이 핀 수준에 머무를까 염려하여 해준 말이었지만 순간 약간 부끄러운 생각이 들었다. 나는 다시 마음을 가라앉히고 수련에 정진하였다. 그리고 얼마 후 다시 도봉산을 찾았다. 석굴암을 지나면서 보니 내 머리에 꽃이 핀 자리는 산신각 터이지만 부처님을 모신 곳이었다. 참 재미있었다. 도봉산은 말 그대로 도의 봉, 한반도 전체 기운의 중심이 되는 산으로 신교의 터전이기도 하다. 도봉산 산신각 터는 우리나라에서 치유의 기운이 가장 강하게 나오는 곳으로 그곳이야말로 예전부터 사용한 신교의 수련 장소였다. 이름이 바뀌고 모신 불상이 있다고 하여도 그 자리는 우리 신교의 중요한 수도처이고 나는 그 혜택을 보았다. 그 자리가 나를 부른 이유가 있었던 것이다. 나는 산신각 암자에 앉아 기운을 끌어올렸다. 일전에 뒤통수 아래까지 올라왔던 기운은 뒤통수 중간 중뇌 위치까지 올라왔다. 나는 생각했다. 이제 기운을 머리의 중간까지 끌어올렸으니 더욱 정진하면 머리가 열리리라. 만 8세에 도에 뜻을 둔 이후로 40년이 넘도록 쉼 없이 수련한 결과, 드디어 머리가 열리는 경지의 직전까지 온 것이다.

그리고 시간이 흐른 2015년 어느 날. 어린 시절부터 꾸준히 나타난 그 장면이 내게 다시 보였다. 3살도 안 된 조그만 아기가 풀밭에 앉아 있다. 풀밭은 길게 펼쳐져 있다. 아기는 그곳에 길이 없지만 앞으로는 있음을 알고 있다. 조그만 아기는 길이 생길 곳을 쳐다본다. 그러나 보이는 건 풀밭뿐이다. 한참이 지나 풀밭 주위를 두리번거리니 나무도 있다. 아기는 햇빛 아래에서 가끔 나무 그늘로 들어갔다 나왔다 하며 잔디가 펼쳐진 들판을 바라본다.

어느 순간 아기 눈에 거미줄처럼 가늘어 보이는 아주 작은 길이 보인다. 그리고 그 길은 시간이 가면서 조금씩 넓어진다. 3살이었던 아기는 5살쯤 된다. 풀밭 위로 난 길이 마치 고무줄인양 그 위를 오가며 뛰어논다. 왼쪽에서 오른쪽으로, 오른쪽에서 왼쪽으로. 5살 아이에게 실은 놀이터이다. 발을 모아 뛰기도 하고 번갈아 점프하기도 한다.

시간이 한참 지나 아이가 7살쯤 되었을 때 길은 한 사람이 걷기에 적당한 오솔길이 된다. 똑바른 것 같으면서도 어디론가 휘어진 그 길로 끝없이 걸어가면 꼭 사람이 사는 마을에 도착할 것 같다. 아이는 오솔길 위에서 길의 끝을 바라본다.

아이는 9살쯤 되었다. 길은 조금 더 넓어져 지게를 지고도 걸을 수 있을 만한 넓이가 된다. 아이는 길을 따라 계속 걸어가고 싶다. 그렇게 하면 마을에 닿을 것 같았지만 자신에겐 너무 먼 것 같아서 쭈그리고 앉아 어떻게 할지를 고민한다.

그러다 아이는 13살의 청소년이 된다. 길은 두 사람이 같이 걸어갈 만한 넓이가 되었다. 아이는 어떻게 알았는지 몰라도 그 길로 곧장 가면 빛고을에 닿을 수 있다는 걸 안다. 스스로 가고 싶은 마음이 굴뚝 같지만 아직은 때가 아님도 알고 있다.

그리고 시간이 또 흘러서 아이는 16세가 된다. 길은 더 넓어져서 말을 타고 달릴 만한 길이 되었다. 아이의 몸과 마음은 자랐고 혼자서도 길을 따라 빛고을로 충분히 갈 수 있을 것 같았다. 그러나 확신이 없었다.

또 시간이 흘렀다. 아이는 20살쯤 된 것 같다. 이제 성인이다. 길은 넓어졌고 움직일 때가 거의 다 되었음을 안다. 꼭 저 길을 따라 누군가가 올 것만 같았다.

시간이 더 흘렀고 이제 그는 청년이 되었다. 몸 안에 자신감이 가득 찼고 근육도 긴장으로 가득 차 있다. 청년이 빛고을을 향해 길을 떠나야 한다고 생각할 때에 저 멀리서 말을 탄 두 사람이 다가오는 것이 보인다. 말을 탄 앞 사람은 젊고 뒤쪽은 중년의 남자였다. 그들은 칼을 차고 활과 화살을 갖추었다. 어디론가 떠나는 모습이다. 그들은 빛고을에서 나온 게 분명했다. 말을 탄 자들이 가까이 오자 청년의 가슴이 두근거린다. 그리고 하나밖에 없는 그 길을 두고 청년은 이미 아는 것을 젊은 남자에게 묻는다. "이 길을 따라 가면 빛고을입니까?" 말 위의 젊은이가 대답하려는데, 갑자기 이 장면을 보는 주인공의 시야가 3인칭에서 1인칭으로 변한다. 그리고 1인칭의 나는 질문을 하는 젊은이가 아닌, 말 위에 앉아 있는 중년이다. 칼을 차고 활과 화살을 메고 있는 나는 두 젊은이를 바라보고 있다. 그리고 난 묻는 자를 향하여 대답한다. "나는 대답하는 자다."

성장하는 동안 나는 빛고을과 그곳으로 가는 길을 묻는 자였지만, 결국 본래의 나는 길에 대한 물음에 대답을 해주는 사람이었다. 그리고 나는 현실로 돌아와 눈을 떴다.

이 장면은 내가 중학교 2학년이었던 1977년부터 도의 마지막 단계에 들기 전인 2015년까지 같은 내용이 시간에 따라 점차 확장되는 형태로 반복하여 내게 나타났다. 2015년, 장면의 마지막에서 빛고을로부터 온 이가 결국 나임을 보았을 때 비로소 40여 년 간 보아온 한 장면이 내게 의미하는 바를 알 수 있었다. 나는 빛고을이라는 도를 이루는 마을에서 길을 따라 나온 사람, 즉 도를 이룬 사람이었다. 이로써 나는 대답하는 자가 되었고, 여기까지 오는 데 거의 40여 년이 걸렸다.

도수련 중 생사의 경계에서 숙을 뻔한 일을 수백 번 겪으며 육신통도 얻고 2014년엔 머리에 꽃이 피기까지 했으나, 그때 나는 아직 내가 대답하는 자라는 것을 몰랐다. 내 삶에서 외공, 내공 수련과 함께 도수련의 깊이가 더해갔지만 반복되어 나타나는 장면에서 빛고을의 길과 함께 커가는 아기의 성장 결과는 알지 못한 것이다. 그러나 나는 어느새 그렇게 가르치며 대답하는 자가 되어가고 있었다. 도는 이렇게 스스로를 알아가는 과정이다.

도를 이루지 않겠다

2014년 어느 날 나는 도반에게 연락하여 다음 해 나의 음력 생일날 도봉산에 위치한 망월사에 가자고 하였다. 망월사는 도봉산에서도 중요한 위치에 있다. 도봉산은 배달 시대부터 우리에게 매우 중요한 산이었는데 많은 수련자들이 그곳을 찾았다. 귀족들은 지금 도봉산역으로 불리는 코스로 올라갔으며, 지도자 위치에 있는 왕과 제사장 그룹은 물길을 따라 도봉역에 있는 성황당길을 이용하여 도봉산을 올랐다. 육지길과 물길을 따라 걷다 보면 수십 개의 바위 조각품을 볼 수 있어 시간이 많이 흐른 지금도 우리는 그곳이 선조들이 이용하던 옛길임을 알 수 있다.[23] 신선대로 올라가는 석굴암은 그 전에는 알지 못하였으나 내가 몸을 치료한 후 신교의 성지임을 알게 되었고 지금도 산신각이라고 하니 그 기능은 그대로 유지되고 있음을 알 수 있다. 망월사에 있는 석굴은 기운이 매우 강한 곳으로 수련에 적합하며, 조선 이성계의 기운이 아직 남아 있을 정도로 많은 수련자들이 다녀간 곳이다. 나는 그 동굴에서도 공간과 문답을 주고받곤 하였다. 나도 머리를 여는 마지막 과정을 그곳에서 보내기 위해 생일날 도반과 함께 찾은 것이다. 우린 서로를 방해하지 않기 위해 각자 흩어져 망월사 주위를 돌면서 수련하였는데, 그날은 서로 한 번도 마주치지 않았다.

망월사 석굴에 들어가 정좌한 후 나는 도의 마지막 단계에 들기 위해 정신을 집중하였다. 나의 기운이 머리의 중간 부위 이상을 귀로 관통하였으므로 머리를 여는 것이 크게 어렵지 않으리라 생각했다. 나의 기운을 한 곳으로 모으고 석굴에 있는 모든 기운을 끌어들였다. 나의 행위가 옳다면 나는 성취를 이룰 것이었다. 나의 몸 안에서 기운을 돌리며 천천히 기운을 위로 올렸다. 온몸을 여러 번 돌고 난 나의 기운은 바깥의 기운과 합쳐져서 마치 이 산의 모든 기운이 내게 온 듯이 강력하게 솟아올랐다. 내 정수리 끝은 A4용지보다 더 얇은 막만 남았다. 매미의 날개처럼 아주 얇은 그 막만 뚫으면 이제 나의 머리가 열리면서 온 자연과 나는 하나로 통하게 된다. 그런데 그 순간. 한 생각이 스쳤다.

"나는 그동안 무소유를 당연히 알고 욕심 없이 수련하였는데, 지금

---

23 우리나라 주요 산에서 볼 수 있는 많은 조각품들 중 일부를 2018년에 발간한 전자책에 올린 바 있다. 특히 도봉산 우의암 근처의 절에는 온갖 조각품이 가득한데, 이는 고려, 조선 때에도 유명하여 그곳에서 공부했던 많은 선비들이 그 동물을 닮은 형상을 보고 기록했다.

나의 이 행위는 무소유가 맞는가? 내가 이 순간을 위해 오랜 수련을 하였지만 머리를 열고자 하는 것이야말로 진정 나의 욕심에서 비롯된 것이 아닌가. 내가 오늘 머리를 연다면 이는 순전히 내 욕망의 결과로서 이는 수련의 결과라고 할 수 없을 것이다. 그렇다면 오늘 나는 머리를 열지 않겠다."

나는 머리를 열고자 하는 나의 욕구가 정당하게 느껴지지 않았다. 나는 내게 모인 모든 기운을 자연으로 돌려보냈다. 그러다 그날을 마지막으로 내가 더 이상 도를 이룰 수 있는 기회를 영영 얻지 못하면 어쩌려고 나는 그랬을까. 수 없이 많은 죽을 고비를 넘기면서 어찌 보면 이 순간을 위해 달려온 것일 수도 있는데. 아니, 이번 생뿐만이 아니라 수십 번의 생을 거듭하며 수련하고 또 수련하여 지금의 위치에 오게 된 것인데. 못 이룰까 조급하거나 성취하고 싶어 안달 나는 게 자연스러운 인간의 모습이 아니었을까. 하지만 나는 담담하게 나의 기운만 가지고 자리에서 일어났다. 만약 10년 동안 낮은 곳에 임하는 동안 도를 이루지 않아도 수련자로서의 내 삶 자체가 괜찮다고 마음을 내려놓지 않았다면 과연 내가 머리를 열기 직전에 내 욕심을 통제할 수 있었을까. 아니었을 것이다. 이번 생도 참 고되었지만 전생까지 생각해보면 내게 참 많은 일이 있었구나 싶었다. 나는 밖으로 나와 망월사 입구에서 도반을 기다렸다. 그를 기다리는 20분 동안 많은 생각이 스치면서 도반과 나의 인연에 대한 10여 년 전의 일이 떠올랐다.

2006년 여름이었다. 학원의 원장실에 앉아 있는데 문득 내게 전화가 올 것이며 나는 그 요구에 응해야 한다는 생각이 들었다. 곧 전화벨이 울렸다. 나의 도반이었다. 그는 아는 형님의 가족들과 몽골에 가는데 같이 가자는 부탁을 하였다. 그는 나를 설득하기 위해 몽골의 아름다운 초원에 대해 이야기했으나 난 그 말이 끝나기도 전에 바로 승낙했다. 그는 내가 너무 쉽게 승낙하는 것을 보고 의아해했다. 그러나 나는 그가 말하기 전에 이미 내게 올 제안을 알고 그것을 받아들이기로 결심한 상태였다. 당시 나의 몸은 요가로 겨우 호흡을 되찾았으나 여전히 호흡하기 편치 않았으며 언제 몸이 배터리 전원 나가듯이 꺼질지 모를 상태였기 때문에 내가 그 여행을 가기로 한 것은 그냥 내가 그래야만 한다는 것을 알고 있기 때문이었다. 호흡도 잘 못하는 몸으로 나는 몽골의 수도, 울란바토르로 가는 비행기에 올랐다. 몽골은 생각보다 훨씬 가까웠다. 울란바토르 공항에서 내려 도심으로 차를 타고 가며 창밖의 풍경을 보았다. 판자로 둘러친 담이며, 길에 돌아다니는 많은 개들, 버스를 기다리는 사람들과 비포장도로, 버스가 일으키는 흙먼지. 마치 40여 년 전, 장흥에서 올라온 내가 본 서울의 모습과 비슷했다.

 도반은 우리가 몽골의 고비사막으로 간다고 하였다. 도반은 언론사의 후원으로 몽골에서 고비사막이 여행지로 타당한지 조사하러 가는 첫 번째 답사자로 선발되었다. 우리 일행은 4륜구동 지프차를 두 대 빌렸는데, 차량 한 대에는 도반의 선배 부부와 통역 담당자가 탔고, 다른 한 대에는 나와 도반, 선배의 아들 둘이 탔다. 차량 두 대로 가는 이유는 가끔 만나게 되는 모래강 때문이었다. 3일째인가 라디오에선 네덜란드인가에서 온 부부가 고비사막에서 조난을 당해 죽었다는 뉴스가 나왔는데, 그 정도로 모래강은 언뜻 눈에 보이진 않았지만 차가 한 번 빠지면 헤어 나올 수가 없다. 정신없이 떠드는 남자 아이 둘을 태운 지프차 안에서 나는 언제 호흡이 끊어질지 모르기 때문에 호흡에 집중했다. 이튿날부터는 몽골의 특산물인 말우유를 약 1.5L 플라스틱 통에 넣어 조금씩 마시면서 여행을 했다.

  길이 없는 고비사막에서 우리의 차는 일정한 거리를 두고 같이 갔어야 했는데 도반 선배의 부부는 신이 났는지 멋대로 돌아다녀 보이지 않기 시작했다. 날이 어둑해지자 말로만 듣던 모래강이 나타났다. 계속 떠들던 선배의 두 아들놈은 공포에 질려 조용했다. 내 도반도 할 말을 잊은 듯 했다. 우린 뒤로 돌아 다른 길을 찾아야 했지만 나침반은 말을 듣지 않았고 운전사는 겁에 질려 한 자리를 계속 빙빙 돌았다. 나는 가지고 있던 빌랑대[24]로 그의 머리를 치며 정신을 차리라고 소리쳤다. 죽음이 두려운 운전기사에게 나는 나의 기운을 보여주어 나의 말에 집중하도록 했다. 보통 사람들은 무서운 상황에서는 더 두려운 무언가가 있어야 움직이기 때문이다. 그때 하늘의 별을 보며 방향을 잡는 것은 허구임을 알았다. 사막은 순수한 모래밭이 아니다. 끝없이 펼쳐진 땅에 모래와 흙, 때론 자갈이 섞여, 생명이 없는 그냥 광활한 땅처럼 보인다. 나는 맞는지는 모르지만 일단 모래강과 반대편을 가리키며 기사가 그쪽으로 운전하게 했다.

---

24 길이 40cm 내외, 폭 3~4cm의 목검으로 무술인들이 가볍게 들고 다니는 무기이자 다목적 도구이다.

깜깜한 밤에 차량 라이트 불빛에 의지해 앞을 보면서 얼마만큼 간 것 같았다. 멋대로 돌아다니던 선배 부부 차의 라이트가 보였다. 어렵게 우리 두 차량은 만나 같이 밤을 보냈다. 차량 두 대가 만난 것만으로도 사람들은 서로 위로가 되었다. 아침에 일어나보니 우리가 자고 일어난 곳이 약간의 구릉지대였다. 죽은 말이 보였다. 자세히 보니 말의 항문 쪽과 아랫배 쪽에 둥그런 구멍이 나 껍데기만 남은 말 가죽이었다. 아마 늑대가 구멍을 통해 말의 내장을 다 파먹은 듯 했다. 주위를 둘러보니 늑대 서너 마리가 건너편 한 모래 모퉁이에 숨어 있는 것 같았다.

그리고 또 얼마를 달렸을까, 저 멀리 몽골의 이동식 주택인 게르가 보였다. 길을 잃은 우리는 게르가 너무 반가웠다. 우린 목적지인 촐로까지 그런 게르를 두 번 거쳤다. 기사가 게르 앞에 있는 여인과 뭔가 말을 하더니 들어오라고 하였다. 게르 입구로 들어가 우측으로 돌아가니 가운데에 주인이 앉아 있었다. 인사를 하고 자리에 앉으니 잠시 후 몽골인들은 말 젖으로 만든 딱딱한 덩어리와 말우유, 말고기, 칼을 주었다. 우린 칼로 말고기를 잘라 먹었다. 그리고 또 한 게르에선 외국인을 처음 보는 몽골 주민들을 만났다. 그곳에선 노인과 아이까지 약 20여 명이 유독 내 앞에 와서 쪼르륵 앉았는데, 평생 2번 목욕을 한다던 이들에게 냄새가 날 줄 알았지만 신기하게도 풀내음이 났다. 그리고 나를 쳐다보는 그들의 눈은 진정 고요한 호수와 같았다. 푸른 회색빛의 고요한 눈빛들을 보고 난 숙연해졌다. 아무 수련도 하지 않고 자연 속에서 살던 이들과 수십 년 수련한 내가 다르지 않다고 느꼈기 때문이다.

그 외진 게르를 떠나 드디어 우리의 목적지인 촐로에 도착하였다. 입구처럼 생긴 곳에 차를 세우고 식사를 하는데 주변의 주민 몇 명이 오토바이를 타고 달려왔다. 외국인과 대화를 하기 위함이었다. 그곳에서 도반의 선배 가족들과 찾아온 몽골인들과 재밌게 이야기를 나눴다. 나는 그 오른편 돌산으로 올라가 정좌하며 좌선을 하려는데 뒷 동굴에서 소리가 들렸다. 표범인 것 같았다. 나에겐 빌랑대가 있었지만 표범을 혼자 상대하기엔 위험했다. 놈도 대낮에 나에게 함부로 접근하진 못할 것 같았다. 지형을 가만히 보니 야생의 양들이 잠시 쉬는 곳이었다. 사막의 거센 폭풍을 피해서 쉬기에 적당한 곳이었다. 바닥에는 양의 배설물이 가득했다. 배설물을 밟지 않기 위해 천천히 내려왔다. 앞쪽에 공룡처럼 보이는 바위가 있었다. 나는 공룡 바위에 올라 주변을 살펴보았다. 그런데 풍경이 예사롭지 않았다. 그 돌산은 인위적인 손이 많이 간 곳이었다.

그때였다. 사방에서 바람이 불어오기 시작하는데 뭔가 느낌이 달랐다. 그리고 순간 나의 가슴 깊은 곳에서 무언가 솟구치더니 마음이 격해지며 하염없이 눈물이 나왔다. 나는 단 한 번도 감정에 의해 눈물을 흘린 적이 없는 사람이다. 그런데 외딴 몽골에서, 그것도 내 감정의 동요 없이, 사방에서 불어오는 바람을 맞으며 뜬금없이 눈물이 쏟아져 나오다니 이게 웬 조화란 말인가. 이상한 일이었다. 그때 앞에서 도반이 나를 향해 걸어왔다. 그리고 순간 걸어오는 그의 모습이 변하기 시작했다. 현생에서 도반은 나보다 4살이 많은 친구인데 어느새 그는 나보다 어린 젊은이가 되었다. 나는 얼른 나 자신을 보았다. 나의 머리카락은 하얗게 변해 길게 늘어져 있고 도포와 같은 옷을 입었으며 허리를 끈으로 묶었다. 나는 나이 든 노인이 되어 있었다. 내게 걸어오는 중년의 남자이자 도반은 우리가 있는 돌산의 공사 책임자인 것 같았다. 그의 젊음이 뿜어져 나오며 나에게 뭔가 보고하기 시작했다. 나는 내가 왜 울고 있는가를 알기 위하여 주위를 둘러보았다. 입구에 세워놨던 차량과 도반의 선배 가족, 부근 몽골인들이 눈에 들어오는데 그와 동시에 그 자리에 시종으로 보이는 20여 명이 서 있는 모습이 오버랩되었다. 순간적으로 나는 이 상황이 대체 무엇인지 판단이 서질 않았다. 전쟁이나 반란군을 피해 도망을 온 것인가? 그러기엔 기다리는 시종들이 여유로웠다. 내게 다가오는 공사 책임자는 누구이며 나는 왜 이 바위 위에서 울고 있는가? 현실과 환상으로 보이는 풍경이 겹치는데 전혀 이해할 수 없었다. 그렇게 사방으로 바람이 불며 나는 다시 나 자신으로 돌아왔다.

현실로 돌아오니 내 앞에는 나보다 나이가 조금 많은 도반이 서 있었다. 나는 도반에게 이곳에서 우리가 전생에 만났으며 나는 설계자이고 그는 이 현장의 공사 책임자였다고 말하였다. 하지만 어릴 적부터 전생을 보거나 느낀 나와 달리 그런 경험이 없는 도반은 전생을 믿지 않았다. 약 두 시간 전 표범 소리를 들은 돌산 아래로 내려가니 산양의 배설물이 층층이 쌓여 가득했다. 가운데 바위에 앉으니 안온했다. 7월의 태양은 뜨거웠지만 그곳에서 난 뜨겁다기보다 편안함을 느꼈다. 도반의 선배 가족들은 그곳을 둘러보며 "이곳은 야생 양들이 숨는 곳이

거나 겨울을 보내는 곳인가 보다. 겹겹이 배설물이 쌓인 것을 보니 얼마 전까지 이곳에 있었나 보다." 하며 매우 흥미로워했다. 그들의 두 아들이 내게 와서 물었다. "이곳이 어떤 장소인가요?" 그들은 나와 직접 이야기하지 않았지만 나와 매우 친하다고 생각하고 있었다. 나는 도반을 통해 그들과 이야기 나누었는데 그들이 그것을 느낀 것 같기도 했다. 질문하니 대답을 해주었다. 이곳은 오래 전에 사람들이 계획적으로 만든 공원과 같은 곳이다. 수련하기에 최적화된 장소로, 우리가 있는 지금의 이 공간은 만남의 장소이다. 이곳에서 지도자들이 회의를 하고 외부에서 온 사람들과 만났을 것이다. 20대 아이들은 외부 손님이 어디서 오느냐고 물었다. 손님은 하늘에서 내려왔다. 내 말을 들은 두 아이들은 자기 아버지에게 그 말을 전하였다. "이곳이 회의하는 곳이며 사람을 만나는 곳인데요, 하늘에서 손님이 내려왔대요." 하고 말하였다. 나는 그곳에서 그 아이들과 기념사진을 찍었다. 그 사진이 그들 가족과의 처음이자 마지막 기념사진이었다.

며칠 후, 몽골의 국립공원에 해당하는 곳을 찾아갔다. 게르도 깨끗하고 별도의 화장실과 샤워실이 있었다. 그리고 몽골에도 물이 흐르는 곳이 있었다. 깊지는 않았지만 20~30cm되는 깊이의 냇물이 흘렀다. 사막에 있는 오아시스가 마치 우리 시골의 풍경과 같았다. 몽골은 밤이 되면 여름이어도 춥다. 난로에 장작을 때서 게르를 훈훈하게 만들고 잠이 들었다. 새벽 5시가 되면 나는 눈을 떴는데 날씨가 매우 쌀쌀했다. 그러나 나는 늘 하던 대로 냉수욕을 했다. 그곳은 공기가 매우 좋았으므로 창문을 다 개방하고 샤워를 했다. 물은 얼음처럼 차가웠는데 정말 신선했다. 냉수욕을 하는 나를 보고 몽골 관리인들이 매우 놀란 것 같았다. 통역사 말에 의하면 내가 몽골인 같다고 했단다. 하기사 울란바토르 시장에서도 상인들이 내게 몽골의 전통 옷을 권했다. 겨울에 필요한 몽골옷이었는데 나를 몽골인으로 본 것이었다. 여름 별장 마을에서도 그랬다. 내가 이웃집 몽골 아저씨 같다고 하였다. 몽골에서 유럽에 수출한다는 캐시미어 공장에 갔다. 도반의 말에 의하면 그곳의 옷에 유럽의 상표를 붙여서 60~70만 원에 판매한다고 했다. 그곳의 가격은 15~25만 원 사이였다. 나는 울셔츠를 하나 사고 전생을 안내해준 도반에 대한 감사의 표시로 그의 것을 사주려고 했더니 그는 내가 주는 선물을 고생한 통역사에게 주겠다고 했다. 우리는 그렇게 몽골 여행을 마치고 무사히 귀국하였다.

  귀국한 다음 주, 도반이 나를 찾아왔다. 그는 내게 저녁을 사라고 했다. 그는 자신의 전생에 대해서 이야기해달라고 했다. 내가 몽골에서 한 전생 이야기를 되새김하고 온 것이었다. 도반은 30대 중반의 내가 전통무예 한풀을 배우러 갔을 때 나를 가르쳐 주던 사범이었다. 그때 나는 변시에 낙방하고 누가 옆에서 툭 건드리기만 해도 하늘로 날아갈 것 같은 풍선 같은 몸이었는데 그런 내가 전통무예를 익힐 수 있도록 안내해준 것이다. 그는 늘 나에게 중요한 사람이었다. 언젠가 나는 그에게 "너는 나의 구루이다." 하고 말했다. 자신은 그 정도의 수준이 아니라고 하였지만 내가 말하는 구루는 안내자라는 뜻이라고 했다. 그런데 그가 전생에서 내가 설계한 공사의 총책임자이더니 이번 생에서는 진정 나를 안내한 이가 된 것이다. 나중이지만 나는 전생의 내가 죽기 전에 도를 이루지 못함을 슬퍼하여 울었음을 알게 되었다. 그렇게 나는 유의미한 나의 전생을 보려고 몽골에 간 것이다.

도반은 원래 전생을 믿지 않는 친구였는데, 그는 영문도 모른 채 자꾸 끌려서 여행하기에 불편한 촐로를 3번이나 다녀왔다고 하였다. 그 이유를 몰랐는데 이제 알 것 같다며 내게 전생에서 본 것을 좀 더 설명해 달라고 하였다. 그래서 나는 내가 본 상황과 당시 도반의 위치와 지위, 내가 설계한 국가적 사업을 총감독한 것이 전생의 도반이었다고 말해주었다. 당시 죽음을 앞둔 나와 비교하면 중년인 도반은 20~30살 어렸을 것인데 이번 생에는 그가 나보다 4살이 많게 태어난 게 참 재미있었다. 도반이 나에게 그곳을 안내했으니 그 고마움으로 울셔츠를 선물한 것이라 말하자 그때서야 그는 내 선물의 의미를 이해했다. 몽골 여행 이후로도 그는 인도의 카스트 제도나 윤회에 대해 나에게 여러 차례 물었다. 불교의 기본 사상인 윤회는 돌고 도는 것이지만, 우리 신교에서는 윤회가 아닌 인연에 따라 삶은 여러 생을 통해 지속적으로 이어지는 것이라 본다.

몽골 여행을 다녀온 것이 2006년이었고, 이제 2015년이 되었다. 도봉산에서 도를 이루길 그친 날. 저 앞에서 도반이 나를 향해 걸어오고 있었다. 나는 그에게 말했다.

"방금 내가 마지막 단계에서 얇은 막 하나를 머리끝에 남기고는 그것을 뚫지 않고 그쳤다."

그러자 도반은 좋은 기회를 왜 또 그냥 보냈냐며 마치 자신의 일처럼 아쉬워하였다. 도반이 기회를 또 한 번 놓쳤다고 말한 연유는 바로 일전에 내가 안산 수련터에서 찾아온 그 강한 기운을 내 것으로 받지 않았던 일을 말하는 것이었다. 내가 무엇을 위하여 그런 파괴적인 기운을 갖는다는 말인가. 이번 망월사 석굴에서도 그리고 앞으로도, 나는 나의 머리를 여는 것이 욕심에서 비롯된 게 아님을 확신하기 전에는 행할 수 없었다.

8살의 어린 나이부터 시작한 나의 수련. 일반적인 보통의 사람들과는 너무도 다른 나의 삶. 수없이 목숨을 걸고 달려온 그 많은 날들이 모두 수포로 돌아갈지 모를 일이었다. 그러나 나는 옳지 않은 것이면 하지 않으리라 마음먹었다. 나는 40년이 넘는 수련 생활과 반대되는 결정을 내렸다. 그리고 이것이 더 높은 곳으로 갈 수 있는 전 단계였음을 그땐 아직 몰랐다. 이날의 포기는 그동안 내가 몰랐던, 그리고 전혀 예상치 못했던 수준까지 내가 오를 수 있게 만들어주었다. 그리고 그것이 바로 말로만 듣던 성배였다.

성배, 머리가 열린 날

내 나이 30대 후반일 때이다. 서울의 어느 아파트에서 살던 어느 날 밤, 간절하게 살려달라는 여자의 마음 속 외침이 들려왔다. 피해자가 느끼는 공포의 감정이 고스란히 내게 전달되었는데, 그 사이로 흉기를 든 사악한 남자의 기운도 느껴졌다. 아침이 밝도록 한 사람씩 차례로 살려달라는 간절한 구원 요청은 멈추지 않았다. 멀쩡히 살아있던 사람이 사고로 순식간에 목숨을 잃어도 끔찍한 일인데, 살인범은 그녀들을 쉽게 죽이지 않았다. 그는 범행대상이 두려움에 떨도록 사람을 천천히 잔인하게 죽였고 그 전부가 오롯이 느껴지는 난 집에 앉아 있을 수도, 그들을 구하기 위해 뛰쳐나갈 수도 없었다. 너무도 괴로웠다. 누군가가 고통 받는 것을 보거나 들음으로써 느껴지는 게 아니라, 내가 그 피해자가 되어 그의 고통스런 감정이 온전히 느껴졌다. 겪어보지 않으면 모를 것이다. 하지만 난 그들이 있는 장소를 모르니 내가 할 수 있는 건 아무것도 없었다.

 며칠 후 한 여성의 돈을 노리고 그 일가족을 모두 죽인 살인범에 대한 뉴스가 보도되었다. 그는 자신을 아빠라고 부르던 상대 여성의 어린 딸까지 야구방망이로 숨이 멎을 때까지 때려 잔인하게 죽였다고 하였다. 순간, 내가 군대에 있을 때 한 여성이 강간당할 일을 막아주었지만, 훗날 그녀가 귀신이 되어 나타났던 일이 떠올랐다. 당시 난 목숨을 걸고 어려운 이를 구해준다 노력했지만 안타깝고 허탈하게도 결국 그녀를 구할 수는 없었다. 내겐 힘도 능력도 있었지만 영화 속 슈퍼히어로처럼 많은 어려운 이들을 구할 순 없었다. 언제부터일까. 어릴 때부터 난 아픈 이들만 예뻐 보였다. 이성에 관심이 전혀 없던 내게 유독 어떤 여자가 예뻐 보이면 그녀는 반드시 큰 병을 갖고 있었다. 아무리 그래도 나도 사람인데 왜 예쁜 여자가 예뻐 보이지 않고 아픈 사람이 예뻐 보이는 걸까. 내겐 병을 고칠 능력도 없는데 그들이 아픈 것을 알면 뭐 하는가. 남들처럼 속이라도 편하게 아예 모른 채 살고도 싶었다. 어려운 이들을 구할 능력은 없고, 그렇다고 그들을 모른 척 할 수도 없는 내가 싫었다. 이번엔 밤새도록 살려달라는 비명소리를 들었음에도 난 아무 것도 할 수 없었고 그들은 차가운 주검이 되었다. 내 자신이 초라하게 느껴졌다. 나는 내 능력이 사람들을 도울 만큼 높아지길 원했다.

그때부터였던 것 같다. 내게 사람 같지 않은 짓을 한 인간도 도움이 필요하면 기꺼이 나를 버리고 그들을 돕고자 노력하였다. 지금 돌이켜 보면 나쁜 사람은 멀리하는 게 옳은 것인데 나는 그러하지 못했다. 나쁜 건 나쁜 짓을 당한 이가 아니라 행한 사람이지만, 그들이 나쁜 것을 알고도 돕고자 한 건 어찌 보면 내 마음 편하기 위해서인 것도 같다. 덕분에 시간이 갈수록 내 주변엔 나를 걱정하고 위하는 이들은 점점 떠나 없어지고 나를 이용하고 나쁘게 대하는 이들만 남게 되었다. 그리고 나 자신을 돌보지 않고 남들만을 위하는 삶을 살았기에 내 몸은 만신창이가 되어 있었다.

그러나 난 죽음에서 살아 돌아온 후로도 나를 버린 이들을 향해 다시 용서와 사랑을 택했고, 쓰러져 가는 내 몸으로도 수련에 대한 의지를 한 순간도 굽히지 않았다. 게다가 몸이 아파 허리를 펼 수조차 없었던 10여 년 동안, 서울을 두 번 뒤엎을 수 있는 강력한 기운이 나를 찾아왔음에도 나는 그것을 받지 않았다. 그렇게 나는 누구에게도 무엇에도 의지하지 않으며 제자리를 맴도는 것 같은 괴로움 속에서도 매순간 최선을 다했다. 10여 년 간 매일 안산을 올라 수련하였기에 나는 산과 친해졌으며 산이 내게 하는 말도 들었다. 산을 걸으며 내 몸이 조금씩 회복되어가니 내 안 오장육부의 움직임을 느낄 수 있었고 크고 작은 깨달음도 찾아오곤 했다. 게다가 안산 정상에 위치한 소도와 등산로의 여러 조각품은 나를 과거로 인도했다. 2011년에는 시장에 버려져 헤매는 5살의 나에게 내가 따뜻한 기운을 보낼 수 있었다. 그 일 외에도 과거의 어린 내가 보았던 미래 장면이 훗날 내 삶에서 무엇을 의미하는지 알 수 있었다.

안산에서 수련하는 동안 연쇄 살인범이나 뉴스에 나오는 강도들, 몸을 고치려는 환자들을 만났으며 이때 난 다양한 인간의 삶에 대해 생각할 수 있었다. 그렇게 10여 년 간 안산을 오르며 했던 수련은 내 몸의 회복을 위한 생존의 몸부림이자, 50여 년의 내 삶에서 빠진 퍼즐을 완성해나가는 순간이었으며, 파노라마처럼 펼쳐지는 여러 인간들의 삶이 나의 수련과 합쳐지는 과정이었다. 나는 더 이상 강력한 기운을 가진 수준 높은 수련자나 단순히 세상이 모르던 것들을 알게 된 높은 경지의 수련자가 아니었다.

2013~15년 2년 간은 예전처럼 별도의 수련을 하지 않아도 내 안에서 수련이 저절로 되었다. 2015년 이사를 하면서 나의 수련 장소는 안산에서 한강으로 바뀌었다. 매일 아침 나는 한강을 걸으면서 수련을 시작했다. 그렇게 한강공원에서 흐르는 강물과 함께 걸으며 수련하였다. 그리고 점차 산에서 수련할 때와 다른 내가 되어 가고 있었다.

인자요산 지자요수

 인자요산 지자요수 …… 내가 그와 같았다. 끝없고 드넓은 바다로 연결되는 강물이 그 무엇이 부딪혀도 그들을 비켜나며 유유히 흐르는 것처럼 내가 그 강물을 통해 모든 것을 알아가는 것 같았다.
 꾸준한 수련 덕이었을까. 2016년 1월 1일, 대지의 기운으로 머리에 꽃이 핀 지 반 년 정도 지났을 때였다. 욕심을 내려놓았음에도 드디어 내게 마지막 단계가 찾아왔다. 한강 공원으로 수련 장소를 바꾼 지 1년 2개월 만이었다. 그날 아침도 난 어김없이 한강으로 나갔고 새해 첫날이라 그곳엔 사람이 거의 없었다. 조용한 한강 공원 산책로를 걸으며 매일 그러하듯 수련을 시작했다. 배달체조로 아침 운동을 마치며 호흡하기 위해 테니스장 옆 벤치로 갔다. 오전 9시쯤이었다. 벤치에 좌선하고 앉자마자 하늘의 따사로운 빛이 내 몸을 향해 집중적으로 쏟아져 내렸다. 이게 뭔 일인가 싶었다.
 내가 허리조차 제대로 펼 수 없던 때, 산이 나를 불러 도봉산으로 갔을 때, 머리에 꽃이 피고 땅의 기운을 받을 때, 강력한 기운이 내 몸을 가득 채우며 용솟음치듯 올라왔었다. 그때 당장 산 전체를 날려버릴 수 있을 것 같은 기운으로 가득 찬 나는 도봉산을 9분 만에 내려왔다. 온몸이 강한 기운으로 가득했기에 그냥 내려온 것이지 꼭 축지법을 했다고 말하기도 애매했다. 그런데 이번은 완전히 다른 형태였다. 그것은 땅이 아닌 하늘에서 내려오는 하늘빛이었다. 삼함은 없고 부드러움과 따스함이 자연스럽게 내 머리부터 온 몸에 스며들 듯이 그대로 통과하였다. 말 그대로 빛의 축복이었다. 하늘빛이 내 몸을 통과하는 와중에 난 드디어 내 몸에서 마지막으로 닫혀있던 머리의 그 얇은 막 하나까지 열렸다는 걸 알았다. 도를 이루겠다는 나의 욕심이 내 머리를 연 게 아니라 그냥 그렇게 우주의 일부가 되어 자연스럽게 일어났다. 더 이상 나는 땅에 서서 하늘을 바라보는 인간이 아니라 하늘과 땅의 기운을 온 몸으로 연결시켜주는 통로가 되었다.

그런데, 그것이 끝이 아니었다. 살면서 한 번도 예상하지 못했던 일이 벌어졌다. 하늘빛의 축복으로 내 머리가 열렸음을 아는 순간 내 눈 앞에 성배[25]가 보인 것이다. 이것을 보았다고 표현하는 게 맞지는 않다. 마치 내가 나이면서도 동시에 위에서 나를 바라보는 제 3자의 눈으로 온 세상을 동시에 보며 알았기 때문이다. 난 머리를 여는 것에서 더 나아가 내게 늘 존재했던 성배를 드디어 알 수 있게 되었다. 도를 이루지 않겠다고 모든 것을 내려놓고, 머리를 열기 직전에도 욕심이라며 그마저 내려놓았는데. 그런 내가 평생 전혀 생각지도 못했던 성배까지 알게 된 것이다. 난 가만히 내 머리 위 공간에 존재하는 성배 안에 하늘빛이 담기는 것을 보았다. 난 그 빛으로 내 몸을 축복하였다. 전년도에 대지의 기운으로 이미 내 육체는 건강을 찾고 고통에서 벗어났지만, 하늘빛이 온 몸을 적시는 순간 내겐 고통이란 단어조차 필요 없게 되었다. 나

---

[25] 예수의 성배와 비슷한 개념이나 물리적 실체는 아니다. 내 몸 주변에 형성된 기의 공간 안에 존재한다.

는 온 우주와 통하며 곧 우주가 되었기 때문이다.

도교에선 불로장생이라 하여 600년을 무병장수하는 것을 수련의 목표로 삼지만 신교에선 우리 인간이 자연의 일부가 되어 내가 없지만 있는 상태가 되는 것을 목표로 한다. 난 그 상태가 된 것이다. 하늘과 땅을 잇는 인간, 태일[26]이 되었다. 나는 50세가 넘도록 수십 년을 혹사당한 내 몸의 여러 장기와 근육들에게 늘 미안한 마음을 갖고 있었다. 이날 혹사당한 내 몸을 빛으로 축복함으로써 유한하고 한정된 육체에 속한 신체 고통이란 것에서 벗어났으니 기쁜 일이었다. 하지만 동시에 마지막 단계에 든 내가 성배를 알고 처음으로 한 일이 그 빛으로 다른 이가 아닌 나 자신을 축복했다는 게 스스로 자못 부끄러웠다. 나는 예수나 부처처럼 내 앞선 이들과 다르게 나 스스로 작은 인물이 아닌가 하는 생각도 들었다.

난 좌선한 다리를 펴고 한강 벤치에서 일어났다. 내 머리 위 공간에 뚜렷이 보이는 나의 성배가 내가 움직이면 과연 저 자리에 그대로 있을지 나를 따라 오거나 어떤 모양으로 움직일지가 궁금했다. 우습게도 도의 마지막 단계에 든 나는 내 머리 위 성배의 변화를 보기 위해 좌우로 움직여도 보고 껑충껑충 뛰어도 보았다. 그러나 성배는 나에게 딸린 공간에 계속 존재하고 있었다. 그리고 시간이 지나자 뚜렷이 보이던

---

[26] 우리의 고대 경전 〈천부경〉에 나오는 말이다. 사람이 큰 존재인 이유는 사람이 하늘과 땅을 연결하기 때문이다. 태일이 된 왕검은 하늘과 땅을 잇는 통로이다. p.215, p.221~222 참조.

모습은 점차 사라졌지만, 내가 그 자리에 나의 성배가 존재함을 알게 되자, 성배는 그 형태를 내가 뜻하는 대로 얼마든지 바꿀 수 있게 되었다. 나는 그렇게 이번 문명에 났던 예언자들과는 다른 부류의 예언자가 되었다.

성배를 경험하여 제대로 아는 이는 인류 역사 상 거의 극소수이다. 그리고 그들이 남긴 글이 없어 사람들이 알지를 못한다. 나 또한 그랬다. 성배는 능력의 원천이다. 사람들은 성배라 하면 성스러운 물건이나 어디선가 얻은 무언가라고 생각한다. 그러나 나의 경험에 비추어 보아 성배는 물질이 아니라 정신의 마지막 단계에 이르렀을 때 획득되어지는 것인데 무형이면서도 유형이다. 무형이라 함은 그 실체가 없단 뜻이고 유형이라 함은 그곳에 하늘의 빛인 우주의 기운을 담을 수 있음을 말한다. 성배는 그 사람에게 본래 있는 것이지만 그가 모를 뿐이다. 즉 본연의 것이기 때문에 성배를 얻었다는 말 또한 타당하지 않다. 어떤 종교에서는 성배를 따로 보관한다지만 타당하지 않다. 성배는 따로 존재할 수 없다. 깨달은 자의 몸 안이 아닌 밖에 존재하는 것으로 육체와 연결되어 있다. 성배를 알고 난 후, 그의 능력이 더욱 더 배양되면 그것을 이용하여 생명에 관계된 많은 일을 해낼 수 있다. 나는 머리를 여는 순간 그 성배까지 알았으므로 그것을 통하여 하늘빛의 축복을 받을 수 있었다. 폭포수처럼 내게 내려오는 그 감사한 빛을 이용하여 내 몸을 치유하였다. 그 전에 땅 기운으로 내 몸을 바로 잡아 고통을 없앴지만 하늘빛을 통해 비로소 내 몸은 하늘과 땅을 통하는 완전한 태일이 되었다. 대지의 기운은 지구의 땅에 한정된 것이지만 하늘빛은 온 우주의 기운이니 얼마나 대단한 것인가. 그 안에 생명이 있다. 땅의 기운은 한 자리에 모을 수 있지만, 우주의 기운은 그럴 수가 없다. 때문에 대지의 기운도 받는 것이 쉽지 않지만 하늘빛인 우주의 기운은 더욱 더 받기가 어렵다. 도를 이룬 자 중에서 하늘빛을 받아 성인이 된 자도 있으나 성배를 모르니 다른 이들에게 그 하늘빛을 나눠줄 수는 없다. 오직 성배를 통해서 하늘빛을 받은 자만이 다른 사람에게 그 빛과 관계된 일을 할 수 있다. 능력의 차이가 있는 것이다. 나는 추후에 많은 사람들도 치유할 수 있게 됨을 알았다.

내가 도의 마지막 단계에 들면서 내겐 많은 능력이 생겼다. 어릴 땐 시도 때도 없이 과거와 미래를 보아 혼란스러웠는데 근래엔 내가 원하는 즉시 원하는 시간으로 가서 과거와 미래를 보고 올 정도가 되었다. 그러나 그렇게 다른 시간대를 내가 보고 오는 것이 별 의미가 없다는 생각이 든 어느 날, 더 이상 과거와 미래를 보지 않기로 하였다. 나는 현재로선 사람의 죽음을 나의 기운을 통해 수년 간 연장시켜줄 수 있다. 병이 있는 자의 몸에 무엇이 문제인지 알 수 있으며 나의 기로 치유하여 더 크게 잘못될 것을 예방하거나 병을 고칠 수 있기 때문이다. 그래서 머리를 열고 난 후, 2017년부터 제자들을 가르치기 시작할 때에 그들 중 일부의 병을 고쳐주었다. 한 명은 생명이 얼마 남지 않아 곧 죽을 운명이었는데 수련으로 그의 생명을 수 년 더 연장시켜 주었다. 또 어떤 이는 자신의 직업을 그만 두어야 할 정도로 몸이 안 좋았다. 그 척추엔 냉기가 가득하였는데 나는 수련으로 그 몸을 어느 정도 만든 후, 손으로 냉기를 빼내었고 그는 건강해져 자신의 일을 계속 할 수 있었다. 최근의 한 제자는 어렵게 얻은 좋은 직장을 퇴직해야 할 정도로 건강이 나빠진 후 나와 수련을 시작했는데 당시 그 몸은 젊은 나이에 맞지 않게 텅 비어 얼마 살지 못하는 상태였다. 당장 목숨을 살리는 것이 시급하여 인왕산에서 급한 대로 기운을 넣어주었다. 그 후 수련으로 기초적인 몸을 만든 다음 대지의 기운이 열리는 날에 도봉산엘 데려갔다. 내가 치료받은 석굴암 산신각에서 용솟음치는 땅기운이 그의 몸에 들어갈 수 있게 인도하고 동시에 나의 성배에 있는 하늘빛으로 그의 머리를 축복하였다. 대지의 기운은 몸의 컨디션을 올려주고 건강하게 하여 병이 나을 수 있게 돕지만 머리만큼은 도의 영역이라 아무리 강한 땅기운이어도 함부로 머리의 병을 고칠 순 없다. 때문에 머리엔 내 성배를 통해 하늘빛으로 생명을 불어넣어주었는데 뇌세포와 머리의 신경 손상과 같은 관련 질병으로 고통 받던 제자는 당시 어지럼증으로 산을 잘 오르지도 못했으나, 온몸을 고쳐 내려갈 때엔 건강하게 웃으며 걸을 수 있었다. 그 제자의 말론 많이 아프던 십 년 간 양방과 한방, 대체요법까지 그 무엇을 해도 몸이 점점 나빠져 혈액을 병원에서 현미경으로 검사해보면 암환자의 혈액과 같이 매우 안 좋은 형태였지만, 수련 후 보통 사람과 같은 혈액으로 변했다며 기뻐하였으니 도봉산에서 몸을 고친 후엔 일반인보다 훨씬 더 건강한 상태가 되었을 것이다.

이처럼 도의 마지막 단계에 든 이후로 만난 제자들을 수련과 자연의 기운으로 건강하게 만들어주는 일을 하였는데, 이젠 더 이상 하지 않기로 하였다. 몇 년 전 사범 수련생으로 제자들을 가르쳤을 땐 제자들을 데려가 산의 기운을 몇 번 넣어주곤 하였다. 나는 자연과 동급일 뿐 자연보다 높은 존재가 아니다. 때문에 아무리 내가 특출난 왕검이라 하여도, 수개월 전에 산에게 미리 부탁하여 준비해야 자연의 기운을 제자들에게 넣어줄 수 있다. 당연한 것 아닌가. 그 덕에 제자들은 순수하게 수련하여야 생기는 능력을 단시간에 얻을 수 있었다. 즉 축기를 체험한 것이다. 그들은 생전 처음 느끼는 땅의 기운으로 몸이 날아갈 것 같으며 평소 자신의 몸으로는 잘 되지 않던 일들도 하거나 눈이 트여서 자신의 일을 더 잘 할 수 있게 되었다. 그런 식으로 여러 산에서 기운을 수차례 나누어 제자들 몸에 넣어주었는데 안타깝게도 그들은 자연의 기운을 자신들의 몸에 넣는 게 얼마나 소중한지 잘 알지 못하였다. 수많은 수련자가 하루 종일 산의 바위에 앉아 기를 받고자 수십 년을 노력하여도 얻지 못하는 것인데 제자들은 수련을 해보지 않아 잘 모르는 것 같았다. 한 번은 인왕산 기운을 넣어주고자 한 제자를 데려갔는데 나의 잦은 시도로 산의 기운이 모자라자 산이 다른 곳에서 기운을 빌려와 땅이 아닌 공기 중으로 전달하는 것을 보고 자연에게 참 미안하였다. 이렇게 내가 제자들을 위해 자연에게 부탁하여 행한 일임에도 그들 중 일부는 그 기운을 함부로 써서 없애는 것을 보고는 다음부터는 특정인을 위하여 기를 넣어주는 것을 하지 않기로 하였다.

  지금도 나의 능력은 점점 커지고 있다. 내 나이 75세가 되면 부처가 죽기 마지막 2년간 보였던 상태가 되지 않을까 생각한다. 부처의 제자들에게 보여지는 스승의 모습은 사람이라 하기도, 그렇지 않다고 하기도 애매한 상태였다는 기록이 있다. 내가 마지막 단계에 들고 하늘빛으로 치유하기 시작한 대상은 나 자신이었지만 앞으로 내 능력이 커지면 많은 이들을 치유할 수 있을 것이다.

2016년 머리가 열리던 때에 본능적으로 이것을 알았지만 지금으로선 이 뜻을 펼칠 마음은 크지 않다. 어릴 때부터 남을 위하며 세상에 보탬이 되고자 했지만, 사랑하는 이들로부터 수 년간 당한 많은 일들과 죽음을 오가는 수련 생활이 반복되면서 나는 많이 지쳤다. 때문에 앞으론 나와 세상이 어찌 변할지 모르나, 지금 나는 앞선 예언자들과 달리 내 모든 삶을 모든 이들을 위해 바치길 원치 않는다. 남에게 사랑을 쏟는 것이 예언자의 본분이라면 아직 나는 그들과 다르다.

제자를 통해 내가 먼저 사람들에게 다가가 신기도를 널리 알리기로 마음을 먹고 이렇게 책을 쓰게 되었지만 얼마 전까지만 하여도 신기도가 무엇인지만 간단히 글로 남기고 나는 세상을 뜨려고 하였다. 심지어 3~4년 전에 난 지구에서 인간들이 벌이는 많은 나쁜 일들을 보며 내 능력으로 지구를 없애는 것이 더 나은 것인가를 고민한 바가 있다. 그러나 제자들을 가르치며 인간의 새로운 면과 이미 진행되고 있는 후천개벽의 가능성을 다시금 생각하게 되었고, 좀체 말을 하지 않던 내가 몇 제자들의 도움으로 태어나 처음으로 내 이야기를 하게 되었다.

지금 난 거꾸로 가는 도사이다. 보통은 도를 이룬 후의 수련자는 도를 이룬 사람으로만 살게 된다. 도에 함몰되어 일반인과 다른 삶을 살거나 일반인과 단절된 삶을 사는데, 나는 반대였다. 어릴 때부터 난 사람들이 살아가는 방식과 좀 떨어져 있는 상태였는데 그땐 내가 남들과 그렇게 다른 줄 몰랐다. 2016년 머리가 열린 후, 2017년 제자들을 가르치며 공인중개사 자격증을 취득하고 2019년엔 사무실도 오픈하여 새로운 일을 시작하였다. 회사도 다녀보고 사업을 하거나 학원을 차려 운영도 해보았지만, 무작위로 나를 찾아오는 다양한 사람을 만나는 공인중개업은 색다른 경험이었다.

도를 이루는 마지막 단계에 이른 50대가 되어서야 도리어 여러 종류의 사람들을 만나고 부딪히는 삶을 살게 되었으나, 다양한 기운을 가진 인간들을 때 없이 만나는 건 여간 성가신 일이 아니다. 나는 이제 내 모든 것이 활짝 열린 태일이 되어 하늘과 땅을 통하는 도사가 아닌가. 내가 열린 만큼 주변의 좋은 것이든 나쁜 것이든 너무도 잘 느껴지니 모든 만남이 편할 수가 없다. 너무 재밌지 않은가. 인간이 이를 수 있는 가장 높은 위치의 태일이 되어 나 스스로 빛을 뿜어내는데 오히려 인간 세상으로 내려와 공인중개사 일을 하며 매수인에게 집을 보여주거나 전세 계약서를 쓰고 있으니 말이다. 오히려 어릴 땐 나의 강한 기운에 주변 사람들이 불편할까봐 늘 나를 집어넣고 움츠리며 멀찍이 무리에서 떨어져 보통 이미지의 도사처럼 살았는데 말이다.

사랑하는 이들에게 상처받은 내 현실이 곧 수련이었듯이, 다양한 인간들과 부딪히며 사는 지금의 현실이 인간이 할 수 있는 가장 진정한 수련이란 생각이 든다. 인간 관계를 떠나서 아는 얇은 진실로 아는 것이 아니기 때문이다. 인간은 혼자 고뇌하고 도를 닦는 것 같지만 관계들 속에 있는 존재이기 때문에 삶 자체가 그 관계들을 알아가는 도수련의 과정인 것이다. 이렇게 도의 마지막에 오니, 도리어 홀로 깊이 사색하고 생각하는 것보다 사람들과 부딪히는 것이 더 중요하다는 것을 알게 되었다. 이전의 왕검들은 어느 경지에 오르면 그것이 끝이었지만 나는 경지에 오른 후 다시 처음으로 돌아가 사람이 사는 방식을 살면서, 이렇게 거꾸로 가는 도사가 되었다.

  도사, 왕검, 수련 등, 내가 언급하는 많은 단어들이 생소하고 어려울 수 있다는 것을 잘 안다. 오랜 시간 수련과 관련된 많은 것들의 맥이 끊어져 지금은 세상에서 그 흔적을 찾기가 어렵기 때문에 일반인에겐 낯설 것이다. 랑은 수련자 중에서 일정한 수준에 이른 자로, 기를 알고 사용할 수 있다. 랑이 수많은 수련을 통해 경지에 이르게 되면 그 내외공의 수련에서 마지막 단계에 이른 자를 검이라 부른다. 그 검 중에서도 가르칠 수 있는 자격이 있는 더 높은 이를 왕검이라 부르는데, 왕검은 단순히 가르치는 자가 아니라 인류의 정신적 지도자이며, 제사장이다. 때문에 왕검은 대개 한 세기마다 이 땅에 한 명씩 올 정도로 귀하고 드물다. 참고로 인간의 한 세대는 30년이지만 왕검의 한 세대는 90년이다. 우리의 배달 시대엔 왕검이 한 세대에 십수 명이 나온 적이 있었는데, 그 당시 사람들은 자신들이 문명의 황금시대에 살고 있다며 기뻐하였다. 한 번에 십수 명의 왕검이 몰아서 나왔으니, 그 이후로 천 년 이상 왕검이 이 땅에 나타나지 않은 것도 당연하다. 고려 시대 이후로 이 땅의 왕검은 사라졌으며, 이씨조선[27]의 임진왜란 이후론 랑조차 사라졌다. 그 당시 마지막 남은 랑들이 일본의 큐슈 지역으로 이동하여

---

27 나는 조선을 고조선과 구별하기 위해 이씨조선이라 부르며, 고조선이야 말로 '조선'이라 부르는 것이 정확하다고 본다.

삼대 가문을 만들었다.

이처럼 내·외공을 겸비한 수련자 중에서 가장 높은 레벨에 있는 왕검이 세상에 존재한다는 건 매우 귀한 일이지만, 왕검이라고 해서 반드시 도에 들었다는 것은 아니다. 부단히 외공 수련을 하여 실력 있고 힘이 센 자가 된 후, 내공 수련도 10~20년을 하여 랑이 되었다 하여도 멈추지 않고 더욱 정진하여야 검이 될 수 있다. 그 후에도 육체의 수련 외에 정신 수련이 더 고양된 소수가 더 높은 경지의 왕검이 된다. 즉 왕검이 된 자는 대부분 나이가 들어 있다. 때문에 왕검이 더 높은 곳에 이르고자 도를 하고 싶어도 생명의 힘이 약해져서 도를 할 수가 없고 마지막 탄생도 아니므로 다음 생에 또 태어나게 된다. 세상에 온 많은 왕검 중에 일부는 도를 이룬 자도 있겠지만 쉽지 않은 일이다. 나는 50살이 넘도록 이룬 것이 없어서 왜 나는 이리도 느린 것인지 이해할 수 없었는데, 사실 말도 안 되게 빠른 일이었다. 왜냐하면 나는 외공과 내공에 도까지 동시에 했기 때문이다. 내 이전의 어떤 이도 외·내공과 도를 동시에 한 자가 없었던 것은 이를 시도하면 죽음에 이르기 때문이다. 그리하여 나는 기를 쓰는 랑을 지나 더 높은 검이 되고 가르칠 수 있는 왕검이 된 후, 도를 하면서 마지막 탄생을 이뤘다. 나는 이번 생을 끝내고 내 본래 자리로 돌아가면 되었다. 그런데 여기서 멈추지 않고 더욱 정진하여 도에서 머리를 열었고 거기서 더 나아가 하늘의 빛을 이용할 수 있는 성배까지 알게 되며 결국 대답하는 자가 되었다. 그동안 이 세상에 없던 매우 특이한 왕검이 된 것이다.

대답하는 자, 신기도로 후천개벽을 열다

어느 날 뉴스에서 길에서 잠이 든 취객을 살리고자 접근한 여성 구급대원을 취객이 때려 숨지게 한 사건을 보았다. 취객은 술김에 상대가 자신을 해하려는 줄 알고 때렸을지 모르겠으나, 길에서 취해 잠든 취객이 위험할까봐 도우려 접근한 여성구급대원을 얼마나 때렸으면 맞아서 죽었겠는가. 그 여성 구급대원은 '하지 마세요'라는 말만 반복할 뿐 취객이 때리는 대로 그냥 사정없이 맞았다. 하지 말라고 말을 한다고 술에 취해 사람을 무작위로 때리는 사람이 행동을 멈추겠는가. 구급대원이 자신의 양팔로 머리만 감싸고 몸을 웅크리며 자신을 보호하는 자세만 취했어도 죽지는 않았을 것이다. 그의 하루는 많은 사람을 살리고자 하는 데에 초점이 맞춰져 있었을 것이다. 그런데 자신의 생명은 어떠한가? 그 누구보다 적어도 자신에겐 자신의 생명이 가장 소중하다. 남을 공격하는 건 안 되지만 남으로부터 공격을 받을 때 최소한 방어는 해야 자신을 지킬 수 있지 않은가.

근래 약한 자를 상대로 한 범죄가 날로 증가하고 있다. 아동 학대, 여성을 상대로 한 데이트 범죄, 여러 종류의 성폭력, 학교나 직장, 군대에서의 괴롭힘 등. 연일 뉴스에 보도되는 안타까운 사건을 보면 약자를 함부로 대하는 가해자에 대한 처벌이나 예방을 위한 교육도 중요하지만 때론 피해자가 너무 일방적으로 당하는 것이 아닌가하는 아쉬움이 있다. 최근 우리 사회에선 대학을 가기 위한 머리 공부는 많이 하지만 내가 건강하게 그리고 안전하게 살기 위한 몸 공부는 거의 없다. 우리의 교육이나 문화가 원래 지금과 같았던 것은 아니다. 임진왜란 이전의 우리 과거엔 어른이 아이들을 함부로 대하지 않았다. 방정환이 어린이날을 정하던 일제 치하엔 아이들의 육체적 학대, 노동 착취를 당연히 여기는 천한 분위기가 팽배했고, 그것이 우리 과거의 전부인 줄 알지만 그렇지 않다. 현 세상엔 기록이 없으나 우리나라의 문명은 이전에 존재했던 앞 문명을 계승한 것으로 주변 국가들이 볼 때엔 굉장히 높은 수준의 문화와 생활을 영위하였다. 임진왜란, 일제강점기, 6.25전쟁을 겪으면서 많은 이가 죽고, 삶의 수준이 심하게 떨어지면서 기존의 질서와 전통이 단절되었기 때문에 일시적으로 천하게 살았을 뿐이다.

본래 우리 문화엔 기본적으로 나이가 어리거나 약해도 존중하고 귀하게 대하는 문화가 있었다. 그리고 지금처럼 가해자가 약한 자들을 괴롭히거나 잔인한 범죄의 대상으로 삼아도 개인은 경찰이나 법과 같은 사회 시스템에만 의존할 수밖에 없어 일방적으로 당하기만 하는 현상도 과거엔 흔한 일이 아니었다. 물론 과거에도 약자가 어려운 상황은 늘 있었으나 지금과는 다르다. 현 사회에서 치안은 법이란 큰 테두리 안에서 경찰만이 담당하여 지키고 있다. 때문에 지켜야 할 사람 수에 비해 치안을 담당하는 경찰의 수가 적으며 경찰과 법의 손이 닿지 못하는 시간과 공간에 존재하는 피해자는 보호를 받기 어렵다. 그러나 과거 우리 사회엔 북미의 보안관처럼 우리에게도 자신의 공동체를 자체적으로 지키는 전통이 있었다. 보통은 경당이 그것을 담당하였는데 후대로 오면서 각 마을 공동체에서 젊은 남자들이 자신의 마을을 지키는 역할을 스스로 수행했다. 낯선 이들은 함부로 마을의 여자를 가까이 할 수 없었다.

또한 육아도 공동체에서 같이 하는 전통이 있었는데 유아일 때에는 단동십훈(檀童十訓)이라는 공통의 교육제도가 있었고 어린이 시기에는 온 마을에서 같은 혈족이나 공동체로서 공동 육아를 하였다. 그러나 지금은 마을 공동체가 붕괴되고 대가족 제도도 해체되어 현재의 가족 형태와 육아 방식 안에서 부모는 양육을 배우고 의지할 곳이 없으며 아이들도 폐쇄된 곳에서 어떤 일을 당하여도 도와줄 이가 없게 되었다. 근래 점차 증가 중인 힘없는 여성을 상대로 한 흉악 범죄는 어떠할까? 여성이 남성에 비해 근력이 부족하고 약한 것은 사실이니 과거에도 어쩔 수 없었으리라 생각할지 모르겠으나, 그렇지 않다. 고구려에서는 여자들을 함부로 대하지 못하였는데, 고구려 여자는 칼을 지니며 사용했기 때문이다. 자신을 지킬 수 있는 칼 한 자루를 늘 몸에 지니고 있었으며 장검을 쓰는 남자와 달리 여자는 쌍칼을 사용하여 총 세 자루의 칼을 지니고 있었다. 여성의 위치가 낮아지면서 조선 시대엔 여성이 자신을 지키는 칼이 무늬만 칼인 작은 은장도로 바뀌고 그 용도조차 변하였다. 그러나 고구려 여자는 그러하지 않았으며 서토인[28]들

---

28 삼한인들이 중국인들을 부를 때 사용한 명칭. 문명을 이룬 삼한인들과는 다른 '미개인'이라는 뜻이다. 또한 '중국'이란 원래 '우리나라'를 뜻하는 보통명사이다. 따라서 중국을 중화인민공화국의 준말인 '중공'이라 부르는 것이 정확하고 주체적인 태도라고 생각한다.

도 고구려 여자는 함부로 할 수 없다고 했다. 원래 여성이 약하기만 한 것이 아니다. 자신을 지키는 법을 어려서부터 배우면 함부로 해도 되는 약자가 되지 않을 수 있다.

야생 동물의 세계를 보면 쉽게 알 수 있다. 아무리 덩치가 작고 힘이 약해도 육식동물이면 결코 호락호락 당하지만은 않는다. 그러나 초식동물은 다르다. 도망을 다니던 초식동물이 막다른 곳에 다다르면 자신을 잡아먹으려는 육식동물을 향해 최후로 하는 행동이 무엇일까. 자신의 머리를 들이미는 것이다. 덩치 큰 초식동물이 작은 육식동물에게 아프지 않게 죽여 달라고 한다. 어쩔 수 없다고 생각하기 때문에 덩치도 크고 뿔도 있고 힘도 있지만 그것들을 적극적으로 사용하지 못한다. 약자가 약자인 이유는 단지 힘이 약해서만이 아니라 끝까지 반격해 본 적이 없기 때문이기도 하다.

어려서부터 몸에 대해 공부하지 않고 내 몸을 지키는 방법을 배우지 않으면, 힘이 없어서 당하는 게 당연하다고 생각할 수 있다. 이건 초식동물의 자세이다. 물론 인간이 육식동물처럼 되어야 한다는 것은 아니다. 먹이사슬 구조로 만들어진 초식동물의 세계와 인간은 같지 않으며, 인간은 교육으로 다 바뀔 수 있다. 신기도로 기본적인 무예를 수련하면 사람이 자신의 몸에 대해 공부하고 단련함으로써 자신을 지킬 수 있다.

지금은 신기도의 내용이나 내가 말하는 기, 도라는 말들이 낯설고 특별한 듯 보일 수 있다. 그러나 후천개벽 시대가 지나면서 인류의 수준이 올라가면 훗날 이것은 굉장히 낭연한 말처럼 느껴질 것이고 성식이 될 것이다. 그건 우리 이전의 세대에서도 비슷하게 겪은 일이다. 약 2,000~2,500년 전의 석가모니, 공자, 예수가 태어난 시대에 사람들이 지키도록 당부한 당시의 규율을 보라.

사람을 죽이지 말라, 남의 것을 탐하지 말라, 사람의 고기를 먹지 말라.

지금은 누구나 아는 당연한 상식의 것이다. 그러나 그 당시엔 이것을 규율로 정하여 가르쳐야 했을 정도로 새로운 것이었다. 그러나 시간이 흐르고 인류에게 많은 경험과 지식이 쌓여 수준이 올라가면 이전의 새로움은 지금의 당연함이 되어 있다. 기수련도 세상의 많은 이들이 방법과 효능을 지금 모를 뿐이지, 인류가 수차례의 문명을 통해 체득하고 전수해온 기수련을 일단 알고 행하면 자신의 능력이 지금의 수준에서 향상되는 정도가 아니라 전혀 몰랐던 높이로 점프하여 업그레이드 되는 것을 알게 될 것이다.

신기도를 익히는 것은 후천개벽을 여는 것이라 하였다. 신기도의 기본으로서 배달체조라는 것이 있다. 이것은 쉽고 간단한 체조로서 대단한 효능이 있을 거라고 생각되기 쉽지 않다. 하지만 이 체조를 통해 간단한 동작만으로 외공과 내공을 7분 안에 하고, 내 몸에 기가 흐르는 것을 느낄 수 있다. 본인 몸 안에 흐르는 기를 느끼려면 수련이 필요하기에 일반인은 배달체조를 하여도 변화를 잘 모를 수 있으나, 주 5회 이상 꾸준히 하면서 기수련을 연마하면 척추가 곧아지고 기가 흐르게 된다. 그리고 반드시 체조의 순서를 잘 지켜야 한다. 기는 혈관을 따라 흐르기 때문에 기가 온 몸의 혈관을 따라 매일 한 번씩 흐르는 것만으로도 혈관 질환의 예방과 부분적 치유가 가능하다.

거기에 신기도의 다른 무예도 수련하면 바르고 건강한 육체를 갖게 되니, 그 육체를 따라 정신과 영혼도 건강하고 바르게 된다. 그러니 사람이 늙어도 허리는 꼿꼿하며 다리엔 힘이 있고 행동은 민첩하며 피부는 곱다. 수련한 자는 나이가 많아도 노인처럼 보이지 않는다. 겉모습만이 아니라 내부 장기도 건강하여 나이만 들었을 뿐 아프지 않으니 신기도를 익힌다면 건강 100세는 당연한 귀결이다. 다만 유의해야 할 것은 55세 이전부터 이를 시작해야 대부분의 효과를 볼 수 있다는 것이다. 그 이후의 나이부터는 부분적으로만 효과를 볼 수 있고 대략 65세가 지나면 안타깝게도 큰 효과를 보기 어렵다. 그 나이에는 생명의 기운이 적어지기 때문이다.

기는 나눌수록 좋다. 우리가 누구에게 기를 준다고 해서 그 기가 주는 이의 몸에서 빠져나가고 받는 이의 몸에 전부 쌓이는 게 아니다. 예를 들어, 내가 어떤 제자의 몸에 나의 기를 넣어 치료를 돕는다면, 내 몸 안에 있던 기는 제자 몸으로 들어가는 동시에, 그만큼의 기가 자연(땅)으로부터 내 몸 안으로 들어온다. 그리고 제자는 받은 기의 상당 부분을 공간(하늘)으로 보낸다. 결국 사람이 사람과 서로 기를 나누면 단순히 기는 사람끼리 교류하는 데서 그치지 않고 땅과 하늘의 기도 자연스레 흐르고 통한다. 사람을 통해 하늘과 땅의 기가 연결된다. 그래서 인간을 태일이라고 한다.

그런데 내가 이쯤에서 염려가 되는 건, 내가 한 말의 일부를 가져다가 자신이 마치 다 아는 양 사람들을 현혹시키고 나쁜 짓을 하는 이가 있지 않을까 하는 염려다. 위에서 내가 언급한 기를 나눌수록 좋다는 것은 자연의 일부가 되는 것을 목표로 하여 나를 버리고 호흡 또한 나를 침잠시켜 점차 아래로 내리는 수련 방식의 신교를 바탕에 두었을 때, 즉 조화로운 자연의 이치를 거스르지 않았을 때 성립하는 말이다. 모든 수련이 신교와 같은 목표를 가지는 건 아니다. 도교는 자신의 무병장수를 목표로 한다. 때문에 그들 중 일부는 자신의 이익을 위해 소중한 자연과 생명을 파괴하는 행위를 한다. 나 자신을 위해 밖의 무언가를 빼와 내 안에 쌓으면 어찌 되겠는가? 일시적으로 내게 힘이 있는 것처럼 보이지만 자연스런 조화에서 벗어난 것은 결코 자신에게도 좋은 결과를 낳을 수 없다. 도교 식으로 수련하여 아무리 내 안에 기를 쌓는다고 해서 얼마나 강해지겠는가. 신교는 내가 곧 자연이 되어 자연의 모든 기를 사용할 수 있는데, 고작 한 인간 안에 쌓은 기와 우주의 기는 비교할 수 없다.

일타 강사의 특징이 무엇인지 아는가? 그 설명이 쉽다는 것이다. 상대에게 무언가를 가르칠 때에 그 내용이 어렵다고 느껴진다면 그건 설명하는 사람이 잘 몰라서 괜히 어렵고 멋져 보이는 생소한 것들을 여기저기서 가져와 길게 말해서이다. 잘못된 수련은 어려운 동작을 오래도록 하게 한다. 이것은 옳지 못하다. 모든 동작은 조화로워야 하는데 일정한 동작 한 가지를 가지고 오래 지속하는 건 당연히 몸에 이롭지 않다. 예를 들어 골프와 같이 한 방향으로 치우친 운동은 몸 안의 기의 순환에 역행하기 때문에 오래 하게 되면 몸의 조화가 깨진다. 모든 수련의 동작은 조화로워야 한다. 몸의 각 부분을 고르게 운동해주어야 한다. 축구나 야구와 같은 운동을 해서 몸의 특정 부분이 아주 강해졌다면 겉으로 보기엔 힘이 세고 튼튼해보일지 모르나 그로 인해 몸의 한 부분이 약해졌다면 오히려 건강을 잃게 된다. 몸을 이루는 10개의 요소 중에서 9개가 평균 이상으로 튼튼해도 1개가 약해지면 조화가 깨지고 심지어 목숨을 잃을 수도 있는 것이다.

후천개벽이 이미 시작된 상황에서 기수련은 인간이 더 나은 수준으로 나아가기 위해 필요한 것이나 잘 모르는 거짓에게 선동되지 않도록 조심해야 한다. 현 인류의 지금 시대에선 기나 도에 대한 내용이 전수되지 않고 끊어져 실제 제대로 아는 이가 전무하다. 때문에 무슨 책을 쓴 저자, 어느 대학의 교수, 어떤 단체를 설립한 대표라며 그 이름을 내세워 기나 도, 수련에 대한 말도 안 되는 엉터리 이야기를 늘어놓아도 도움이 절실한 이들은 그 말을 믿고 따르기까지 한다. 아무도 기, 도에 대해 알지를 못하니 아무리 틀린 말을 하여도 옳게 지적하는 자가 없다. 단전에 집중하거나 체조를 하며 호흡과 명상을 하는 등의 수련으로 사람들이 몸이나 정신이 좋아지는 느낌을 받게 하여 현혹시키는데, 사람은 내 몸으로 무언가를 일부 체험하면 전체를 믿어버리는 경향이 있다. 내가 일부를 체험하였다고 해서 상대가 주장하는 전체가 옳은 것은 결코 아니다. 지인이나 명망가가 신뢰하고 의지하는 수련법이 있다면, 그들이 어련히 잘 알아보고 효능을 체험했을까 넘겨짚으며 역시 또 쉽게 믿는다. 수련할 때에는 반드시 배운다는 명목으로 나보다 많이 아는 것 같은 무언가에 의지하여 전체를 쉽게 믿고 따르는 것을 조심해야 한다.

예를 들어 명리 공부를 적당히 익힌 자가 한 사람의 사주를 보고 조언을 해주었다 하자. "당신은 재물복이 많으니 뭘 해도 먹고 살고 걱정이 없네요."라고 하였다고 하자. 그래서 그는 자신은 돈 복이 많으므로 재물을 따르며 살았다고 하자. 그러나 실제 그 사람은 재물복이 많지만 관운이 없고 지키는 힘없이 언젠가 돈을 다 날리고 주변 사람들에게 뺏겨 고생만 하는 사주라면, 그에겐 재물이 많다는 말 대신 재물을 잘 지켜야 한다는 말을 해주었어야 한다. 재물복이 많다는 말만 보면 거짓은 아니나, 그에게 오히려 해주지 않았으면 더 좋았을 부족한 조언이다. 전체를 제대로 알지 못하면 일부만 가지고 그릇된 방향을 제시할 수 있다.

선무당이 사람 잡는다는 말이 있다. 그런데 선무당이 악한 마음을 숨기고 상대를 위하는 척하다가 자신의 이익만을 추구한다면 결과는 어떠할까? 세상 모든 것엔 선과 악이 존재한다. 세상에 많이 알려진 단체 중에선 기수련이라는 명목으로 사람들을 모아 그 중 일부를 수련시켜 사범의 수준까지 끌어올리고 육체적 접촉을 통해 생명의 기를 흡수하는 곳도 있다. 그렇게 기를 뺏기면 제 수명대로 살지 못하고 일찍 명을 달리한다. 이러한 일은 결국 몰라서 생기는 것이므로 내가 알면 거짓에게 당하지 않을 수 있다.

기수련 시의 유의사항이 있다. 수련 과정에서 조심해야 할 부분을 언급하면, 수련 후 생긴 자신의 기에 의해 스스로를 다치게 할 수 있다는 점이다. 초보자는 기를 통제하지 못한다. 수련 후 얼마 있어 기를 느낀 후 자신의 몸에서 기가 방출되는데 통제하지 못하니 자기 자신을 다치게 한다. 세수를 하다가 얼굴 피부가 상하거나 목이나 몸을 손으로 닦다가 손에서 방출되는 기가 칼로 베는 것과 같은 상처를 낸다. 기를 잘 통제하지 못하던 나의 젊은 시절, 책상에 앉은 상태에서 손을 무릎에 툭 하고 떨어뜨렸는데 나도 모르게 기가 방출된 적이 있었다. 그 고통도 문제지만 수 시간 동안 다리를 움직일 수 없어서 종일 책상에 앉아만 있은 적이 있다. 통제되지 않는 기가 무서운 건, 잘못하면 그 기운을 자신도 모르는 사이에 타인에게 사용할 수 있다는 점이다. 특히 가까운 가족이 그럴 것이다. 본인은 못 느끼겠지만 타인에게는 죽음의 고통과 공포가 될 수 있다. 기를 통제할 수 있을 때까지는 접촉을 조심해야 하며, 특히 손바닥에서 기가 잘 방출되니 손 사용에 유의해야 한다. 좋고 싫은 감정이 있을 때엔 기가 더 격발되니 수련자는 늘 감정을 잘 다스려야 할 것이다.

  또한 수련을 하다가 나보다 강하고 사악한 상대를 만나면 반드시 피해야 한다. 특히 내공을 쓰게 되면 단순히 주먹이나 발차기의 힘으로 상대의 뼈를 부러뜨리거나 살을 찢는 게 아니라, 장기가 파열되어 천천히 죽게 만들기 때문이다. 기운이라는 게 그렇다. 강한 내공을 가진 수련자일수록 기운을 담아 손바닥으로 툭 치기만 하여도, 가격을 당한 자의 몸속으로 기가 회오리치며 들어가서 몸속의 모든 것을 휘저어 놓고 구멍을 낸다. 당시엔 맞고 쓰러진 후 제 발로 일어나 집까지 돌아가나, 며칠 후에 죽음을 맞이해도 이전에 내공으로 가격 당하여 죽게 된 것이란 걸 일반인은 알 수가 없다. 게다가 수련을 하여 공격력이 월등히 증가하여도 방어력은 그렇지 않다. 고수도 공격을 받으면 다치기 마련이다. 그러니 나쁘고 강한 수련자를 만나면 그 즉시 피해야 한다. 또한 나쁜 마음을 먹고 자신만 강하게 하고자 수련을 한다면 결코 본인에게 좋을 것이 없다. 일단 그런 마음으로는 수련 자체가 될 수가 없고, 강해지는 데에 한계가 있다. 더구나 수련하는 자가 나쁜 마음을 먹다니 일반인의 경우보다 그 죄가 더 크다. 모든 인간은 자신이 한 일에 대한 결과를 반드시 돌려받게 되어 있다. 이번 생이 아니라면 다음 생에서라도 받게 되니 늘 자신을 돌아봐야 할 것이다.

  수련이라 하면 마치 깊은 산 속에서 헐벗고 무예를 수련하는 수련자를 떠올릴지 모르겠다. 수련은 모든 인간이 할 수 있는 것이고, 해야 하는 것이다. 나이가 어린 아이도, 장애가 있는 이도, 나이가 많거나 아픈 이도 할 수 있다. 신기도는 누구나 따라할 수 있도록 쉽게 만들었으며 육체로 그 동작을 따라하면 자연스레 몸의 기가 순환되도록 하였다. 모든 마음과 몸의 병은 결국은 조화가 깨지고 기가 소통되지 않는 것이므로 매일 수련을 하면 마음도 몸도, 영혼까지도 건강해질 수 있다. 많은 사람들이 건강을 바탕으로 하루를 산다고 생각해보라. 이전에 전혀 모르던 기를 사용할 수 있으면 어찌 될까. 인류의 수준이 전체적으로 업그레이드 될 수 있다.

왕검의 비전

　인간은 지구 안에서도 하늘과 땅을 연결해주는 큰 역할을 담당하고 있다. 천지인을 표기할 때 천은 점으로, 지는 가로 막대모양으로, 인은 세로 막대모양으로 표시하는데, 나는 이것을 처음 보았을 때 매우 의아하였다. "하늘과 땅을 작대기로 표시하고 사람을 점으로 표시해야 하는 게 아닌가? 사람은 티끌처럼 작은 존재인데 어찌 하늘을 점으로 사람을 세로 막대로 표시하는가?" 이것이 궁금하였는데, 여러 책에서 설명하기를 사람이 서 있는 존재라 세로 막대로 표시한 것이라 하고 점은 천원지방(天圓地方)의 원이니 하늘을 뜻한다는 것을 보았다. 반은 맞고 반은 틀리다. 천지인은 우리 문명의 기반을 이루는 인식체계이며, 사람을 세로 막대로 표시한 것은 사람이 하늘과 땅을 연결하는 존재이기 때문이다. 사람이 서 있어야 하늘과 땅이 통하는 것이기 때문에 그 몸을 옆으로 뉘이면 통하지 않는다. 왕검 또한 다른 수련을 위하여 일시적으로 몸을 곧게 세우지 않고 자세를 뉘이면 하늘과 땅을 연결하는 역할을 하지 못한다. 우리의 고대 경전 〈천부경〉[29]에서도 천일, 지일, 태일이라고 말하고 있다. 인일이라고 표시하기도 하지만 이런 이유로 태일이라고 쓴다. 사람이 이리도 큰 존재임은 그것이 하늘과 땅을 연결하

---

[29] 나는 이 〈천부경〉을 수련의 한 방편이며, 역사의 전달이자 희망의 메시지로 본다.

기 때문이다. 물론 모든 인간이 그 능력을 가지고 있다는 것이 아니고, 수련자가 그러하다는 것이다. 태일이 된 왕검은 하늘과 땅을 잇는 통로이다. 나의 제자 중 한 명을 5년째 가르치던 어느 날, 자연의 기운이 강성하여 나는 제자에게 이리 말하였다.

"왕검이 있어 하늘과 땅이 통하니 나무와 풀들이 이리도 기뻐하는 것을 너도 보아라."

그러자 그는 우리로 인해 통하게 된 나무가 내뿜는 기쁨의 기운을 느낄 수 있었다. 때문에 태일이 된 도사가 방문하는 곳엔 아무 때나 비가 오지 않는다. 그가 옴으로 인해 하늘과 땅이 통하게 되니, 그 공간이 매우 반가워하며 기뻐하기 때문이다. 기와 도의 수련이 끊어져 사실상 도사가 거의 없는 이 땅에 왕검이 오지 않으면 어찌 하늘과 땅이 통할 일이 있겠는가. 그래서 내 제자들이 수련을 하는 수 년 동안 장마철이어도 수련 날만 되면 날씨가 맑았다는 말을 한다. 이처럼 왕검으로 하늘과 땅이 통하는 것은 우리의 앞 문명이 우리에게 남겨준 신교를 익혔기 때문이고, 신교의 중심 원리는 자신의 몸에 기를 쌓는 것이 아니라 몸을 모든 기운의 통로로 쓰는 것임을 아는 것이다.

도를 수련할 때 중요한 것은 흔들리지 않는 마음이다. 나 왕검 김홍태는 어떠한 일이 닥쳐도 그 의지에 터럭만큼의 흔들림도 없었다. 그래서 마지막 단계에 이를 때까지 거침이 없었다. 그러나 모든 수련자가 이러한 것은 아니다. 한 번은 내가 가족의 명리를 보기 위해 어떤 사람을 만난 적이 있었는데, 그는 내가 수련자임을 바로 알아보았고 나 또한 그가 수련을 했던 자임을 알았다. 그리고 그는 통상 일컫는 육신통 중에 하나를 얻은 단계의 수련자였다. 그가 가진 능력은 타심통(他心通)[30]이었는데, 자신이 이룬 수준에서 정체하여 더는 도를 닦지 않는 상태였다. 나는 안타까워 그에게 좀 더 수련하기를 권하였다. 그러나 그는 내게 두려워 더는 할 수 없다고 하였다. 도에서 두려움을 느끼면 그것으로 끝이다. 수백 번의 생사의 기로에서 도를 닦는 데 두려움이 들어오다니, 그 순간 수련자는 더 이상 도수련을 할 수 없으며 자신이 가진 단 하나의 생명을 도에서 사용할 수 없게 된다. 더 이상 수련자가 아닌 것이다.

〈코스모스〉의 저자이자 과학자인 칼 세이건이 TV에서 강연하는 모습을 우연히 본 적이 있었다. 그의 얼굴을 보니 도수련자의 기운을 느꼈다. 도를 직접 수련하지 않고 공부만으로도 도에 근접한 사람을 본 것은 그가 처음이었다. 안타까웠다. 도는 생사의 갈림길을 걷는 것이다. 도를 접하면 도수련을 해야 한다. 그러나 그는 공부와 연구를 하는 과학자로 과학을 통해 도를 아는 경지까지 근접했으나, 그가 도수련을 하지 않고 죽음을 맞이한 게 안타깝다. 공부로 도에 접근했으나, 그가 도수련을 했다면 그의 삶과 죽음의 경지가 달라졌을 것이다. 다음 생에는 그가 신기도를 공부하여 도를 수련할 수 있기를 바란다.

영화를 보다가 그 시나리오에 도에 대한 이야기가 담겨 있어 놀란 적

---

30 p.115 참조.

도 있다. 1999년에 개봉한 〈매트릭스〉와 2009년의 〈아바타〉라는 영화가 그러했다. 〈매트릭스〉 영화의 전개 방식과 표현 양식은 도의 세계와 유사하다. 우리는 대개 살고 있는 공간이 3차원이며 그곳에서 벗어날 수 없다고 생각한다. 그러나 시공은 고정된 것이 아니다. 나는 시간과 공간을 초월하는 자이고, 일반 사람 중에서도 일부는 수련을 통하여 이를 이룰 수 있다. 그런데 내가 시공을 지배한다는 말은 내 마음대로 다 한다는 뜻이 아니라 그것을 알고 있다는 뜻이다. 우선 시간을 말하면, 우리가 알고 있는 시간은 과거에서 현재로, 현재에서 미래로 흐르고 이를 역순으로 만들 수는 없지만 수련자는 과거와 미래를 순간 순간 인지할 수 있다. 이것은 마치 눈으로 무언가를 보는 것과 유사한데 어떠한 장면이나 동작을 '인식'하는 것이다. 시간과 공간을 초월하여 보기를 수차례에 걸쳐 경험하게 되면 능력이 향상되면서 '보는 것'과 같게 된다.

공간을 말하면, 〈매트릭스〉에 나오는 컴퓨터 속의 가상 세계와 그곳에서 벌어진 일이 현실의 몸에 영향을 끼쳐 다치고 죽을 수 있듯이 도의 세계 역시 그러하다. 현재의 삶에 존재하는 다른 공간에서 자신이 유영하듯이 즐기고 돌아올 수 있는 것이 〈매트릭스〉의 구조인데 도에서도 우리의 몸은 3차원의 이 공간에 있지만 수련자는 수련을 통하여 공간을 벗어날 수 있다. 〈매트릭스〉의 시나리오 작가는 이 아이디어를 동양의 고전을 읽고 차용하였다고 했는데, 서양인이 그 정도의 이해력을 가진 것을 보고 당시 내가 무척 놀랐었다. 본래 어떠한 문화를 이해하려면 그 문화권 안에서 먹고 자고 보면서 살아야 몸으로 그것을 이해할 수 있다. 그 문화권에 살던 사람도 아니고 도를 직접 수련해 본 것도 아닌데 아무리 노자, 장자의 책을 읽었다 한들, 그 정도로 도와 같이 어려운 것을 알 수가 없다. 사실과 상관없지만 그 쌍둥이 제작자가 전생엔 동양의 사람이었을까 하는 생각도 하였다.

십 년 후, 〈아바타〉라는 영화가 나왔는데, 큰 나무가 네트워크를 가지고 있다는 설정이 또한 도와 유사하였다. 그 영화 시나리오도 마치 도를 아는 사람이 쓴 것만 같았다. 우리 주변은 모두 5가지 기운이 조화롭게 얽혀 있는데, 그 중 나무는 눈에 보이는 것과 달리 서로 연결되어 있다. 그들은 뿌리로 서로 연결되기도 하고 공간을 격해 서로 가진 물질을 내뿜어 소통하기도 한다. 마치 우리의 몸속에 있는 오장육부가 서로 교통하는 것과 같다. 이들은 서로를 느끼며 영향을 주고받는다. 우리가 이동할 수 없는 정해진 공간과 시간 안에 있으며 각각의 개체는 각자 떨어져 존재하는 것으로 보이지만 그렇지 않다.

어릴 적 일본 야와라 검객과 야끼도 검객을 소재로 한 만화를 본 적이 있다. 50명의 야끼도 검객을 상대로 1명의 야와라 검객이 싸우는 장면이었다. 당시엔 그저 만화 이야기인 줄 알았는데 훗날 만화와 영화에 등장하는 전설의 검술인 이야기가 실화였던 것을 한풀[31] 김 선생에게 들었다. 한풀 김 선생이 바로 50:1 대결의 주인공인 다케다 소가쿠의 2대 제자이기 때문이다. 실상은 50명 정도의 사무라이를 거느린 성주와의 싸움에서 다케다 소가쿠 선생이 그의 제자를 데리고 가 겨룬 것으

---

31 p.134~139 참조.

로 50:1로 상대하였고 상대 사무라이는 9명이 죽고 대다수가 중경상을 입었으나, 스승도 많이 다쳐 제자가 두 달간 간호하였다고 한다.

어찌 한 사람이 그 많은 수를 상대할 수 있는가 생각하겠지만 내공을 수련하면 검에 기가 실리고 외공처럼 몸의 힘을 쓰지 않고 기운으로 행동하므로 체력 소모가 적은데다 몸의 기운이 피부를 보호하여 상대적으로 칼이 잘 들어가지 않는다. 내가 본 만화 중엔 유명한 야끼도 무술인이 야와라를 만나 겨뤘지만 그는 죽고 야와라는 옷의 먼지를 툭툭 털며 떠나는 장면도 있었다. 야끼도를 하는 무리는 야와라를 만나면 도망을 가야 했다. 검술의 차이가 크기도 했지만 야와라의 무예에는 손목 자르기 기술이 있었기 때문이다. 이는 검을 다루는 이에겐 치명적인 공격으로 덕분에 일본엔 손목이 잘리지 않기 위한 많은 방어법이 생기고 전수되었다. 이를 보고 일부는 일본 검도가 화려한 기술에 의존한다고 말하는 이도 있지만 그것은 무예의 역사를 모르는 소치이다.

일본의 검술은 우리의 무예가 건너간 것이다. 현 일본 땅에서 배달시대부터 단군왕검의 조선과 부여를 거쳐 고구려계, 가야계, 대다수의 백제계 귀족들이 이주하여 큐슈부터 나라까지 이르며 새 터전에서 문명을 만들었다. 일본이야 말로 우리 옛 부여의 풍속을 가장 많이 보존하고 있다. 이때 우리 무예도 함께 전수되었는데, 삼한시대 변한의 무예가 야와라인 가야류로 일인전승되었으며 제사에 쓰이는 마한의 무예가 야끼도인 백제류로 다수에게 전수되었다. 이로써 무예가 없던 일본에 백제류와 가야류가 혼재하게 되었다. 하지만 야끼도의 원류인 마한의 무예는 제사에 쓰이는 무술이기에 사람을 베어 없애는 마무리 동작이 빠져 있다. 야끼도를 오래 수련하면 기수련과 비슷한 효과를 볼 수 있으나 마무리를 못하니 미완의 무도이다. 반면에 가야류의 원류인 번한의 무예는 실전 무도이므로 그 끝이 있다. 따라서 야끼도가 야와라를 만나면 무조건 도망갈 수밖에 없는 것이다.

50:1 대결의 주인공인 다케다 소가쿠 선생은 나의 3대 스승으로, 삼한시대 번한의 무예가 제자 1명에게만 일맥전승되어 나에게까지 온 것이다. 안타깝게도 다케다 소가쿠 선생의 검술이 다시 조선에 살고 있는 제자에게 전승될 때에 온전히 전수되지 않아 내가 그 검술을 다 익힐 수 없었다. 그가 일왕 부부 앞에서 달을 가르는 것을 보여준 일화도 유명하다. 연못에 드리워진 달을 칼로 베어 둘로 가르는 기술로, 알려진 바로는 다케다 소가쿠 선생을 비롯하여 두 명의 야와라 고수가 할 수 있었다고 한다. 추후에 우리의 택견이 일본으로 건너가 모든 일본 무예는 데고이에서 시작되었다고 하는데, 이는 택견의 일본식 발음이며 가야류와 백제류를 제외하고 한 말이다. 데고이는 가라데로 변모하였고 바람의 파이터 최영의가 극진 가라데를 만들어 전세계에 보급하였다. 그 원류는 택견이며 그 위로는 가야류와 백제류가 있다.

검술에 대한 이야기가 우리 삶과 동떨어진 느낌을 줄지 모르겠다. 그러나 인류 문명이 선천개벽에서 멸하지 않고 더 발전한 형태로 후천개벽을 하게 되면 그땐 사람이 총보다 오히려 검을 쓰는 시대가 다시 올 것이다. 총과 달리, 근거리에서 세밀하게 사용하며 내공 기를 써야 하는 검은 총보다 우월하다. 기계가 사람을 대신할 수 없기 때문이다. 이처럼 문명이 더 발전하면 오히려 과거로 돌아가는 듯한 느낌을 주게 된다. 서울 도심을 보면 빌딩과 아파트가 점점 하늘을 향해 높아지고 있는데, 이것은 현 인류 문명 발전의 양적 증가가 곧 절정을 찍고 내려갈 일이 얼마 남지 않았음을 말한다. 빌딩의 높이가 한없이 높아질 것 같지만 그렇지 않다. 선천개벽이 끝나고 후천개벽이 시작되는 지금의 시점에서 나타나는 특징 중의 하나이다. 도시에 살 곳이 이리도 부족한데, 갑자기 건물이 저층으로 내려앉게 된다니 이 많은 사람들은 어디에서 살라는 건지 의아할지 모르겠다. 그러나 그 미래엔 인간의 개체수가 지금보다 훨씬 적을 것이다. 이미 출산율의 감소와 인구 증가 속도의 감소가 나타나고 있다. 또한 근래 여러 자연 재해와 질병으로 전 세계가 어려움을 겪고 있는데, 이는 근본적으로 인간의 개체수가 생태계의 다른 종에 비해 월등히 증가하였기 때문에 나타난 결과이다. 즉, 인류 문명의 발전 가운데 현 생태계가 멸하지 않고 유지되려면 그 중간 과정에서 인류의 개체수가 확연히 줄어드는 현상이 나타날 수밖에 없다.

참고로 어떤 영화에선 악당이 일부러 인류 개체수를 줄여서 환경 파괴를 멈추려 한다는 내용을 담기도 하는데 그건 영화에나 있을 법한 이야기로 옳지 못한 것이다. 우리 이전의 문명도 융성하다가 멸하는 과정을 겪으면서 지금의 생태계가 유지될 수 있었다. 미래에 인간의 개체수가 줄어 과거 어느 시점과 비슷하게 되면 더 이상 높은 초고층 건물이 필요치 않다. 그땐 자연친화적 재료로 지은 저층의 건물이 주를 이루게 될 것이다. 또한 과거엔 전체 인구 중 소수여서 소외되던 약자들도 자연스레 관심과 존중을 받게 될 터인데, 이는 인간 수가 적으면 상대적으로 한 명 한 명이 모두 귀한 인재가 되기 때문이다. 내 아이가 아니어도 공동체에서 아이를 서로 함께 양육하게 된다. 아이는 부모 말고도 공동체 안에서 많은 이들에게 보호와 교육을 받을 수 있다.

　지구상에 우리의 문명만 존재했을 것이라 생각하는 이들이 있다. 그렇지 않다. 우리의 현 인류 문명 이전에 앞서 융성하였던 문명이 있었다. 이 땅엔 지금으로부터 약 20,000년 전의 앞 문명이 몰락하면서 약 9,000년 전에 환인 시대가 시작되었는데, 적은 수의 앞 문명인들이 생존하여 자신들의 앞 문명을 이었다. 그러다가 약 6,000년 전에 우리가 배달 시대로 알고 있는 환웅 시대를 열어 개천하고 번성하였다. 이를 선천개벽이라 하는데 이제 우리는 후천개벽 시대를 맞이하였다. 배달 시대와 단군왕검 시대를 거치며 융성한 우리의 문명은 부여로 연결되면서 지금의 동아시아를 중심으로 동으로는 아메리카, 서로는 중앙아시아, 남으로는 인도와 중국, 인도네시아로 뻗어나갔는데, 당시 주변국들은 발전한 우리 문명을 보고 부러워하였으나 그것은 우리가 유별나게 잘나서가 아니라 단지 발전한 앞 문명을 우리가 이어받았기 때문이다. 그 근거로는 배달 시대부터 쓰이던 선돌문화가 북중미에 토템폴(totem pole)[32]로 남아 있고, 중앙아시아나 인도네시아 자카르타 등에 피라미드와 유사한 지구라트라고 불리우는 건축물이 남아 있다. 이는 천제를 지내는 제단으로 우리의 제사 의식이 퍼진 것을 증명한다. 또한

32　아메리카 원주민들이 집 앞이나 묘지에 세워놓은 녹소 기둥을 말한다..

소도 문화도 퍼졌는데 한반도에는 소도가 옛 흔적 그대로 남아 있지만 전 세계로 퍼지며 그 모양이 많이 변형, 발전되었다. 그 증거로는 많은 석조건축물과 석조조각품 등이 있다.

한 시대가 끝날 때에나 한 세대가 끝날 때에 세기말이라 하고, 이때 우리는 세상이 마치 종말을 고한 것처럼 느낀다. 세기말엔 좋지 않은 일이 증가하고 희망이 없어 보이며 새로운 무언가를 갈구하는 것처럼 알고 있다. 선천개벽이 시작된 배달 시대에는 백산(백두산)에서 개천하고 시대가 저물 때까지 환웅의 힘이 약해져 무리를 이끌 수 없었다. 뒤를 이은 단군조선 시대에는 환웅의 아들인 단군이 왕검으로서 새로운 시대를 열며 오가가 돌아가며 하던 수장의 역할을 근친 간에 이어받으며 삼한으로서 나라를 다스렸으나 천부인[33]을 잃고 그 시대를 마감해야 했다. 새롭게 찾아온 어려운 시기를 삼한의 후예가 부여라는 이름으로 새롭게 이으려 하였으나, 한무제의 침략과 함께 천명의식이 약해지면서 부여는 스스로의 임무를 마치고 다시 사라지고 말았다. 삼한 중 진한의 백성은 동과 서, 남으로 흩어졌으며 마한의 백성과 번한의 백성이 다른 나라(서토)로 합쳐지거나 한반도로 축소되어 다시 명맥을 이었다. 이후 각각 하늘과 부여의 명을 이었다고 주장하는 고구려, 백제, 가야, 신라가 등장하면서 한반도에 있던 마한과 우열을 겨루다 하늘의 명을 따르는 시대는 저물고 인간이 그 자리를 대신하는 고려가

---

[33] 배달 시대의 국가 대표성을 상징하는 도장. 내몽고 나만기 유적에서 발견된 옥인장으로 양각을 한 도장 면에 붉은색 안료가 묻어 있다.

시작되어 이 땅에서는 하늘의 뜻이 사라졌다. 하늘의 뜻이 없어지니 왕검이 있을 곳이 없었다. 랑으로 이어지다가 고려가 망하고 인간의 힘으로 세운 이씨조선이 생기면서 랑조차 흩어져 그 일부가 큐슈 지방의 3대 가문이 된 것이 이 땅에서 이어진 검과 랑의 이야기이다. 이제 대한민국이 생기고 왕검이 나타나니 후천개벽이 열릴지, 아니면 부흥되지 않을지 지켜보기로 하자.

앞 문명을 전수받아 전 세계로 전달해주던 융성한 우리 문명도 고려시대를 기점으로 쇄락하기 시작했다. 조선이 건립되기 훨씬 이전부터 이 땅의 수많은 수련자들이 우리나라의 몰락을 예측하고 이를 막기 위해 많은 애를 썼으나 여름이 있으면 겨울도 있는 법. 이씨조선의 임진왜란 후로 나라는 크게 기울었다. 고려까지는 전체 인구 중 노비의 백분율이 한 자리 숫자였으나 이씨조선 후기에는 40%가 노비였다. 그것도 전투에서 패한 상대국 사람을 노예로 삼는 것도 아니고 같은 동족을 노예로 삼는 유일한 나라일 정도로 엉망이었다. 삼국 시대엔 우리나라의 고기 소비량이 타국보다 월등히 높았다. 그만큼 잘 살았다는 소리이다. 경주의 한옥 터를 보면 마을의 집이 전부 한옥이며 그 터가 크지만, 고려를 지나 조선으로 갈수록 수도에서 한옥이 줄고 초가집이 늘며 집터가 작아지고 고기 소비량이 감소한다. 점차 나라를 이끌 인재가 감소했으며 수많은 백성이 고통 받았다. 그러나 천문에 의한 하늘의 기운은 지구를 돌고 도는 법. 선천개벽이 끝나는 지금 한 바퀴를 돌아 다시 한반도 땅을 비추고 있다. 우리 문화와 기술이 발전하여 해외에 많은 영향을 주고 대한민국의 이름이 많이 거론되는 것이 바로 그 예이다. 우리 문명이 배달 시대에 국운이 상승한 것처럼 지금 또 다시 하늘의 기운이 이 땅을 비추어 국운이 상승하고 있으니 후천개벽을 열기에 적당하다.

대한민국의 문화가 한류 열풍으로 전 세계에서 각광받는 건 전혀 우연한 이야기가 아니다. 국운 상승의 결과로 근래 우리나라에 훌륭한 인재가 많이 생겼기 때문이다. 최단 기간에 IMF 문제를 해결한 나라, 최단 기간에 전쟁으로 인한 가난을 이겨내고 선진국이 된 나라가 우리 대한민국이다. 우연히 일어난 일이 아니다. 본래 우리 국민은 앞 문명을 계승하여 윤택하게 살며 높은 수준의 문화를 영유하고 주변국에 알리는 선진국이었다. 본래 자신의 자리로 돌아오고 있을 뿐이다. 이를 알고 국민 모두가 마음을 모아 일제강점기와 전쟁을 겪기 이전의 우리 자신으로 돌아가고자 노력해야 할 것이다. 그렇게 건강한 공동체 문화가 다시 생기면 다양한 면에서 이점이 많다.

나는 남녀노소 상관없이 자기가 사는 동네에 함께 모여 자연을 벗 삼아 운동할 수 있도록 '배달체조'를 만들었다. 최대한 많은 이들이 널리 그리고 쉽게 신교의 수련을 할 수 있도록 하기 위해서이다. 중국에서 남녀노소가 공원과 같은 장소에 모여 태극권과 같은 형태의 운동을 하는 것을 종종 볼 수 있는데 이는 본래 배달 시대부터 내려오는 우리의 풍습이다. 중국 전체에 퍼진 태극권은 본래 진씨 가문의 집안 무예로 그들은 예전 우리 문화 공동체의 일원으로 추정된다. 다만, 그 수준으로 보아 무예의 중심 줄기가 아닌 아류로 보인다. 현재 중국의 동북삼성을 비롯한 해안가 지방은 과거 번한의 영토로 우리 삼한이 강성할 때에는 현재 중국 영토의 거의 반을 점령하였으니, 현재 중국 인구의 50%는 우리 문명의 후예라고 볼 수 있다. 하지만 지금은 중국 서토인의 후예들이 태극권이라 하여 우리가 하던 무예의 일부를 생활체육화하고 있고, 정작 우리는 도리어 이를 잊고 살아왔다. 이에 그 문명의 정수인 신교를 이어받은 신기도에서 배달체조를 선두로 하여 고래의 문명을 복원하여 널리 알리고자 한다.

　사람의 삶도 내리막이 있으면 오르막이 있듯이 한 나라와 지구에도 그러한 흐름이 있다. 후천개벽을 여는 나라가 대한민국이고, 과거 인류사에 없었고 앞으로도 다시 없을 왕검이 다른 나라가 아닌 대한민국에 왔으며 나라의 국운이 상승하고 있음을 안다면, 그래서 국민이 마음을 모아 이 좋은 기운을 탈 수 있다면 새 시대의 융성기를 맞이할 수 있을 것이다. 바른 자들이 바르게 서서 혼탁한 사회의 질서를 잡아 후천을 열어야 한다. 바르게 여는 세상의 초석을 신기도가 닦아 줄 것이다. 후천개벽이란 새로운 인류의 탄생을 의미한다. 그리고 지금은 세기말을 지나 후천개벽이 시작되었다. 당신은 이미 후천개벽의 주인공이다.

신기도에
대하여

외공과 내공

 신기도는 외공과 내공, 그리고 도로 가는 교육법인데 외공이란 우리가 기본적으로 말하는 태권도나 유도같이 몸을 쓰는 것을 말한다. 몸을 쓴다는 것은 우리의 뼈와 근육을 이용해 타격을 가하는 방법인데, 이 단련법은 반복해서 몸을 닥달함으로 해서 내부적으로는 뼈가 단단해지고 외부적으로는 근육이 수축 이완을 함으로 해서 탄력이 생겨서 그 파괴력이 세지는 것이다. 그리고 목표물을 향한 방향성과 각도를 연습함으로 해서 파괴력을 극도로 높일 수 있다. 이러한 외공은 타격, 넘기기, 꽈시, 태기, 던지기 등 여러 가지 방법이 있다. 주로 눈으로 볼 수 있고 느낄 수 있는 타격법이다. 공격하는 자와 수비하는 자가 공격의 파워에 의해서 상처를 입으며, 수비하는 자는 그 타격을 피하든가 방어하는 데 있어서 같은 힘을 써야 한다.

 외공에서 가장 강한 발차기에 한 대 맞게 되면 그 충격량으로 상대는 그 자리에서 고꾸라지거나 뒤로 날아가서 떨어짐으로 해서 1차 충격과 2차 충격으로 저항 능력을 상실하게 된다. 주먹 등을 이용해서 맞게 되면 그 힘에 의해서 맞은 곳이 상처를 입게 되고 심한 경우에는 뼈가 함몰되든가 기절을 할 수도 있다. 하지만 외공은 그 최고의 경지가 일격 필살로서 한 번 공격으로 한 사람을 죽이는 것인데, 그것이 아주 쉽지는 않다. 하지만 수련을 통해서 그 파괴력이 극대화되기 때문에 일반인의 파괴력보다 주먹은 3배, 발은 5배 이상의 파괴력을 낼 수도 있다. 그래서 우리가 보통 고무공이라든가 샌드백을 매달고 치면 100kg이나 200kg에 가까운 파워가 나오기도 한다.

　이러한 외공과 달리 내공은 호흡을 이용하여 몸 안의 기운을 사용하는 방법이다. 일부의 근육 힘을 쓰기는 하지만, 90% 이상 기를 쓰기 때문에 호흡과 기수련을 통한 내적인 힘을 키워서 지르거나 후리기 등을 사용하는데, 그 파괴력이 외공보다 월등히 강하다. 내적으로 힘이 매우 강하기 때문에 목표물의 피해는 훨씬 크다. 외공이 단순히 골절, 기절, 찢어짐으로 인해 상처를 입는 것과 달리 내공은 겉으로는 큰 상처가 없지만 기운이 내적으로 회오리 바람처럼 들어가기 때문에 내장에 상처를 입히고 내부적으로 파괴가 일어난다. 그래서 그 파괴력이 외공에 비해서 몇 배 더 세다. 그러니 외공 수련자와 내공 수련자가 서로 그 힘을 겨루게 된다면 외공 수련자는 내공 수련자의 상대가 되지 않는다. 이러한 내공은 수련법이 매우 특이한데, 그렇기 때문에 일반적으로 널리 보급되고 있지 못하다. 외공은 한국에서는 태권도, 유도, 합기도, 권투, 레슬링 등의 격투기로 배울 수 있지만, 내공은 별도로 가르치는 곳이 없고 자기가 스스로 길을 찾아야 한다. 또한 기치료를 한다든가 하는 여러 종류의 기를 활용하는 방법들이 사용되고 있지만, 정작 기가 무엇인지 정확히 아는 사람은 거의 없다.

　기는 이 세상이 생길 때 같이 생겨난 것으로 이 공간에 가득 차 있다. 그래서 기란 외공과 내공에서 말하는 기 외에도 여러 가지가 있다. 기는 공간 속에 가득 차 있음으로 해서 이 기를 활용하는 방법은 무궁무진하다. 우리가 본능적으로 느끼는 것을 기감이라고 하고, 이것은 누군가가 내 가까이 왔을 때 그의 기를 느끼는 것을 말한다. 이 외에도 기를 이용하는 대표적인 방법으로서 기를 내부적으로 단련하는 요가와 스트레칭이 있다. 이런 단련을 하게 되면 인간의 신체는 내적으로 매우 강인하게 된다. 내적으로 강인하게 된다는 것은 생물학적으로 면역력이 강화되는 것도 있고, 또 외부 충격에 의한 타격을 입었을 때 회복을 위해서는 일반인이 일주일에서 열흘 정도의 회복기간이 필요하지만, 요가와 스트레칭을 훈련한 사람은 하루나 이틀이면 회복되는 놀라운 결과를 보여주기도 한다. 또한 그 회복 탄력성으로 인해서 상대를 제압할 수 있는 힘이 생기기도 한다.

내적으로 스트레칭만 하더라도 그 파워가 생기기 때문에 일반인보다는 훨씬 강한 힘을 발휘할 수 있다. 이러한 내적 스트레칭은 기를 쓰는 방법 중의 일부분일 뿐이다. 기를 내적으로 쓰지 않고 외적으로 쓴다면 기를 외부로 내보낼 수도 있다. 이것은 마치 영화에서 장풍을 쓰는 것과 같이 외부로 발산된 기가 어떠한 물질에 닿았을 때 그 물체가 많은 거리를 이동하게 됨으로 해서 제삼자가 볼 때는 그 물체가 날아가는 것처럼 보일수도 있는데, 날아가는 것은 아니고 기의 충격에 의해서 물체가 반응하는 것이다. 그러나 기는 무생물보다는 생명이 있는 물체에 적용하는 것이 훨씬 파괴력이 좋다. 왜냐하면 같은 생물의 기와 기가 부딪혔을 때 서로 반응하면서 그 작용이 커지기 때문이다.

이렇게 기를 밖으로 내보내는 것은 많은 수련을 거쳐야 하는데, 일반적으로 그 수련법을 모르기 때문에 기수련자는 극히 드문 실정이다. 하지만 기를 수련해서 내공이 강하게 된다면 우리가 외공을 수련해서 한 사람이 한 사람을 이기고 또는 한 사람이 네 사람을 이길 수 있는 것처럼, 한 사람이 열 사람에서 스무 사람을 이길 수 있다. 매우 파괴력이 강한 것이다. 또한 기를 수련함으로 해서 처음 말한 바와 같이 내적 힘이 강해짐으로 해서 생물학적으로 면역력이 강해지고, 겉으로 봐서도 몸이 건강하고 젊어 보이게 되고, 내적으로도 건강하고 젊어지게 된다.

특이한 것은 기는 내부적으로 쓰는 것과 외부적으로 쓰는 것 외에 수련자가 스스로 기를 축적할 수 있다는 것이다. 이는 매우 특이한 경우이다. 나는 아직 기를 축적하고 이같은 기 축적 방법을 가르친다는 말을 들은 적은 없지만, 이와 비슷한 경우가 있다면 다음의 세 가지 중 하나라고 본다.

첫 번째 기는 누구나 가지고 태어난 기이다. 기를 축적한다는 것은 이 기의 양을 좀 더 높일 수 있다는 뜻이다. 이것도 매우 특이한 수련법이기 때문에 일반인들이 알 수는 없다. 기를 축적한다는 것은 다른 곳에 있는 기를 내 몸 안에 들어오게 한다는 뜻이다. 이것은 자연에 가득 찬 기를 내 안에 들어오게 하는 것이다. 보통 도사라 불리우는 사람들이 산에 들어가 좋은 자리에 위치한 바위에 앉아 도를 닦는다는 것이 그런 것이다. 그러나 그들은 자연의 기를 자신의 것으로 할 수 없다. 기라는 것이 아무 때나 나오는 것도 아니며 나온 기를 자기 몸에 넣는 것도 쉬운 일이 아닐 뿐더러 그것을 몸 안에서 돌려서 자신의 것으로 만드는 것은 더욱 어렵다. 기라는 것은 한 곳에 머무르지 않기 때문에 몸에 채운다는 것 자체가 어불성설이다.

두 번째 기는 우주에 가득 찬 기를 자신의 몸을 통해 순환시켜서 내보내는 기이다. 세 번째의 기는 자기 몸의 기와 외부에서 들어온 기를 합쳐서 만들어지는 기이다. 이러한 3가지 기를 신, 기, 정이라고도 하고 순수 우리말로 본연의 기, 사용가능한 기, 돌리는 기라고 하기도 한다. 기수련은 그 방법이 알려지지 않아 어려운 면도 있으나 수련법이 또한 장시간을 요하기 때문에 습득이 쉽지 않다. 그러니 흔히 도사라고 말하는 사람들이 산 속에서 10~20년을 수련한다고 하지만 정작 기를 모을 수 없다.

처음에 말했던 바와 같이 외공과 내공은 겉으로 보기엔 매우 다르지만 본질적으로 보면 유사점이 많다. 외공을 극도로 수련하면 저절로 몸에서 내공이 만들어져 나온다. 그리고 내공을 수련하려고 하면 기본적으로 외공 수련이 필요하다. 내공에서 쓰는 기의 10% 정도는 사실 외공에서 온다. 내공을 하는 자들이 외공을 하는 자들을 업신여기는 경우가 있는데, 이는 말이 안 된다. 외공 실력 없이 내공을 익힐 수 없기 때문이다. 이렇듯 외공과 내공은 겉으로 보기에는 다르나 내부적으로 보면 매우 유사하다. 즉, 이 둘은 모두 작은 힘으로 강한 적을 물리칠 수 있다. 외공은 단련을 통해 하는 것이고 내공에서는 기를 사용하는 것이 다를 뿐이다.

도

  그런데 도는 이것들과 또 다르다. 겉으로 보면 내공과 도가 유사해보일 수 있다. 때때로 사람들은 내공을 익힌 사람을 신선이라고 칭하기도 한다. 내공을 익히면 그의 몸은 외공을 익힌 자와 달리 우락부락하지 않으며 매끈하고 가냘퍼 보이기까지 한다. 부드러운 동작 속에 엄청난 파워를 발휘하니 일반인이 보기에는 도인으로 보일 것이다. 하지만 이는 크게 잘못된 생각이다. 외공이 2~4명, 특별한 경우 10여 명을 상대할 수 있고, 내공이 10~20명, 특별한 경우에 50명을 상대하여 제압한다는 의미가 있다면, 도는 타인을 제압하는 것이 아니라 자기 자신을 이기는 길이다. 혹자는 도를 옳은 길이라고 하기도 하고 그 길을 풀어서 말하기도 하나, 내가 도를 말한다면 그것은 궁극의 길이다. 즉 자기 자신을 아는 길이라는 것이다. 자기 자신을 안다고 말을 하면 혹자는 서양에서 온 서양철학을 떠올리기도 하나 그렇지 않다. 자기 자신을 안다는 것은 서양철학에서의 자아성찰이 아니라 자기가 태어난 본체, 그 이전의 상태, 또 그 이전의 상태를 아는 것이다. 간단히 말해 전생이라고 말할 수도 있다.

  사람이 나이 많은 사람과 젊은 사람이 있는 것처럼 전생도 그 전생이 많은 사람과 적은 사람으로 나누어진다. 10차례 태어난 사람과 50차례 태어난 사람이 어찌 같겠는가. 도를 이루려면 수십 차례 태어나면서 각 생마다 수련하고 또 수련하여 그 깊이를 깊게 해야 한다. 도의 깊이가 깊어지면 사람에게 흔히 아우라라고 말하는 후광이 나타난다. 탱화에서는 보름달처럼 그림을 그리고 일반 화가들은 둥근 원이나 머리 위에 뜬 원을 그리는데, 아우라는 그렇게 생기지 않았다. 원 모양이기는 하나, 매끈하지 않고 거칠며 태양의 불길이 타오르는 것인 양 아우라의 불길 또한 그렇다. 이것은 나의 아우라의 모습이며 사람마다 다르다. 없는 자가 태반이고 있어도 그 크기가 작거나 얌전하다. 우리는 생을 통해서 이 아우라를 키운다. 나는 이번 생에 이 아우라를 완성했다. 아우라는 간혹 흑백 사진에 나타나는데, 내가 아이들과 찍은 가족사진에서 나타난 적도 있다.

다시 말하면, 도의 궁극의 길은 자신을 아는 것이며, 자신을 안다는 것은 전생을 안다는 것이며, 전생과 그 이전을 안다는 것은 자신의 본체를 아는 것이다. 우리 인간들의 대부분은 그 본체가 허망하다. 허망하지 않은 소수가 도를 이루고 그 본체를 알 수 있다. 그렇다고 하여 대다수가 실망할 필요는 없다. 꾸준히 수련하여 생이 거듭되면 그들도 이룰 수 있다. 또한 지름길도 있다. 훌륭한 스승을 만나는 것이다. 불가에서도 말하기를 옷깃만 스쳐도 인연이라고 하며, 부부의 연과 부자의 연보다 더 큰 것이 사제의 연이다. 스승을 만난다는 것은 그 자체로 축복이다. 보통은 10번의 생을 통해서라도 스승을 만난다면 그 10번의 생은 축복의 윤회가 될 것이다. 내가 이리 말하는 것은 스승이 없이 스스로 도를 안다는 것은 절벽 아래에서 스스로 점프하여 절벽 위를 오르는 것과 같기 때문이다. 그래서 옛 인도에서 싯다르타가 나타났을 때 당시 많은 유명 수련자들이 그를 보고 환희에 차 있었던 것이다. 당시 약 10여 명의 수련자들은 거의 도의 끝에 와 있었지만 도를 이룰 수 없었다. 그때 석가모니를 보고 그들은 도, 궁극의 끝을 갈 수 있게 되었다. 이 말을 우리 땅으로 옮기면 이 땅에는 왕검이 있었다. 많은 랑들이 그들을 따라 수련했으며 왕검은 그때 그때의 사정에 따라 약 20명에서 3,000명의 랑을 가르쳤다.

겉으로 보면 기수련자의 마지막인 축기의 상태가 도인의 상태와 비슷하나 이것은 전혀 다르다. 기를 아무리 수련한다고 해도, 그가 인간의 능력을 초월하는 강한 힘과 정신세계를 가지고 있다 하더라도 그것은 도가 아니다. 도가 어려운 것은 그 입문이 어렵기 때문이다. 누가 스스로 도에 든다는 말인가. 스승이 없이는 거의 불가능하다. 스승 없이 도에 입문한 나의 경험에 의하면 도에 들기 위해서는 먼저 다음과 같은 내외공 수련법을 이해해야 한다.

외공과 내공의 수련

신기도에서 외공이란 몸의 8군데를 이용하는 것을 말하는데, 이 중에서 머리를 추가하면 9군데가 된다. 본래 외공에는 머리를 쓰는 법이 없으나 박치기를 추가한 것이다. 기본적으로 사용하는 8군데는 양손, 양팔꿈치, 양발, 양무릎이다. 몸의 8군데를 사용하기 때문에 기본적으로 8명을 상대할 수 있다고 말한다. 여기서 8명이란 사방팔방의 팔방을 말하는 것이다. 한 사람이 외공을 수련하여 8방의 사람을 막을 수 있다면 얼마나 대단한 것인가. 8군데를 쓰는 데에 있어 손과 발은 또한 각각의 경우가 있다. 먼저 손은 망치에 비견되는 주먹이 있고 칼에 비견되는 손날이 있다. 창에 비견되는 손끝이 있으며 모든 것을 부술 수 있는 정권이 있다. 공격 겸 방어로 손등을 쓰기도 하는데 이러한 5가지 방법으로 손을 쓴다.

손에 비하여 발은 쓰이는 방법이 훨씬 많다. 발은 발가락 끝을 이용하는 발끝날이 있고 엄지발가락 끝을 이용하는 엄지발날, 새끼발가락부터 발날 바닥쪽을 쓰는 발바깥날이 있다. 또 발에는 엄지 바로 밑에 있는 볼살을 쓰는 법, 엄지볼살을 포함하여 발가락 5개를 들어올린 후 앞볼살을 쓰는 법도 있다. 뒤꿈치는 뒤꿈치 뒷축, 뒤꿈치 바깥날, 앞날도 쓴다. 발의 볼따를 이용하는 방법도 있고 발등을 이용하기도 한다. 외공에 있어서 발은 손보다 용도가 많다.

내공에 있어서도 여러 방법이 있는데, 내공도 외공처럼 8군데를 쓴다. 차이점은 외공의 무릎을 내공에선 공격으로 쓰지 않는다. 외공에서는 박치기를 쓰기도 하지만 내공에서는 공격으로 머리를 사용하지 않는다. 엄밀히 말하면 내공에서 쓰는 것은 8가지가 넘는데 그것은 다음과 같다. 가장 강력한 삼각권이 있고 삼각권 다음으로 삼각뿔, 굽다울, 손패울, 손날이 있으며 이것 외에도 기를 방출하는 손파람이 있다. 손파람은 주먹을 쓰는 법에서 별도로 치기 때문에 내공에서는 양손파람을 두 가지로 더한다. 그리고 양쪽 팔꿈치를 이용하는 치살이 있고 손과 팔꿈치 사이를 이용하는 갈기날이 있다. 발로 쓰는 방법에는 발 안쪽의 기를 쓰는 발안쪽날과 엄지로 기를 모아 쓰는 엄지날이 있고 기운을 바깥으로 쓰는 발바깥날이 있다. 기운을 안으로 집어넣는 뒤꿈치가 있으며 또한 앞꿈치도 쓴다. 무릎을 쓰지 않지만 허벅지를 쓴다. 외공과 다르게 몸통도 공격의 수단이다. 몸통도 왼몸통과 오른몸통이 있으니, 합치면 8군데를 쓰는 것이다.

내공 수련법이면서 외공으로 보이는 것도 있는데 태질이 그러하다. 태질은 태기질이라고도 하는데, 양손과 발을 이용하여 상대를 메치는 것이다. 생긴 지가 얼마 안 된 유도와 다르게 태기질은 몸의 많은 면을 접촉하지 않는다. 만들어진 지 얼마 안 된 유도에서는 신체의 많은 부분을 접촉하는 업어치기의 경우 그 자세가 마치 암수의 교미 자세를 연상시키는데, 태기질은 손가락 끝과 발의 일부분만을 접촉할 뿐이다. 그러나 작은 접촉면으로 커다란 동작을 만들어낸다. 태질의 효능은 매우 큰데, 태질을 하는 자는 공격력을 얻고, 태질에 당하는 자는 건강을 얻는다. 제대로 된 태기질을 당하면 온 몸의 기가 내부에서 바깥으로 발산되는 기분을 느낄 수 있다. 기나 혈이 막혀 건강에 이상이 있는 사람들은 태질을 당하면 모든 기혈이 뚫린다. 수련을 통해 몸이 단련되면, 태질에 당할 때 그 탄력으로 목의 높이까지 몸이 반탄력으로 튀어 오른다. 주로 50대 이상이면 태질의 고마움을 절실히 느낀다. 또한 이 태기질은 여러 번 반복하여 익히면 태갈음을 할 수 있다.

태갈음이란 우리 고유의 무도에서 하나의 경지를 말하는데 태갈음을 통하여 한 단계 더 성숙할 수 있다. 우리의 삼한 무예는 검과 왕검에게 기본기를 배우고 3~5년이 지나 랑의 위치에 오르게 되며 태갈음을 통하여 고수의 반열에 이르게 된다. 꾸준한 수련으로 마지막 단계에 검에 이르게 된다. 검 중에서도 가르칠 수 있는 사람을 왕검이라 한다. 왕검은 고서에서 군장이라 표현되었으나 그것은 일반 사회적 개념이고 무예의 세계에서는 '가르치는 검'이다. 일반인의 한 세대가 30년이라면 왕검의 세대는 90년이다. 왕검은 한 세대에 1명이 나와야 하는데 간혹 동시대에 여러 명이 나오기도 하고 오랫동안 나오지 않기도 한다. 옛 삼한 시대에는 동시대에 왕검이 10명이 넘게 나온 적이 있다고 한다. 그 시대의 사람들은 자신이 살고 있는 시대가 인류 최고의 번성기라고 믿었다. 안타깝게도 고려 시대 이후에는 검이 보이지 않는다.

이 내외공을 합친 것이 신기도에 해당하는 전통 무예이다. 이 무예는 역사가 일천한 합기도와는 매우 다르다. 전통이 100년 조금 넘는 유도는 야끼도에서 따온 것이고 야끼도에서 꽈시의 일부를 가져온 것이 합기도이다. 우리의 무예는 마치 바다와 같아서 많은 무예가 이곳에서 파생되었다. 우리의 무예가 바다와 같은 것은 우리가 잘나서가 아니며 예술에서도 그러하듯 우리가 앞 문명을 이어받았기 때문이다. 앞 문명을 이어받은 우리는 문화인으로서 자부심이 컸으며 미개한 서토인과 관계를 분명히 하였다. 그러나 세월이 지나며 5개 종류로 된 삼한의 백성은 서토인과 섞이게 되고 그 중 일부가 중앙아시아를 거쳐 헝가리, 터키 등지로 퍼져나갔으며 일부는 동으로 캄차카, 알래스카를 지나 북미로 진출하였고 또 일부는 남으로 일본까지 가 닿았던 것이다. 그들도 우리의 일부인 문화 공동체이다.

도의 수련

내공에 이어 도를 설명하면, 도는 그 수행법이 일견 내공과 유사한 듯하나 실은 매우 다르다. 호흡법을 연마하면 물은 올라가고 불은 내려간다는 수승화강[34]의 방식으로 호흡 수련을 하는데, 이는 당연한 것으로 수련법이라 하기에도 민망하다. 화에 해당하는 것이 심장이니 심장의 모든 피는 온몸으로 전달되어야 하고 심장이 위에 위치하니 당연히 아래로 내려가는 것이다. 수에 해당하는 신장은 아래에 해당하는 것이니 그 기능이 위에서 내려오는 것을 모두 거르는 것이다. 몸 안의 기를 돌리면 위에서 아래로 아래에서 위로 돌려야 한 원주가 완성되니 기를 내리고 올리는 것은 당연한 이치로 오장에서 화에 해당하는 심장과 수에 해당하는 신장이 그 기를 주고받는 것은 너무나 당연한 일이 아닌가. 이것이 마치 무슨 비밀이라도 되는 듯이 〈용호비결〉이라는 자그마한 책자로 전수되고 있으니 헛웃음이 나올 수밖에 없다.

우리 몸은 간·심·비·폐·신 오장으로 이뤄져 있는데 오운(목·화·토·금·수의 기운)에 의해 생극 작용이 일어난다. 이 5가지가 오운을 돌리는데, 그 중 2가지인 화와 수만 가지고 설명을 하니 당연히 미비하다. 사람의 몸을 상부는 심장인 화로 하고, 하부는 신장인 수로 하여 기운을 돌리는 것을 말하는데, 아주 틀린 말은 아니나 너무 단순화하였다. 초

---

[34] p.57 참조.

보자들이 수련하기에는 단순화가 필요하지만 어느 수준에 이른 수련자라면 그 단순함에 어이가 없을 것이다. 우리가 살고 있는 이 지구는 하늘과 땅, 오행의 운행으로 서로 조화를 이뤄가며 움직이고 있다. 그러니 그 수련을 하는 방법도 단순한 방법에서 점차 수준이 올라가야만 한다. 이것은 마치 외공에서 배꼽 아래 하단전만을 중요시하는 것과 같다. 외공을 하는 사람들은 뼈와 근육을 단련해 그 힘을 키움으로 해서 자기도 모르게 기를 쓰게 되는데 그 중심을 단전이라 하고 배꼽 아랫배에 중심을 두었다고 믿는다. 이는 가장 단순한 수련법이다. 내공 수련으로 들어오면 삼단전이라 하여 상단전, 중단전, 하단전으로 나눈다. 상단전은 두 눈썹 사이이며 중단전은 가슴 명치께가 되고 하단전은 배꼽 아래인 외공에서의 단전이 된다. 그러나 이 삼단전도 수준이 높아지면 다시 8단전으로 나누어진다. 머리부터 시작하여 8군데 단전을 말한다.

간혹 불교의 탱화나 내공 수련이나 무속을 하는 곳에서 몸의 8가지 원을 그린 그림을 본 적이 있을 것이다. 그것이 그 다음 단계이다. 이 단계와 관계없이 내공을 기르는 법이 있는데 이 방법이 바로 몸체의 수와 화의 기운을 돌려 강한 기운을 만들어 내는 수승화강인 것이다. 심장을 화로 보고 신장을 수로 보는 수승화강이 얼마나 단순한 것인지 알 수 있다. 기초 수련법으로는 타당할 듯하나 계속되는 수련법으로는 옳다 할 수 없다. 초보자가 수련할 때 첫 단계로는 괜찮을 듯하다. 그러나 계속 이 방법만을 고집한다면 수련자는 그 이상의 수준에 도달할 수 없다. 8단전은 3단전의 확장형으로 진보된 방법이지만, 신체의 중심에서만 그 중심줄을 기준으로 8단전만을 사용하므로 한계가 있다. 수련을 많이 해본 수련자라면 8단전 외에도 우리 몸 여러 곳에 단전이 있음을 알 것이다. 기수련과 유사해 보이는 도에서도 단전과 같은 역할을 하는 것이 있다. "단전과 같다."고 말하는 뜻은 도에서의 그것은 기에서의 단전과 다르기 때문이다.

 외공과 내공은 수련의 방법이 다르지만 어쨌든 육체를 주로 이용하는 방법이다. 그러나 도는 내 육체가 중심이기는 하나 육체를 벗어난다. 그러니 단전과 유사한 기능을 하는 것이 꼭 몸 안에만 있지 않다. 그리고 그것은 매우 크고 그 용량이 엄청나다. 그곳에서 차원을 초월한다. 도를 익히는 자들은 그 효능에 깜짝 놀랄 것이다. 도에 이른 자들은 이를 잘 활용하여야 한다. 처음에는 그 사용 방법과 효능을 알지 못해 겁이 나기도 하지만 경험을 통해 알게 되면 그 대단함에 스스로 놀라게 될 것이다. 우리는 우리의 신체가 소우주요, 우주가 우리의 신체 확대판이라고 생각하는데, 이것은 전체가 맞다고는 할 수 없고 부분적으로 옳다 할 수 있다. 우리가 쓰는 우주라는 단어는 지구가 속해 있는 태양계를 포함한 우리 은하를 넘지 않는다. 그 밖은 또 다른 세계이다. 물론 그 밖의 행성으로부터 영향은 받지만 대부분의 일은 우리 은하 안에서 일어난다. 인간이 지구에서 사는 것을 생각하면 이것은 지극히 당연한 일이다. 그러니 우리가 천일 지일 인일을 말할 때, 그곳의 천은 대략 지구를 중심으로 말해야 할 것이며, 지는 우리가 바로 발을 딛고 선 이 지구의 거죽이며, 인이 바로 우리 사람으로 태일이라고 하는 것이다. 인간에게 태를 붙인 이유는 크거나 위대해서가 아니라 그 역할 때문이다.

도에 들기

　다시금 전반적으로 수련법을 말하면, 수련의 요체는 반복이다. 같은 동작을 매일 반복함으로써 그 동작을 익히는 것인데 올바른 자세에서 원하는 파괴력을 얻을 수 있다. 계속된 연습으로 흐트러짐이 없는 자세에 도달하게 된다. 그러나 문제점은 그 많은 동작을 매일 한다는 것이 물리적으로 매우 어렵다는 데에 있다.

　몸으로 하는 공부는 머리로 하는 공부보다 훨씬 어렵다. 몸으로 하는 공부는 환경에 의해 더욱 많은 영향을 받기 때문이다. 환경은 개인이 임의로 정할 수 있는 것이 아니다. 좋은 수련터는 어디에나 있는 것이 아니며 시작하기에 좋은 곳과 실력을 배양하기에 좋은 수련터가 다르다. 외공은 단련함에 따라 그 단련 부위가 매우 단단하게 굳은살이 배긴다. 이 굳은살이 마치 무기와 같은 역할을 한다. 올바른 자세는 그 동작을 받쳐줌으로 해서 파괴력을 극대화한다. 다만 아쉬운 것은 매일 하는 수련을 잠시만 쉬어도 그 파괴력이 현저히 떨어지니 참으로 효율성이 떨어지는 운동이다.

　내공이라 일컫는 기수련은 그 위력이 대단하고 겉으로 드러나지 않는 모습으로 인해 일반인들에겐 상승무공으로 또는 신선의 무예로 알려져 있으나, 그 수련 방법은 외공과 유사하다. 같은 동작을 오래도록 연마하는 것인데 외공과의 차이점은 그 연습 횟수가 외공보다 더 많으며 일정한 수준까지 연습을 하고 나면 일정한 수준을 갖는다는 것이다. 내공의 수련이 외공보다 어렵기는 하나, 그 긴 시간과 노고를 지불하고 나면 그것은 온전히 자신의 것이 된다. 매일 기본적인 체조는 하여야 하나 일단 자신이 갖게 된 기는 자신의 것이다. 그러니 이를 두고 모르는 자들은 신선이 되었다고 하는 것이다.

  도의 수련은 이들(외공과 내공)과 아주 다르다. 겉으로 보면 내공의 수련과 유사한데 이 유사함이란 호흡이 중요하기 때문이다. 외공에서 단전과 근육, 신경이 중요하듯이 내공에서는 삼단전을 기본으로 신장, 심장, 폐가 중요하고 더욱 더 수련하면 오장, 즉 간·심·비·폐·신이 다 중요하다. 내공 수련은 그 중심이 호흡이다. 동작을 하며 호흡을 맞춰간다. 흔히들 호흡을 먼저하고 동작을 한다 하지만, 이는 잘못 아는 것이다. 호흡이 동작을 따라가야 한다. 수련한 자가 아니면 이 당연한 사실을 모른다. 그러나 도에서는 오로지 정신만이 중하며, 호흡 하나에 모든 것이 달려 있다.

  수련자들은 내 말이 그대로 와닿을 것이다. 내외공이 수많은 방법으로 그 결과물을 얻어낸다면 도는 매번의 수련으로, 생명을 건 판단으로, 한 생명, 한 생명을 거쳐 도로 가는 것이다. 처음에는 신기하고 경외감이 느껴지나 200번의 생사를 넘다 보면 하나의 생명으로 하는 도 수련이 지겹게 느껴진다. 그래도 이를 버리지 못하는 이유는 그것을 완수한 후에 오는 만족과 한없는 자유 때문일 것이다. 한없는 자유는 도를 닦는 자에겐 그 목적이 되겠으나 일반 수련자에겐 과연 몰입하게 되는 동기가 되어줄지 모르겠다.

  도의 세계는 그 시작과 끝이 없으니 가르쳐 주는 사람이 없으면 그 입구에 도달하기도 힘들다. 도를 닦는다며 깊은 산속 커다란 바위에 앉아 기를 '축'하려는 자들이 있는데 이것은 매우 허황된 짓이다. 그 수련소의 위치를 지자기가 강한 곳으로 정한다 하더라도 어찌 자기 하나만으로 수련을 완성할 수 있단 말인가. 장소도 중요하지만 그것은 부분에 불과하다. 모든 수련은 생명을 중시하고 타인을 위하는 마음을 가져야 하나, 인간의 삶을 살다 보면 그것에 대한 미련이 없어진다. 삶을 붙잡고 있을 끈이 없다는 것은 자유롭기도 하지만 쓸쓸한 일이다. 이 세상에 자신이 집중할 수 있는 상대가 없다면 그 사람은 무슨 가치로 삶을 영위할 수 있을까. 본질의 문제를 알기 위해 도를 탐구하였다면 그 끝으로 가는 길이 허망하게 느껴질 것이다.

  도를 닦다가 중간에 포기하고 다시 인간으로 살기를 원하는 수련자를 본 적이 있다. 그는 그의 부인, 딸과 행복하게 살았다. 나는 그에게 좀 더 수련할 것을 권하였다. 그는 현실에 만족하므로 수련할 수 없다고 하였는데, 더 채근하니, 더 이상 도의 길로 가는 것이 두렵다고 하였다. 어찌 두렵지 않겠는가. 한순간 한순간이 생사의 기로이니 도를 닦는 것은 생과 사의 경계를 걸어가는 것이다. 그것은 지루하기도 하거니와 섬뜩하기도 하다. 우리가 이 세상에 올 때에 유일하게 가지고 온 것이 하나의 생명인데 자신이 가진 모든 것인 생명 하나를 걸고 궁극의 길로 가는 게 도이다. 생사의 갈림길이 신경을 곤두서게도 하지만, 그러나 우리는 그 끝의 빛을 보며 계속 수련하는 것이다.

에필로그

    2016년 머리가 열리면서 도의 마지막 단계에 들고 성배를 알게 되었다. 나는 내 이전의 예언자들과 달리, 누군가에겐 기적처럼 보이는 일을 행할 수 있는 위치에 이르렀을 때 오히려 인간 세상으로 와서 인간적인 사람의 삶을 살고 있다. 도에서 높은 수준에 이르자 이전처럼 고된 수련을 하지 않아도 저절로 몸에서 기가 돌고 수련이 되고 있어 그냥 보통 사람처럼 살아도 되게 된 것이다. 일반 직장에선 퇴직할 나이이지만 2017년 공인중개사 자격증을 취득하고 해당 업으로 내 의무를 완수하려 노력했다. 덕분에 내가 고른 이가 아닌, 중개사무실을 찾아오는 다양한 사람들과의 접촉을 이어가며 도사가 아닌 현실의 인간으로서 부족한 나의 면을 채워가고 있다.

    모교인 고려대학교 동창을 중심으로 한 산악회를 시작으로 여러 제자를 가르치기 시작하였고, 2017년 제자들의 권유로 신기도 내용을 전자책으로 남기면서 신기도의 이력을 쓰기 위해 우리의 역사를 기술하는 것이 필요했기 때문에 〈환단고기〉 등을 참고하여 배달 시대부터 부여 시대까지를 간략히 정리하였다. 정리를 하다 보니 해석이 잘못된 부분이 있어 난해한 곳과 해석이 안 된 곳을 고치고 백여 년 전에 종교적으로 해석된 것이 전부였던 〈천부경〉을 최초로 비종교적으로 해석하여 나의 전자책에 실었다. 2006년에 최동환 저자의 〈천부경〉을 읽을 때 그 해석이 난해하여 제대로 된 책을 읽길 바랐는데, 십여 년 후 내가 직접 해석하기로 마음을 먹었다. 두 달 정도 예상하였으나, 막상 해 보니 실제 해석하는 데에 40분밖에 걸리지 않아 기분이 좋았던 기억이 난다. 〈천부경〉의 보편적(비종교적) 해석은 내가 처음임에도 불구하고 후에 나의 동의 없이 내가 쓴 이야기를 그대로 베껴 블로그에 적은 이가 있었으며 역시 또 그대로 베낀 데다 심지어 틀린 내용을 포함하여 신문에 실은 이가 있었다.

  나의 전자책 〈신기도〉 후반부에 신기도 수련에 관해 모든 사람이 할 수 있는 배달체조를 시작으로 몇 가지의 동작 사진과 그 수련법을 간략히 기술하였다. 당시 기술할 때엔 추후에 자세히 할 생각이었으므로 우선 신기도를 알리고자 간단히 내용을 적었다. 우리의 6천 년 문명과 그 전의 문명을 증거하기 위하여 전자책 중간에 선인들이 남긴 바위와 건축물의 사진을 실었는데, 이것을 알지 못하는 사람들은 보고도 보지 못하며 믿을 수 없을 것이다. 그러나 전생에서 산의 예술품을 석조 조각하였던 나의 도반은 서로 벗이 되기 전에 인왕산에 그를 데려가 작품을 보여주니 설명하지 않아도 한눈에 알아보며 감탄하였다. 그의 말로는 그 작품들을 보기 위해 해외에서 공부하고 전 세계를 찾아 다녔는데 자신이 자란 집 바로 앞에 선조들의 작품이 있었다며 놀라워하였다. 내가 전생에서 그에게 산에 석조 예술품 조각을 지시하였고 이번 생에서도 대한민국 명산 곳곳에 가득한 선조들의 조각품을 보고 알리기를 좋아하는 이유는, 본래 도를 닦으려면 혼자 힘으로는 어려우며 자연의 예술품을 향유하며 에너지를 얻는 것이 큰 도움이 되기 때문이다. 도를 닦지 않더라도 사람이 더 높은 수준으로 발전하기 위해서 필요한 부분이다.

일반적으로 사람들은 나이가 들면서 2차 성징이 나타나고 20세가 되면 성인이 되었다고 생각을 한다. 외형적으로 보면 아동기, 청소년기와 구분되는 성인으로 보인다. 그러나 사람은 몸수련을 하지 않으면 성인이라 할 수가 없다. 유치원, 학교에서 또래 친구들과 어울리며 셈하고 글을 읽고 쓰는 것, 인사하는 법, 질서를 지키는 이유 등을 배우는 것이 별 것 아닌 것 같아도 사회에서 한 구성원으로 올바른 제 역할을 하는 데 기본이 되는 중요한 일이다. 나이가 같아도 교육과정을 전혀 접해보지 못하고 혼자 자란 사람과 제도와 단체 안에서 어우러지며 배운 사람이 같을 수 없다. 사람의 육체도 마찬가지이다. 나이를 먹으면서 키가 크고 체중이 늘고 뼈가 굵어진다고 어른이 되는 것이 아니다. 몸수련을 통해 몸을 구성하는 요소 하나 하나가 바르게 자리를 잡고 그 과정에서 자신의 몸에 대해 알게 되고 바른 자세와 행동을 알아야 비로소 내가 나 자신의 올바른 주인이 되고 어른이 될 수 있다.

마음의 병이 깊어지면 숨이 안 쉬어지는 공황장애 같은 육체 증상이 나타나듯이, 반대로 육체가 바르게 서면 그 육체를 사람의 정신이 따라오기 마련이다. 모든 생명은 기본적으로 육체가 정신보다 우선한다. 때문에 몸수련을 하지 않은 자는 성인이라 할 수 없고, 하는 그 행위가 미성년의 유치함에 머무를 수밖에 없다. 사람이 교육을 통해 어느 정도 배워야 올바른 제 삶을 살 수 있듯이, 삐뚤이로 살거나 그 행동이 유치하지 않으려면 누구나 몸수련을 해야 성인으로 살 수 있다. 최근 젊은이들 사이에서 등산이 유행이란 기사를 본 적이 있다. 실제로도 작년보다 올해 부쩍 산에서 젊은 친구들을 많이 볼 수 있는데, 미래를 이끌 젊은이들이 밤의 유흥보다 아침의 등산으로 몸과 정신의 건강을 도모하는 것은 아주 바람직한 일이다.

　삼한으로 살던 시대의 우리 영토는 현 동북3성을 포함하여 중국 땅의 약 1/3에 해당한다. 그 당시 우리 선조가 서토로 일부 넘어가면서 그들에게 우리의 문화를 전수하였는데, 조선 이후부터는 우리의 위치를 오히려 그 반대로 알고 있다. 물론 영토가 크다고 큰 나라가 아니며 영토가 작다고 작은 나라가 아니다. 대한민국이 아름답고 문화가 발전한 이유는 사람이 사는 곳을 안온하게 받쳐주는 기운 좋은 산이 병풍처럼 뒤에 있고 앞엔 비옥한 땅을 만드는 물이 흐르는 지형을 갖고 있기 때문이다. 살기가 좋으니 사는 걱정을 덜하며 더 높은 수준의 삶을 추구할 수 있었다. 때문에 앞문명의 사람들이 살기 좋은 이 땅에 모여 그 문명을 이어 터전을 일구었고, 그렇게 수준 높은 생활을 영위하던 민족이기에 임진왜란, 일제강점기, 6.25전쟁과 같은 수백 년의 어려움을 단기간에 이겨내고 지금의 선진문화를 일군 것이다.

그런데 지금 우리는 오랜 과거를 잊고 어려웠던 최근의 짧은 과거만 기억하며 큰 나라를 섬겨야 하는 작은 나라로 우리 자신을 알고 있다. 그러나 선천개벽의 우리 문명이 배달 시대에 국운 상승을 한 것처럼 후천개벽의 지금, 또 다시 하늘의 기운이 이 땅을 비추어 국운이 상승하고 있다. 선천개벽의 시작 때와 같이 우리의 후천개벽엔 우리가 다시금 진정으로 큰 나라와 큰 사람들이 될 것이라 믿는다.